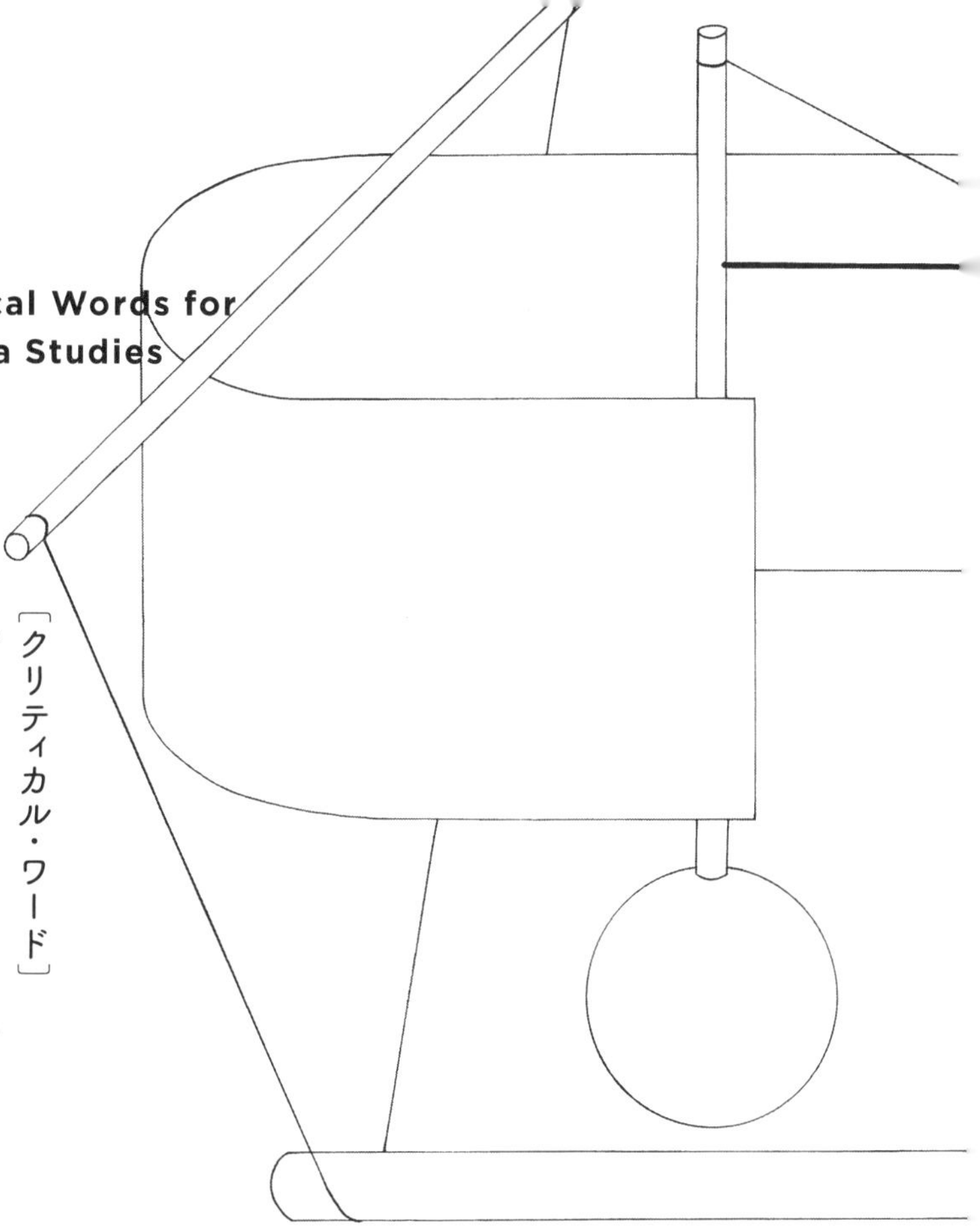

Critical Words for
Media Studies

［クリティカル・ワード］メディア論

理論と歴史から〈いま〉が学べる

門林岳史・増田展大 編

フィルムアート社

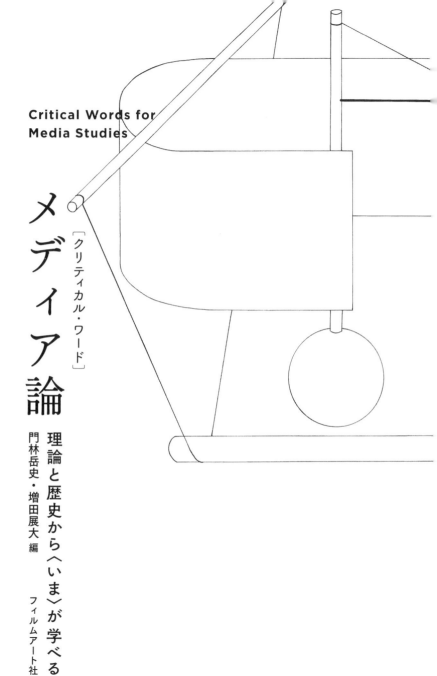

［凡例］

・各項目の冒頭には、その項目内の重要なキーワード（事項・人名・書名）を列記した。本文中では冒頭キーワードに加え、それ以外の重要語句も太字で表記した。

・各項目内の記述で他の項目と内容が関連する場合には、［ ］内に部・章・項目名を記した。例：［→2-1 フランクフルト学派］

・本文中の参照文献は（ ）内に著者名と出版年を記した。訳書の場合は日本語訳の出版年に加え［ ］内に原著出版年を記した。例：（マクルーハン 1986［1962］）

外国語文献は、（ ）内にアルファベット表記で著者名と出版年を記した。

例：（Hansen 2004）

新版を参照している場合は、スラッシュで新版と初版の出版年を並記した。

例：（Radway 1991/1984）

・書誌情報は各項目末尾の「参考文献」に記載し、本文中の表記と同様の方針で刊行年を記した。

・各項目の図版の出典は、巻末にまとめて記載した。

・本文中に言及される未訳の外国語書籍は、各原稿著者による日本語訳タイトルを記し、初出時に原題を（ ）で併記した。

・引用文中、引用者による中略は［……］で示した。

・書籍名、雑誌名、映画作品は『 』、論文タイトル、展覧会タイトル、美術作品は「 」で示した。

はじめに

学生のご家族と話すとき、あるいはバーのカウンターで見知らぬ客と話が弾んだときなど、研究者ではない方に「ご専門はなんですか？」と尋ねられることがある。「メディア論やってます」と答えると、「じゃあマスコミとかそっち系……広告業界とかにも強い感じですか？」というような反応がしばしば返ってきてあわてて訂正しなければいけなくなる（なので、一般の方に自分の研究分野を説明するときには「メディアの哲学を研究しています」と答えるようにしている）。

かようにメディア論というと、マスコミやジャーナリズムの研究、あるいはメディア業界の動向調査といった認識が強いようだ。本書を編むにあたって心がけたことは、ある意味ではこの「マスコミとかそっち系」から「メディアの哲学」への橋渡しをすることである。といっても本書は、哲学や思想に偏った内容の本ではけっしてない。そうではなく、メディア論とは人文学の伝統にしっかり根を下ろした研究領域であること、それでいてメディア論の関心領域は現代社会のほとんどあらゆる局面におよぶこと、文化や社会の歴史的展開を学ぶうえでもメディア論は重要な視点を提供すること、まとめると、メディア論は総合的かつ領域横断的な学問領域として人文社会研究のなかに重要な位置を占めていることを示したいと考えた。

フィルムアート社の薮崎今日子さんから本書の企画を提案していただいたとき、最初に思い浮かべたのはW・J・T・ミッチェルとマーク・B・N・ハンセンが編んだ『Critical Terms for Media Studies〔以下、Critical Termsと略記〕』(2010, University of Chicago Press)である。本書とほぼ同じタイトルのこの本は、「身体」、「イメージ」、「記憶」、「言語」など二一の項目を、N・キャサリン・ヘイルズ、アレクサンダー・R・ギャロウェイ、ユージン・サッカーなど本書でも繰り返し登場する、そして二〇〇〇年代以降の英語圏でのメディア理論の展開を代表する研究者たちが執筆している。この本を抜粋訳であっても日本語で出版できれば、日本ではまだ十分に紹介されていない英語圏のメディア研究における最新の動向を一挙に導入できる、という構想を以前から持っていた。

かくして出版社に対する私からの最初の提案は、この本の一部の章を組み込んで本書を構成できないか、というものだった。残念ながら『Critical Terms』は、フィルムアート社の「クリティカル・ワード」シリーズに組み込むには各章の分量が長く、翻訳権の問題も絡むため、この提案は実現しなかったが、そのかわりに増田展大さんを共編者に迎え、『Critical Terms』に匹敵するような内容のよりコンパクトなガイドブックをコンセプトに本書の企画を練っていくことになった。増田さん、藪崎さんとはその後一年ほどにわたって楽しくブレインストーミングを重ね、最終的に現在のような構成にまとまった。

本書はどこから読み始めてもよい。目次を参照して事典的に使用することもできるし、本文中に挿入した各項目間の相互参照や巻末の人名・事項索引を頼りにジグザグに読み進めてもよいだろう。ただし、「理論編」、「系譜編」、「歴史編」の3部はそれぞれ通読することである程度体系的な知識が身につくように配慮されている。

第1部「理論編――メディア理論の現在」では、『Critical Terms』の日本語版を、という当初のコンセプトをかなりの程度まで実現できたのではないかと思う。身体や知能といった人間存在の根幹に関わるテーマから、ニューメディア・スタディーズ、ゲーム・スタディーズ、プラットフォーム研究のような研究動向、政治や資本主義社会の問題、そしてポストヒューマンにいたるまで、現在のメディア理論が切り開く地平を見渡せるような構成を心がけた。

第2部「系譜編――メディア思想の潮流」は、メディア思想ないしメディア理論の系譜を通覧できるようになっている。ヴァルター・ベンヤミンやマーシャル・マクルーハンのような古典から、カルチュラル・スタディーズ、ドイツにおけるメディア哲学の動向、ジェンダーの問題、メディア・アートの展開など、まず最初に知っておくべきメディア論の歴史的展開をバランスよく網羅するよう配慮した。

第2部「系譜編」がメディア論の歴史を扱うのに対し、第3部「歴史編――メディア考古学の実践」は、メディア技術の歴史展開を展望する内容になっている。それにあたっては個別のメディアごとに項目を挙げていくのではなく、メディアを横断するキーワードによって歴史の重層性を浮かび上がらせるよう工夫した。第1部「理論編」に「アーカイヴ」の項目が含まれているように、「メディア考古学」は近年のメディア理論における重要な方法論のひとつである。その意味では第3部も、新しいメディア論の布置を示す構成になっている。

本書の作成中に新型コロナウイルス感染症が世界を襲ったことは、本書の内容にも影を落としている。企画進行とコロナ流行のタイミングが少しずれていたら、「パンデミック・メディア」といった項目を新たに立てていたかもしれない。結局そのようにはならなかったが、本書の端々にCOVID-19への言及があることは、メディア論がつねに更新されつづける現在進行中の研究領域であることを示しているだろう。

本書を作成するにあたっては、第一線で活躍するたくさんの研究者に項目執筆を担当していただいた。執筆依頼をはじめるタイミングでコロナ禍となり、執筆陣には大学業務などでも異例の対応で多忙を極めているなか追加の負担をお願いすることになったが、幸いなことに企画段階で思い描いていた理想的な布陣にほぼそのままのかたちで協力していただけた。本書の内容でいたらないところは読者の批判を請いたい、などとは書かない。最高の執筆陣による画期的な入門書になったと確信している。

門林岳史

編者を代表して

二〇二一年一月末日

クリティカル・ワード　メディア論　［目次］

目次

はじめに　門林岳史　3

第I部　理論編――メディア理論の現在　15

1　身体　門林岳史・増田展大　16

2　知能　原島大輔　24

3 遊び／ゲーム 吉田寛 34
4 ニューメディア／ソフトウェア 堀潤之 41
5 アーカイヴ 大久保遼 48
6 メディア・エコロジー 門林岳史 55
7 プラットフォーム 増田展大 61
8 政治とメディア 清水知子 69
9 資本とメディア 水嶋一憲 75
10 ポストヒューマン 飯田麻結 83

第2部 系譜編――メディア思想の潮流 91
1 フランクフルト学派 竹峰義和 92
2 マクルーハンとトロント学派 門林岳史 100
3 ドイツのメディア哲学 鈴木恒平 108
4 カルチュラル・スタディーズとメディア論 毛利嘉孝 117
5 ジェンダーとメディア 田中洋美 127
6 ポストメディア 門林岳史 134
7 アートとメディア 馬定延 142

第3部 歴史編――メディア考古学の実践 151
1 複製メディア 増田展大 152
2 出版メディア 門林岳史 159
3 画像メディア 増田展大 166
4 聴覚メディア 福田貴成 173
5 音声メディア 秋吉康晴 183
6 触覚メディア 水野勝仁 190
7 没入メディア 岩城覚久 197

8 憑依メディア 浜野志保 204
9 ヴァナキュラー・メディア 前川修 211
10 スクリーン・メディア 大久保遼 219
11 インターネット・メディア 喜多千草 228
12 モバイル・メディア 光岡寿郎 235
13 観光メディア 佐藤守弘 242
14 物流メディア 遠藤英樹 249
15 通信メディア 飯田豊 256
16 金融メディア 山本泰三 263

17 軍事メディア 松谷容作 270
18 司法メディア 橋本一径 277

人名索引 i
事項索引 iv

理論編

第1部

メディア理論の現在

メディア論は二〇世紀以降の大衆文化や技術社会と強く連動しながら築き上げられてきた。その一方でインターネットやスマートフォンなど、今世紀に入る頃から登場したデジタル技術は、従来のメディアが織りなす風景を一変させたかのようでもある。メディアは歴史上、テクノロジーの進展とともに変動してきており、その内実を記述するための理論や概念に更新が迫られていることも疑いない。

第1部・理論編では、最新の動向を代表する10のキーワードを提示し、それらが文化や社会、そして私たち自身の経験をどのように照らしているのか、現在のメディア理論が切り開く地平を展望する。

第1部—1

身体

Body

キーワード KEYWORD

ジークムント・フロイト、義肢／補綴、アンドレ・ルロワ＝グーラン、ベルナール・スティグレール、身体化、ユージン・サッカー、バイオメディア、情動論的転回、ブライアン・マッスミ、自由意志、ソーシャルメディア

つまり人間は一種の人造神［Prothesengott］になったわけで、補助器官を総動員すればまことに素晴らしい存在だが、それらの補助器官はあくまで借物で、血肉化していないばかりか、ときとすると、面倒の種になることもまだまだ多い（フロイト 1969［1930］, 453）。

これは精神分析学の創設者**ジークムント・フロイト**（1856–1939）が「文化への不満（Das Unbehagen in der Kultur：文化の中の居心地の悪さ）」で書いた有名な言葉である。つまり、人間が生み出した技術をある種の「**義肢＝補綴**（die Prothese/prosthesis）」とみなす着想だ。この箇所に先立ってフロイトは、「道具はすべて、運動器官であれ、感覚器官であれ、要するに人間の器官を補充するもの、ないしは、人間の器官の働きに対する制限をとりのぞくものである」（フロイト 1969［1930］, 452）としたうえで、モーターは人間の筋力を補い、眼鏡は視力を補う、そして、写真機とレコードはそれぞれ視覚と聴覚における想

起能力を物質化したものである、と述べている。

カナダのメディア理論家**マーシャル・マクルーハン**（1911–1980）は一九六〇年代になって、メディアは人間の身体の拡張であると定義したが［↓2-2 マクルーハンとトロント学派］、技術全般を義肢として捉えるフロイトの着想は、広く文明史観にまでおよぶ射程において、マクルーハンのメディア思想と共通するところが多い。マクルーハンと同世代に属するフランスの考古学者、**アンドレ・ルロワ＝グーラン**（1911–1986）もまた、メディア論と明示しないまでも彼の著書『身ぶりと言葉』で、身体と技術の関係を探る壮大な文明史観を展開していた。二〇世紀中頃までの考古学や人類学の調査結果に例証された同書では、先史以来の打製石器に始まり、冶金術から飛行機、さらに現在のコンピュータの基盤となるプログラミングへといたる技術の展開がたどられると、それらが人間の脳という「高度な」知性の産物としてよりも、その脳の機能を「外化する」ための手段として捉え直される（ルロワ＝グーラン 2012［1965］）。こうしてメディアを含めた技術一般を物質的な観点から身体の延長および外化として捉える議論は、以下に見るように、現在までのメディア論に多大な影響を及ぼすことになる。

義肢としてのメディア技術

こうした議論を重要な着想源のひとつとして、現在のメディアについて批判的な思考を展開した論者に、フランスの哲学者**ベルナール・スティグレール**（1952–2020）がいる。彼によるルロワ＝グーランの読み替えは、「生命を持たない物質そのものが、その有機構成において進化する」とみなす技術理解にも示されている（スティグレール 2009［1994］, 66）。さらに、ジャック・デリダの薫陶を受けたスティグレールは、人間という種の存在様態の根幹にテクノロジーを位置付け、それをプラトンやアリストテレス以来の哲学史の膨大な蓄積と関連づけて展開している。そこに通底するのは根本的な発想の転換であり、これは「人間が技術を発明するのではなく、人間を発明するのが道具、つまりは技術である」という指摘に集約される（スティグレール 2009［1994］, 208）。

人間が技術によって発明されるとはどういうことか。スティグレールは、その根拠を著名なエピメテウスの神話の解読に求める。よく知られるように、人間に技術＝火を与えたのはプロメテウスであったが、それは地上の動物たちに生存のために必要な資質を分配するという仕事にあたった弟のエピメテウスが、注意散漫な性格から人間のことを忘却し、未成熟のままに残してしまったからであるとされている。こうして人間は動物とは異なり、忘却と窃盗という二重の過失が誕生のうちに前もって刻み込まれており、本来的に欠失した存在として道具すなわち技術により事後的に代補されなくてはならない。スティグレールはこうした事態を指して、「前定立」すなわち「補綴」と呼ぶのである。

スティグレールの議論はここから近代以降の写真・映画でさえも、人間の記憶を外在化する「記憶化のテクノロジー」とみなし、VRやプログラミングなどのデジタル技術を含めた現代のメディア社会を「ハイパー産業化」と呼んで辛辣に批判する（スティグレール 2013［2001］, 368）。後者が指すのは、科学と技術を結合したテクノロジーがグローバル市場の原理に支配され、私たちの記憶のみならず意識をも支配している状況である。こうした診断は、悲観的なトーンに包まれてはいるものの、人工知能の技術的特異点に代表されるような、人間と技術との安易な対立とは大きく異なる知見を与えてくれる［↓1-2知能］。道具や技術を身体の補綴とみなす態度は、先の文明史観と組み合わされることで、人間と技術との**共進化**ともいうべきモデルを提出するだろう。それはすなわち、自然を支配するために技術を製作したとみなす古典的な人間理解からの脱却を促すと同時に、身体という物質的な基盤を備えている人間を、おなじく物質的な対象である技術や物質と同列に捉えること、そして、それらの関係のうちで認識や行動を根幹から変化させてきた生物として再考することを要請するのである。

メディアとしての身体

身体は、メディア理論にとって中心的な座であり続けてきた。とりわけ重要なのは、メディア技術が人間の身体にとって単に外的な存在物ではなく、つねに「**身体化**（embodiment）」をともなって経験されるという認識であろう。例えば**N・キャサリン・ヘイルズ**『私たちはいかにしてポストヒューマンになったか（How We Became Posthuman）』（Hayles 1999）は、精神を情報と等価なものとして理解するようなある種のポストヒューマニズムに対して警鐘を鳴らし、情報技術における「身体化」の次元を強調している［↓1-10ポストヒューマン］。あるいは**マーク・B・N・ハンセン**『ニューメディアのための新しい哲学（New Philosophy for New Media）』（Hansen 2004）もまた、アンリ・ベルクソンなどの哲学を参照しながら、メディア・アートの作品群が生み出すヴァーチャルな経験における身体性の重要性を指摘している［↓1-4 ニューメディア／ソフトウェア、2-7 アートとメディア］。

こうした着想の延長線上で、そもそも身体そのものをメディア技術によって媒介された様態において理解する研究も現れている。その一例が、**ユージン・サッカー**が提案した「**バイオメディア**（biomedia）」なる概念である。バイオメディアとは、今世紀に入る頃から生物学の進展と情報技術のそれとが相補的に収斂したこと、および、そのことが社会にもたらす帰結を指し示すための概念である（Thacker 2004）。より具体的には、二〇世紀後半以降の分子生物学の発展から、タンパク質のような物質が身体を構成する設計図としてのゲノム情報に注目が集まり、これが二〇〇三年には全塩基配列の解読というヒトゲノム計画の完了として一応の終結をみることとなった。時期を同じくして、高速計算の処理機としてのコンピュータが小型化や高速化を推し進めると、地球規模で張り巡らされたネットワークが情報交換の頑強な制御＝管理を実現することになる（Galloway & Thacker 2007）。

かくしてバイオメディアとは、生命が情報として処理可能になる一方で、情報が生命として物質化されることを望むがごとく、その両者の邂逅が、二進法のコードに基づく計算処理を物理的な基盤として実現された事態を指す。サッカーによれば、このことがもたらす帰結は小さくない。生物学と情報技術の統合は、私たちの身体に直接的に作用する薬品開発や遺伝診断などの医療活動へと直結し、ひるがえって製薬・食品産業などに支配された経済活動とも共振をみせると、さらに衛生観念やバイオテロリズムなどを介して国家の安全保障の問題にまで拡がりをみせる（Thacker 2005）――このことは私たちが日下、COVID-19のパンデミックによって目の当たりにしている事態でもあるだろう。

情動とメディア

身体そのものをメディア技術によって媒介された位相において理解するこうした研究の方向性は、サッカーが論じたような遺伝子工学と情報技術の収斂のみへとすべてを還元することのできない、メディア論的な射程を備えている。例えばパトリシア・クラフは、サッカーの研究を参照しながら「バイオメディア」概念――あるいは彼女の言葉では「生＝媒介された身体（biomediated body）」――を、より広範な社会や政治経済の文脈に拡張して論じている（Clough 2008）。その際に重要視されるのは「情動」の次元であり、クラフは二〇〇〇年代以降の批評理論において、「**新しい唯物論**」とも隣接しながら盛んに論じられている「**情動論的転回**（affective turn）」の主導者のひとりである（Clough 2007）。そこで最後に、身体の情動的次元がメディアと切り結ぶ地平について素描しておきたい。

「情動（affect）」という概念が指し示す範囲は研究分野や論者によって一様ではないが、クラフにしたがえばひとまず、主体が意識的に経験する「感情（emotion）」――喜び、悲しみ、怒り――とは区別される前意識的な心的過程であり、より深く身体の物質的次元に根ざしている前主体的、前個体的な経験である、としておいてよいだろう。例えばクラフとならんで情動論的転回を代表する論者の**ブライアン・マッスミ**は、情動の前意識的な性質を例証するものとして、ベンジャミン・リベットが一九八〇年代に行った**自由意志**に関わる有名な実験を好んで取りあげる（Massumi 2002）。この実験は、被験者の脳波を測定しながらボタンを押すなどの簡単な動作をしてもらい、被験者が意識的な決定を下した瞬間と、脳の活動が検出される瞬間との時間差を算出するものであるが、驚くべきことに、被験者が意識的な決定をくだす０・５秒前にすでに脳活動は始まっているという結果が得られた。信憑性をめぐって賛否両論あるものの、この実験結果が哲学的に示唆しているのは以下のようなことである。すなわち、近代的な主体観にしたがえば、人間とは理想的には自由意志に基づいて判断をくだす存在だとされているが、実際には意識にのぼる経験としての理性的な判断は、前意識的な心的過程の結果あらわれる表象にすぎない。そして、この前意識的な過程、すなわち情動の次元が、その都度の心の状態や、そのもとでなす判断や行動を支配している、というのである。

ここで重要なのは、サッカーが論じた先進医療＝情報技術的なバイオメディアと同様、情動の次元もまた、個人として同定された身体の境界を越えて作用することである。そして、それはメディア論の視点から見ると、情動が社会的・政治的次元を備えていることを意味している（伊藤 2017）。そのことをマッスミはロナルド・レーガン政権下のアメリカ政治を事例として論じているが、ドナルド・トランプ政権下の政治にインターネット言説が果たした役割を考えるとより分かりやすい。考えるより先に「いいね」したりリツイートする、あるいは考えるより先にアンチコメントを書きこむ――こうした情動の拡散と増幅がインターネットの言論空間を支配し、さらには政治的意思決定にまで影響を及ぼすことは、今日あまりにも明らかなこととなった（これを「脊髄反射」と呼ぶネットスラングは情動の性質をよく言い当ている)。そして、このことに対する対抗手段もまた、おそらく情動の次元での連帯というかたちでしか与えられていない。情動という前主体的な過程は、**ソーシャルメディア**時代のメディア理論に新たな課題を突きつけているのである[↓1-8 政治とメディア、1-9 資本とメディア]。

(門林岳史・増田展大)

参考文献

- 伊藤守（2017）『情動の社会学——ポストメディア時代における〝ミクロ知覚〟の探求』、青土社
- スティグレール、ベルナール（2009［1994］）『技術と時間1　エピメテウスの過失』石田英敬監修、西兼志訳、法政大学出版局
- フロイト（1969［1930］）「文化への不満」、『フロイト著作集3　文化・芸術論』高橋義孝他訳、人文書院、431-496頁
- ルロワ=グーラン、アンドレ（2012［1965］）『身ぶりと言葉』荒木亨訳、ちくま学芸文庫
- Clough, Patricia Ticineto with Jean Halley, eds. (2007) *The Affective Turn: Theorizing the Social*, Duke University Press.
- Clough, Patricia T. (2008) "The Affective Turn: Political Economy, Biomedia and Bodies," *Theory, Culture & Society* vol. 25. no. 1, pp. 1–22.
- Galloway, Alexander R. and Eugen Thacker (2007) *The Exploit: A Theory of Networks*, University of Minnesota Press.
- Hansen, Mark B. N. (2004) *New Philosophy for New Media*, MIT Press.
- Hayles, N. Katherine (1999) *How We Became Posthuman: Virtual Bodies in Cybernetics, Literature and Informatics*, University of Chicago Press.〔部分訳（第二章）N・キャサリン・ヘイルズ「ヴァーチャルな身体と明滅するシニフィアン」滝浪佑紀訳、『表象』第2号、80-111頁〕
- Massumi, Brian (2002) *Parables for the Virtual: Movement, Affect, Sensation*, Duke University Press.
- Thacker, Eugene (2004) *Biomedia*, University of Minnesota Press.
- Thacker, Eugene (2005) *Global Genome: Biotechnology, Politics, and Culture*, University of Minnesota Press.

第1部—2 Intelligence

知能

キーワード KEYWORD
人工知能研究、ノーバート・ウィーナー、サイバネティクス、ヒューバート・ドレイファス、ウンベルト・マトゥラーナ、フランシスコ・ヴァレラ、オートポイエーシス論、西垣通、基礎情報学、知性、悟性

機械論的知能観と生命論的知能観

二一世紀初頭に**人工知能研究**が三度目のブームを迎えたこともあり、いつか機械が人間並みの汎用知能を獲得するとか並みの人間なら凌駕するような超知能を獲得するとかいった未来予測もときに話題となるが、そもそもそこで知能とは何を意味しているのだろうか。人工知能研究は基本的に知能とはあくまで形式的で論理的なものであると前提している(チューリング 1997[1950])。人工知能研究が旗揚げされたのは一九五〇年代だが、その土台には古代ギリシアにまで遡るこの伝統的な西洋形而上学がある。人工知能研究のアプローチは二つに大別され、計算機をモデルにした**古典的計算主義**と、神経系をモデルにした**コネクショニズム**があり、それぞれ何度かの夏の時代と冬の時代を経て今日に到るが、どちらも知能を論理的な規則にしたがう形式的な記号の操作とみなしており、前者のいう記号は構文論的構造

をした表象で、後者のいう記号はニューラルネット上に分散した表象であるという違いはあれど、いずれも根本的には同じ表象主義的な計算主義である（信原 2017）。ようするに、知能を機械的な計算とみなす**機械論的知能観**である。このように人間の知能も機械の知能も同じ情報処理能力であるという前提があってこそ、冒頭に述べたような両者の比較も可能になる。

ところで、同時期にこれと密接に関連しながらも根本的に異なる知能観の研究も誕生していた。**ノーバート・ウィーナー**（1894–1964）の**サイバネティクス**である（ウィーナー 2011[1948]）。これは生物が未知の環境のなかでいかに状況を制御しているかをシステム論的に研究する試みであった。もっとも、これもフィードバック機構を備えた一種の機械としての数理的工学的な生物モデルを提案したという意味では、極め付きの機械論の側面もある。しかし着目すべきは、サイバネティクスが生物の視点から、生きる能力として知能をとらえようとしたところである。情報処理モデルでは生物を外から対象物として観察するが、サイバネティクスのモデルは生物自身の視点から観察する。これはたんに同じものを内と外のどちらに立って眺めるかという違いにはとどまらない。情報処理モデルでは、観察対象となるシステムは入力を内部で処理して出力する一種の計算機である。だが、生きている生物自身の視点に立ってみれば、そのような入力も出力もありはしない。このことを考慮すれば、システムのモデルはそもそも入出力という観点でとらえたものにはなりえない。サイバネティクスと情報処理とでは世界の見え方が根本的に異なるから、理論的なパラダイムもおのずと根本的に異なるものになる。こちらはいわば**生命論的知能観**である。サイバネティクスが切り開いたこの地平は、一九七〇年代頃に後述の**ネオ・サイバ**

ネティクスがその意義をすくいあげ、いまも探究が続けられている（Clark & Hansen 2009）。

身体性

人工知能研究の主流は依然として情報処理モデルだが、これには早い段階から批判もあり、なかでも一九七〇年代に**ヒューバート・ドレイファス**が指摘した問題がよく知られている（ドレイファス 1992［1972］）。情報処理モデルが想定する規則的な記号操作としての知能は、何かをするために考慮すべき事柄があらかじめ限定されていれば最適解を導き出すこともできるが、これがあらかじめ限定されていないと、いまここで考慮すべき事柄とそうでない事柄を識別するための計算量が無限に膨れ上がり実行不可能となるので、そのような識別が何をするにもその都度の状況に応じて要求される実世界ではこの段階で躓く。これは実際にフレーム問題（マッカーシー&ヘイズ 1990［1969］、デネット 1990［1984］）や記号接地問題（Harnad 1990）という具体的なかたちで人工知能研究の前に立ちはだかることになり、形式的な規則だけでいかに関係ある物事を限定したり記号に意味をもたせたりするかというこれらの難問はいまなお未解決である。

ドレイファスは、この問題は情報処理モデルの知能観を前提するがゆえの帰結であり、生物としての人間の**身体性**を考慮した知能観からはそもそも問題にならないと主張した。ここでいう身体とは、物理主義的な物体としての身体ではなく、現象学的・実存主義的な生ける身体である。つまり、身体性とはここでは、身体が物理法則のもとで機械的に運動しているというあり方のことではなく、ほかならぬこの身体として世界内に生きている生物が、その世界そのものを、みずからの目的志向的な行為に関係あるものだけからなる世界として、生きることによっておのずと構成しているという、再帰的に循環した両義性のことであり、かくして意味的に関係づけられた文脈につねにすでに置かれているというあり方のことをいう[↓1-1身体]。これは明示的な規則のかたちでの記述を拒むが、機械論的知能観に立つ限りそれができなければならないから行き詰まるというわけである。したがって、人工知能研究で身体性を重視する立場もその後みられるようになるが、そのとき身体性がいかなる意味で解釈されているのかということが決定的に重要となる。あくまで物理主義的に身体を考慮するだけなら機械論的知能観を維持したまま身体を一種の無意識的な情報処理装置とみなしてすませられるが、それではいま述べた身体性の議論は何も活かされたことにならないからである。

ネオ・サイバネティクス

現象学的・実存主義的な身体性をふまえた生命論的知能観のひとつに、先述のネオ・サイバネティクスがあげられる。世界にいる客体でありながら世界をつくる主体でもある、そのような生物の視点からの生きる能力としての知能観を、すでにウィーナーの古典的サイバネティクスは示唆していた。サイバネティクスのこうした生命論的な側面を重視し、システム論としてさらに発展させてきた諸研究を総称して、ネオ・サイバネティクスと呼ぶ（クラーク&ハンセン 2014［2009］）。

その起源とされるのは、観察されるシステムでありながら観察するシステムでもあるという生物の再帰的な両義性に着目した**ハインツ・フォン・フェルスターのセカンドオーダー・サイバネティクス**（von Foerster 2003）である。知識とは自分自身がそこで生活しているところの世界を自分自身で構成する行為であるという根本的経験論的な知識行為論を展開した**エルンスト・フォン・グレーザーズフェルドのラディカル構成主義**（フォン・グレーザーズフェルド 2010［1995］）も、この思想の基礎をなしている。**ウンベルト・マトゥラーナとフランシスコ・ヴァレラのオートポイエーシス論**（マトゥラーナ&ヴァレラ 1991［1980］; マトゥラーナ&バレーラ 1997［1987］）もまたネオ・サイバネティクスを代表する研究であり、システムの構成素を産出するプロセスがめぐりめぐってその構成素を産出するプロセス自身を産出しているという再帰的に循環した自己産出性こそが生物特有の有機的なシステムとしての組織化の仕方であり、これが生物の自律性や個体性や境界の自己決定や入出力の不在という特徴をもたらすという。このオートポイエーシス論と現象学や解釈学や言語行為論に依拠して**テリー・ウィノグラードとフェルナンド・フローレス**が生命論的な技術の設計理念を提案したことも知られている（ウィノグラード&フローレス 1989［1986］）。ヴァレラはまた**エヴァン・トンプソンやエレノア・ロッシュ**と、認知とは現象学的・実存主義的な意味での両義的な身体として生きるという創造的な行為にほかならず、心は身体化されているという**エナクティビズム**を提唱している（ヴァレラ&トンプソン&ロッシュ 2001［1991］）。名立たる成果には、セカンドオーダーの観察概念やオートポイエーシス論のシステム概念を応用することで社会を意味的なコミュニケーションの自己産出系としてとらえた**ニクラス・ルーマン**（1927–1998）の**社会システム論**（ルーマン 2020［1984］）もあげられる。さらに、**西垣通**の**基礎情報学**（西垣 2004; 2008）はこれらをふまえた生命論的知能観を提示しており、情報とは根源的には、自律と他律の両義的なシステムとしての社会的生物が生きることで形成された、その生物にとっての意味すなわち価値にほかならず、言語的な社会情報や形式的な機械情報はこの生命情報が転化したものであるという。

こうした生命論的知能観によるならば、生物が生きるということこそが知能の源泉なのであり、機械論的な知能はかえってこの生ける知能に基づいている。情報処理モデルの形式的な記号の操作に先立ち、生物が身体的に生きることですでにその生物に関係した意味ある情報は形成されている。はじめに意味も関係もない形式的な記号があって、それからそこに意味や関係が与えられるのではない。まず生物が生きることによって、その生物の生きる世界がつくられ、この世界はそのときすでにそのままでその生物に関係した意味ある世界としてできており、生物はそこを直に生きているというわけである。

ネオ・サイバネティクスは**システム論**のひとつである。システム論は思想史的には機械論と生気論の調停を目指してきた生命論である（河本 1995）。つまり、これは生命論といっても、たんなる生気論とか、たんなる反機械論とかではない。ネオ・サイバネティクスも古典的サイバネティクスと同じく機械論的な側面を見せはする。ただ、それらが機械論的にはとらえあぐね、あえてシステム論的にとらえようとしてきたものに注目するならば、このような生命論的知能観が浮かび上がってくるのである。

知性と悟性と知能

言ってみれば、知能という主題は、機械論と生命論の現代的な交差点であり、そこでは命と心が問われている。近代科学の誕生このかた機械論は怒涛のごとく生命論を消去してきた。まずは物理学が物についての生命論をあらかた払拭すると、その勢いはとどまることなく、たとえば進化生物学や分子生物学そして認知科学や神経科学によって、こんどは命と心が、機械論と生命論の相対する場となっているのである。知能という語そのものが、命と心をかけた機械論と生命論の論争を表現しているとも言えようか。実際、進化生物学とともに知能という概念が台頭してきたという説もある（ダンジガー 2005 [1997]）。われわれは知能と知性という言葉を日常的に何気なく使い分けるが、その意味合いのいくらかはこのあたりに由来しているのかもしれない。

西洋思想には古くから知性と理性と感性という人間の認識能力の序列があったこと、そしてこれが近代に理性と悟性と感性という序列に変化したこともまた知られている（坂部 2012）。おおむね古代から近代までは、**知性**（νοῦς、intellectus）が至高であり、これは端的に洞察する直接的な認識能力とされ、また人間の内にありながらたんなる人間的なものを超えた宇宙の根本原理ないし絶対者と交わるところとされた。**理性**（λόγος、ratio）は推論によって漸近してゆく間接的な認識能力とされ、**感性**（αἴσθησις、sensus）は知性と同じように直観的ではあるけれど理性よりも低次の認識能力とされた。近代になると、知性と理性の序列が逆転する。人間の内には理性を超え出るものはないという、**イマヌエル・カント**（1724–

1804）以後に決定的となったこの考え方のもとでの知性は、日本語でもしばしばあえて**悟性**（Verstand、understanding）と訳される。悟性は、低次の直観たる感性に由来する表象を加工して統一する能力だが、これはあくまで規則にしたがう未完結な認識であり、悟性の諸規則を原理的な法則に統一する至高の認識能力たる理性のもとにあるという。人間は究極的な知的直観としての知性をどこかでなくしてしまったのだろうか。ちなみに、このときからすでに理性は有限であること、そして理性は理性の限界ないし理性ならざるものと不即不離であることが、はっきりと自覚されてきたこともまた周知のところである。

さらに時代が降り、今日われわれが**知能**（intelligence）というとき、それは何を意味しているのか。規則にしたがい記号を操作する情報処理能力としての機械論的な知能なら、知性というより悟性だろう。だが、人工知能が人間並みとか人間を超えるとかいうとき、それは悟性のみならず理性、さらには理性すら超えた古来の知性までもが目指されているのだろうか。あるいは、人工知能が取り沙汰されるいまや、もう理性と悟性と感性の序列も通用しないということなのか。

もっとも、これはあくまで西洋思想史の一見解である。むろん、知能という概念の来歴は無視できない。ただ、生命論的知能観から見るならば、知能にはどこか西洋と非西洋といった区別を超えたある種の普遍性があることもまた無視しがたいのである。それは、いわゆる近代的な西洋中心主義や科学技術万能主義がそうであったような意味での普遍主義ではない。いわば、生命の普遍性。別の言い方をすれば、論理的にすべてを透明にすることで理解するという仕方とは違うわかり方が、生ける知能にはある。言うなれば、歴史的文化的あるいは生物学的な差異や多様性はそのままに、しかもそれとともにそれとは別の次元で、わかりあうことなくわかりあう、ひとつの命を生きるものとしての心の普遍性である。つまり、知能というとき、その主体は何ものなのかと問われているのである。知能は、命と心が問われているのだから。

（原島大輔）

参考文献

- ヴァレラ、フランシスコ&エヴァン・トンプソン&エレノア・ロッシュ（2001［1991］）『身体化された心――仏教思想からのエナクティブ・アプローチ』田中靖夫訳、工作舎
- ウィーナー、ノーバート（2011［1948］）『サイバネティックス――動物と機械における制御と通信』池原止戈夫・彌永昌吉・室賀三郎・戸田巌訳、岩波文庫
- ウィノグラード、テリー&フェルナンド・フローレス（1989［1986］）『コンピュータと認知を理解する――人工知能の限界と新しい設計理念』平賀譲訳、産業図書
- 河本英夫（1995）『オートポイエーシス――第三世代システム』青土社
- クラーク、ブルース&マーク・ハンセン（2014［2009］）「ネオ・サイバネティックな創発――ポストヒューマンの再調律」大井奈美訳、西垣通・河島茂生・西川アサキ・大井奈美編『基礎情報学のヴァイアビリティ――ネオ・サイバネティクスによる開放系と閉鎖系の架橋』東京大学出版会、173-204頁
- 坂部恵（2012）『ヨーロッパ精神史入門――カロリング・ルネサンスの残光』岩波書店
- ダンジガー、カート（2005［1997］）『心を名づけること――心理学の社会的構成』（上下巻）河野哲也監訳、勁草書房
- チューリング、アラン（1997［1950］）「コンピュータと知能」西垣通訳、西垣通編著訳『思想としてのパソコン』NTT出版、91-126頁
- デネット、ダニエル（1990［1984］）「コグニティヴ・ホイール――人工知能におけるフレーム問題」信原幸弘訳、『現代思想』1990年5月号、128-150頁
- ドレイファス、ヒューバート（1992［1972］）『コンピュータには何ができないか――哲学的人工知能批判』黒崎政男・村若修訳、産業図書

- 西垣通（2004）『基礎情報学――生命から社会へ』NTT出版
- 西垣通（2008）『続 基礎情報学――「生命的組織」のために』NTT出版
- 信原幸弘編（2017）『心の哲学――新時代の心の科学をめぐる哲学の問い』新曜社
- フォン・グレーザーズフェルド、エルンスト（2010［1995］）『ラディカル構成主義』橋下渉訳、西垣通監修、NTT出版
- マッカーシー、ジョン&パトリック・ヘイズ（1990［1969］）「人工知能の観点から見た哲学的諸問題」三浦謙訳、ジョン・マッカーシー、パトリック・ヘイズ、松原仁『人工知能になぜ哲学が必要か――フレーム問題の発端と展開』哲学書房、7－174頁
- マトゥラーナ、ウンベルト&フランシスコ・ヴァレラ（1991［1980］）『オートポイエーシス――生命システムとはなにか』河本英夫訳、国文社
- マトゥラーナ、ウンベルト&フランシスコ・バレーラ（1997［1987］）『知恵の樹――生きている世界はどのようにして生まれるのか』管啓次郎訳、ちくま学芸文庫
- ルーマン、ニクラス（2020［1984］）『社会システム――或る普遍的理論の要綱』馬場靖雄訳、勁草書房
- Clark, Bruce and Mark B. N. Hansen eds. (2009), *Emergence and Embodiment: New Essays on Second-Order Systems Theory*, Duke University Press.
- Harnad, Stevan (1990) “The Symbol Grounding Problem,” *Physica D: Nonlinear Phenomena*, 42(1), pp. 335–346.
- von Foerster, Heinz (2003) *Understanding Understanding: Essays on Cybernetics and Cognition*, Springer.

第1部―3 Play/Game

遊び／ゲーム

キーワード KEYWORD

ロジェ・カイヨワ、ルドロジー、ゴンザロ・フラスカ、物語（ナラティブ）、クロード・ブレモン、東浩紀、ゲーム的リアリズム、プレイヤー、ルール、インタラクション、インターフェイス、イェスパー・ユール、ハーフリアル、ミゲル・シカール

連続体としての遊びとゲーム

遊び（play）とゲーム（game）は、明確に区別される二つのものというより、一つの連続体として理解する方がよい。実際、英語や日本語には両者のそれぞれに対応する二つの語が存在するが、ドイツ語やフランス語では両者は同一の語で指示される。ドイツ語では「Spiel」、フランス語では「jeu」である。そのため、**ロジェ・カイヨワ**（1913–1978）のフランス語の著作『Les jeux et les hommes』（日本語訳版の題名は『遊びと人間』）（一九五八年）の英訳版の題名は『Man, Play and Games』とされている（カイヨワ 1990[1958]）。フランス語を用いたカイヨワにとってもやはり、両者は別個の概念ではなく一つの連続体を構成していたが、彼はそこに「二つの相反する極」があることを発見し、それらを「**パイディア**」および「**ルドゥス**」と名付けた。彼は、古代ギリシャ語とラテン語の語彙を借りることで、母語では表現

できない区別を行ったのである。パイディアは「自由奔放な遊び」を、ルドゥスは「目標と規則をもつゲーム」をそれぞれ意味する。カイヨワは、「jeu」をアゴン（競争）、アレア（偶然）、ミミクリ（模擬）、イリンクス（眩暈）という四つの範疇に区分したが、パイディアとルドゥスの両極はそれらすべての範疇を貫いている。例えば、アレアのうち、パイディアの成分が濃いものとして「じゃんけん」があり、逆にルドゥスの成分が濃いものに「宝くじ」がある。ミミクリのうち、パイディアの成分が濃いものに「子どもの物真似」があり、ルドゥスの成分が濃いものに「演劇」がある。そういった具合である。

ルドロジーの誕生――ゲームと物語

このカイヨワによるパイディアとルドゥスの区別に着目して、**ルドロジー**（ludology）なる新語を提唱したのが、ゲームデザイナーにして最初期のゲーム研究者でもあった**ゴンザロ・フラスカ**である。彼は、論文「ルドロジーとナラトロジーの出会い」で、ルドロジーを「ゲームと遊びの活動を研究する、いまだ存在しない学問分野」として定義した（Frasca 2000）。ただしこの定義からも分かるように、フラスカは遊びとゲームの対立をそれほど強調はしていない。むしろ彼の主眼は、ゲーム（ルドゥス）を**物語（ナラティブ）**から区別することにあった。

フラスカによれば、ルドゥスとは「複数のゲームの可能性（勝つか負けるか）」を生み出す「ルールの集合」である。それは、昔話の類型分析を行った**クロード・ブレモン**が『物語の論理（Logique du récit)』（一九七三年）で「シェーマ（図式）」と呼んだものに近い。シェーマとは、作者に「可能な複数の物語」を与える枠組みであり、作者はそれに従い、モティーフ群を連鎖的に結合させることで、「シークエンス（物語の連鎖）」を生み出す。ビデオゲームもこれと同様のモデルで理解できる。ビデオゲームにおいてシークエンスに相当するのは「セッション」（一回ごとのゲームプレイ）である。たしかにこのセッションだけに注目すれば（かりにそれを「録画」して観客に見せれば）それは「物語作品」として鑑賞可能かもしれない。だがそれは実際のゲームプレイとは無関係な経験である。「セッションはルドゥスではなく、ルドゥスが生み出すものにすぎない」。セッションと、無数のセッションを生み出すルドゥスは区別されねばならない。それは、シェーマが物語そのものではないのと同様である。「したがってわれわれは、ルドゥスと物語が同等であるとはいえない、なぜなら前者は可能性の集合であるが、後者は連結した行為の集合であるからだ」（Frasca 2000）。

　なお、**東浩紀**は『ゲーム的リアリズムの誕生』で「複数の物語を生みだすメタ物語的なシステム」としてゲームを定義する際、このフラスカの論文に言及している（東 2007）。ゲーム（ルドゥス）は無数の物語（ナラティヴ）を可能にする枠組みであるという、フラスカの考えが、「**ゲーム的リアリズム**」の理論的土台にもなったのである。

現実世界への「はみ出し」――プレイヤー行為、ルール、インタラクション

フラスカを含め、「ルドロジスト」を自称した初期のゲーム研究者が（ときに過剰なまでの熱意をもって）ゲームを物語から切り離そうとした最大の理由は、虚構世界の外側、すなわちこの現実世界で、主体的かつ能動的に行為する「**プレイヤー**」の存在にあった。コンピュータという複雑な機械をあたかも自らの身体の延長であるかのように自在に操りつつ、現実離れした想像力を駆使して「遊ぶ人」は、従来の学問分野で研究されてきたような小説の読者とも映画の観客ともテレビの視聴者とも異なる、新たなメディア的主体であった。ゲームプレイヤーは一体何をやっているのか、一体何と遊んでいるのか、ゲームプレイのどこがどう面白いのか、どうしてそんなに没入できるのか。ゲーム研究の核心を構成するこうした問いに対し、文学研究や映画研究などの既存の方法や概念装置によってはアプローチできないことは明らかである。虚構や表象の世界には収まりきらず、現実世界へと「はみ出す」部分、それこそがゲームというメディアに特有の注目すべき領域として、ゲーム研究が照準してきたものである。プレイヤーの行為とそれを縛る**ルール**、プレイヤーが感じる面白さや不安、プレイヤーとシステムの間で生起する**インタラクション**やその両者を介在する**インターフェイス**、虚構世界の外側からの介入としてのチーティングなどが、そこに含まれる。

そしてこの「現実世界へのはみ出し」という問題に対し、現時点でもっとも有望な見通しを与えたのが、**イェスパー・ユール**の『**ハーフリアル**』である（ユール 2016[2005]）。ユールがビデオゲームを「半分現実（Half-Real）」と形容するのは、それが「現実的」と「虚構的」という「二つの異なる側面を同時にもつもの」であるからだ。つまりビデオゲームは、プレイヤーがやりとりする現実のルールから成り、またゲームに勝ったり負けたりすることが現実の出来事であるという点で「現実的（real）」である。他方、そのゲームがドラゴンを倒すことでクリアできるとして、そのドラゴンは「現実」ではなく「虚構」のドラゴンである。すなわちビデオゲームをプレイすることは、「現実のルール」とやりとりしながら、同時に「虚構世界を想像」することである。「ビデオゲームはルールかつフィクションである」というユールの主張は、それまで長年ゲーム研究につきまとってきた（幾分不毛な）論争――ビデオゲームはルールとフィクションのどちらなのかを決しようとする――に対する賢明な応答でもあった。その論争は先にもふれたルドロジストと、その仮想敵とされたナラトロジスト（物語主義者）の間で展開されたことになっている（しかし立場や主張がそれほど明確に定まった論争ではなかった、というのが現在の一般的理解である）。

遊びの方へ

ゲーム研究（game studies）は、その包括的名称に反して、実際にはコンピュータゲームやビデオゲームの研究でしかなく、ボードゲームやカードゲームやスポーツをほとんど視野に入れていない、という批判も最近ではよく聞かれる。「特殊な事例」であるはずのデジタルゲームを規範とみなし、そこから「ゲーム全般」を理解しようとする傾向を指して、「デジタル的誤謬」と呼ぶ論者もいる。すべてのゲーム研究者は、自分が「ゲーム」という言葉を使う際、一体何を「範例」としているのかに、ますます自覚的であらねばならないだろう。

こうした中、**ミゲル・シカール**の『プレイ・マターズ』のように、あえて「ゲームではなく遊び」に注目し、玩具から遊び場までを含む「遊びのエコロジー」の中にゲームを再配置する動向もある（シカール 2019[2014]）。たしかにゲームは、遊びのエコロジーの中で「文化的経済的な観点で支配的」な「特権的遊具」の位置を占める「最強の形式」だが、それは遊びの「唯一の形式」ではなく「一つの形式」にすぎない。ゲームは高度の「形式性」と「自己目的性」を兼ね備えた遊びだが、必ずしもそれらの要素がなくても遊びは成立する。

シカールの遊び論の重要概念は「**遊び心**」と「**流用（アプロプリエーション）**」である。彼は**ジョン・デューイ**（1859–1952）の系譜に連なる教育心理学に依拠して、遊び（play）と遊び心（playfulness）を区別する。遊びが「活動」であるのに対して、遊び心は活動に向けられる「態度」だ。「遊び心は遊びのいくつかの特性を、遊びではない活動に投影すること」であり、「遊び心をもつとは、遊びを意図して創られたのではない文脈を流用すること」である。「流用」とは、文脈を乗っ取り、変化させることだが、シカールはそれを遊びを定義する七つの特性の一つにあげている。驚くべきことに人間は「目に入るものをほとんど何でもおもちゃにできるという能力」をもつが、「この能力は、遊び心の態度に備わる流用的特性に由来する」。鉛筆をくるくる回したり、階段をすごろくの盤に見立ててじゃんけん遊びをしたり、コンピュータゲームのバグを探したりと、われわれは、本来の用途や目的を離れて、あらゆる事物や状況を遊ぶことができる。「遊び心は世界をおもちゃに変える」のだ。

そしてシカールがいうように、遊びが「人間という存在の一つのモード」であり、「遊びがわれわれに世界を与え、われわれは遊びを通して世界を自分たちのものにする」のだとしたら、「遊びが重要である（play matters）」ことに疑いの余地はない。ゲームデザインやゲーム研究は、今後ますます遊びに向かって開かれていかねばならないだろう。

（吉田寛）

参考文献

- 東浩紀（2007）『ゲーム的リアリズムの誕生——動物化するポストモダン2』講談社現代新書
- カイヨワ、ロジェ（1990［1958］）『遊びと人間』多田道太郎・塚崎幹夫訳、講談社
- シカール、ミゲル（2019［2014］）『プレイ・マターズ——遊び心の哲学』松永伸司訳、フィルムアート社
- ユール、イェスパー（2016［2005］）『ハーフリアル——虚実のあいだのビデオゲーム』松永伸司訳、ニューゲームズオーダー
- Frasca, Gonzalo (2000) "Ludology Meets Narratology: Similitude and Differences between (Video) Games and Narrative." https://ludology.typepad.com/weblog/articles/ludology.htm（2020年9月16日アクセス）

第1部—4 New media/Software

ニューメディア／ソフトウェア

キーワード KEYWORD

ニューメディア・スタディーズ、レフ・マノヴィッチ『ニューメディアの言語』、ソフトウェア・スタディーズ、マーク・B・N・ハンセン、プログラム可能性、アラン・ケイ、ハイブリッド・メディア、ウェンディ・フイ・キョン・チュン、アレクサンダー・R・ギャロウェイ

「ニューメディア」という用語が何を指しているのか、端的に言い表すことは案外むずかしい。どんなメディアでもかつては新しかったことを思えば、この用語は極端に言えば何でも指し示しうるし、映画、ラジオ、テレビ、各種の印刷媒体といったオールドメディアの外延が比較的はっきりしていたのに対して、デジタル環境下で「ニューメディア」に包含される対象や現象は多岐にわたっているからだ。文化のあらゆる局面で急速にコンピュータ化が進んだ一九九〇年代以降の、デジタル・テクノロジーを共通の基盤とするメディア環境全般を包括的にとらえたこの用語は、その融通無碍さゆえにかえって喚起力を持っているとも言える。以下では、ここ二〇年ほどで目覚ましく発展し、多くの学際的な関心を惹起してきた**ニューメディア・スタディーズ**の一端を、そのパイオニア的な存在の一人である**レフ・マノヴィッチ**の仕事を軸に概観してみたい。

ニューメディアの「新しさ」

「ニューメディア」という呼称は、従来のメディアを「古い」ものとして名指し、それとの断絶を強調するという響きを否応なく含んでいる。そのため、ニューメディアのどこが新しいのかをめぐってはこれまで多くの議論が交わされてきた。二〇〇一年に上梓されたマノヴィッチの『**ニューメディアの言語**』は、ウェブサイトやソフトウェア・アプリケーションから、コンピュータゲームやメディア・アート、さらにはデジタル映画に至るまで、多岐にわたる「ニューメディアのオブジェクト」を丹念に観察しながら、その新しさを、メディア情報がデジタルデータとしてコンピュータで操作・計算可能なものになるという点に見出している（マノヴィッチ 2013［2001］）。彼によれば、一九世紀前半以来のコンピュータ計算の歴史と各種メディア・テクノロジー（写真、映画、レコードなど）の歴史が合流する地点に位置づけられる「ニューメディア」は、メディア史における決定的な断絶を画しているのだ。

マノヴィッチはそのような観点から、マルチメディア、ランダムアクセス、インタラクティヴィティといった、通常ニューメディア特有のものとみなされるいくつかの特性を必ずしも新しいものではないとして退けて、デジタルデータに基づくニューメディアの全般的な原則を①**数字による表象**、②**モジュール性**、③**自動化**、④**可変性**、⑤**トランスコーディング**の五点に要約してみせる。なかでも興味深いのは、マノヴィッチ自身がメディアのコンピュータ化の「最も本質的な帰結」と呼ぶトランスコーディングという事態だろう。コンピュータ化されたメディアは、一方で人間に了解可能な表象を提示している。

しかし、それはコンピュータ特有の構造に従って配列されたデータを、**ソフトウェア**によって変換《トランスコード》しているからこそ生じている事態である。表層とそれを支えるコードの層の分離と再接続を、マノヴィッチはさらに現代社会における「文化のレイヤー」と「コンピュータのレイヤー」の相互作用として敷衍する。たとえば、「印刷されたページ」のインターフェイスがウェブサイトやゲーム等に応用されたり、逆に、もともとコンピュータのデータ処理方式の一つだったデータベースがより広範囲にわたって人間の想像力を規定する新しい文化的形態に変換《トランスコード》されるというように。この五番目の原則は、後述するように、**ソフトウェア・スタディーズ**への道を開くことになる。

ニューメディアと映画の遺産

マノヴィッチはこうしてニューメディアとオールドメディアの断絶を強調する一方で、両者の間に連続性も見て取っている。彼は、ニューメディアが原理的には従来のメディアと決定的に切り離されていることを認めつつ、それがいま現実にとっている姿としては、オールドメディア、とりわけ「二〇世紀の鍵となる文化的形態」としての映画の慣習に多くを負っていると指摘するのだ。マノヴィッチによれば、一九世紀末に当時の「ニューメディア」として誕生した映画が、やがて独立したメディアとしてのアイデンティティを獲得するようになるまでの間、先行する文化的諸形態とのキマイラ的な混淆状態にあったのと同様、一九九〇年代という揺籃期におけるニューメディアも依然として従来のメディアの慣習を引き摺っている。初期映画とニューメディアの間にこのような並行関係を見て取るマノヴィッチは、映画史と映画理論を「ニューメディアに目を向ける際の主要な概念的レンズ」として十全に活用し、ニューメディアにおける「文化的インターフェイス」のあり方や、画面《スクリーン》の系譜や、合成的リアリズムの特徴、さらには「データベース」や「航行可能な空間」といった特有の形態のうちに、映画の様々な慣習の残存を見て取っている。

だが、こうした映画という「概念的レンズ」の特権視は、オールドメディアとニューメディアの連続性を強調するあまり、ニューメディアのもつ可能性をかえって見えなくしてしまうきらいもある。たとえば、**マーク・B・N・ハンセン**は、ベルクソンのイマージュ論／身体論を再読しつつ、**ジェフリー・ショー**の作品群をはじめとするニューメディア・アートの体験における身体の関与を重視した研究『**ニューメディアのための新しい哲学**（New Philosophy for New Media）』で、まさにそのような批判を投げかける。ハンセンは言う。マノヴィッチがデジタル視覚文化のうちに「映画」に基づく文化的インターフェイスや外観の優位を見て取ることは「経験的な観察」としては正しいかもしれないが、それでは「デジタル画像」の新しい存在論的な地位を十分に理論化することはできない。「デジタル画像」は、それを前にして観客が映画館のような不動性を保つべきものでも、矩形のフレームに閉じ込められるべきものでもなく、本質的に多形的で流動的なデータなのだから、私たちはむしろ、「ニューメディアの映画的遺産」を批判し、前例のないオルタナティヴを積極的に探究すべきなのである、と（Hansen 2004）。

ソフトウェア・スタディーズの方へ

こうしたハンセンの批判とは異なる方向性においてではあれ、『ニューメディアの言語』においてすでに、映画とニューメディアとの連続性を否定して、ソフトウェア・スタディーズへと向かう道筋が示唆されていたことを忘れてはならない。マノヴィッチは先に触れたトランスコーディングの原則を説明する過程で、「ニューメディアの最も根本的で、歴史的に見ても先例のない特質」は**プログラム可能性**（programmability）であると述べている。ニューメディアはどんな外観（「文化のレイヤー」）をとっていようと、究極的にはデータの羅列（「コンピュータのレイヤー」）にすぎない。「ニューメディアはメディアに似ているかもしれないが、それは表面上そうであるにすぎ」ず、両者のあいだには根本的な断絶があるのだ。とするなら、ニューメディアを思考するにあたっては、私たちは既存のメディア論の枠組みを超えて、コンピュータ・サイエンスの助けを借りたソフトウェア・スタディーズに移行しなければならない、とマノヴィッチは力説する（マノヴィッチ 2013[2001], 96）。

メディアという概念そのものの再考を迫るこうした遠大な理論的観点は、二〇一三年の著作『**ソフトウェアが指揮を執る**（Software Takes Command)』で推し進められることになる（Manovich 2013)。情報化社会のあらゆる作用をそもそも可能にしている「ソフトウェア」というレイヤーに着目するマノヴィッチは、本書で「万能メディア機械」としてのコンピュータを構想したコンピュータ科学者**アラン・ケイ**[↓3-6 触覚メディア]にまで遡って「ソフトウェア以降のメディア」の生誕の過程を探り、さらにAfter

Effectsをはじめとするソフトウェアの作動によって、従来の各媒体の構造や言語の次元といった深い水準にまでおよぶようなかたちでメディアの組み替えが行われ、その結果、コンピュータ上ではじめて存在するような、いまだ発明されていない、新種の**ハイブリッド・メディア**が生み出されていることを明らかにする。新たなソフトウェア環境が可能にする文化生産のロジックをこうして剔出することで、マノヴィッチは従来的なメディアの理解を更新しようとしているのだ。

だが、こうしたマノヴィッチの試みが、甲斐義明が指摘するように「技術楽観主義」ともいうべき色彩に染められていることは否めないだろう（甲斐 2018, 11）。マノヴィッチはもっぱら、新たなソフトウェア環境が生み出す新たな外観に注目して、それが包含するハイブリッド的なロジック（ないし「言語」）を解明していく。その分析がいかに正鵠を射たものであるとしても、ここでは「ソフトウェア」という一筋縄ではいかない対象をめぐる社会的、政治的、歴史的、イデオロギー的な諸問題の絡み合いはほとんど等閑視されている。その傾向は、インスタグラムという現代資本主義社会の巨大なメディア・プラットフォームを対象にしながら、そこにアップロードされた膨大な数の写真を分類し、その「美学」を分析することに自らの課題を限定する『インスタグラムと現代イメージ』でさらに顕著になっている（マノヴィッチ 2018[2017]）。こうした偏りを相対化するためには、マノヴィッチが透明な翻訳過程とみなす傾向のある「トランスコーディング」の次元に、ジェンダーからイデオロギー的な制御に至る種々の問題群が潜んでいることを鮮やかに暴き出していく**ウェンディ・ヒキョン・チョン**や、インターネットを制御する論理としての「プロトコル」に現代思想の観点から迫った**アレクサンダー・R・**

ギャロウェイの仕事［↓1-7 プラットフォーム］など、ソフトウェア・スタディーズのすでに厚みのある多様な成果を参照する必要があるだろう（Chun 2004; ギャロウェイ 2017［2004］）。

（堀潤之）

参考文献

- 甲斐義明（2018）「レフ・マノヴィッチとインスタグラム美学」、久保田晃弘・きりとりめでる編『インスタグラムと現代視覚文化論――レフ・マノヴィッチのカルチュラル・アナリティクスをめぐって』、ビー・エヌ・エヌ新社、8-22頁
- ギャロウェイ、アレクサンダー・R（2017［2004］）『プロトコル――脱中心化以後のコントロールはいかに作動するのか』北野圭介訳、人文書院
- マノヴィッチ、レフ（2013［2001］）『ニューメディアの言語――デジタル時代のアート、デザイン、映画』堀潤之訳、みすず書房
- マノヴィッチ、レフ（2018［2017］）「インスタグラムと現代イメージ」きりとりめでる・久保田晃弘訳、前掲『インスタグラムと現代視覚文化』、9-215頁
- Chun, Wendy Hui Kyong (2005), "On Software, or the Persistence of Visual Knowledge," *Grey Room* 18, Winter 2004, pp. 26–51.
- Hansen, Mark B. N. (2004), *New Philosophy for New Media*, MIT Press.
- Manovich, Lev (2013), *Software Takes Command*, Bloomsbury Academic.〔第一章のみ「カルチュラル・ソフトウェアの発明――アラン・ケイのユニバーサル・メディア・マシン」（大山真司訳）として以下に所収。伊藤守・毛利嘉孝編『アフター・テレビジョン・スタディーズ』、せりか書房、2014年、110-152頁〕

第1部—5 Archive

アーカイヴ

キーワード KEYWORD
デジタル人文学、ミシェル・フーコー、考古学（アルケオロジー）、フリードリヒ・キットラー、ヴォルフガング・エルンスト、メディア考古学、アーカイヴの記述、ユッシ・パリッカ、マウリツィオ・ラッツアラート、アレクサンダー・R・ギャロウェイ

かつてアーカイヴとは薄暗い文書館や図書館の書庫を強く喚起する言葉であった。それが今ではどうだろうか。オンライン上にはアーカイヴのメタファーが溢れている。私たちはメールや写真、動画やファイルを削除する代わりにアーカイヴに蓄積していく。日々私たちの移動や消費、生活の痕跡はオンライン上に記録され続けており、SNSもまた個人の嗜好や人間関係のアーカイヴになっている。私たちは際限なく蓄積されていく無数のデータから重要なもの、他者に提示するもの、隠しておくものを日々選別しており、その意味で自分自身の小さなアーキヴィストとなってデータと履歴をマネジメントし続ける。それと同時に、こうしたデータは私たちの預かり知らぬところで解析され、いつの間にか第三者に売り渡されてもいる（Parikka 2012a）。デジタル化は人間の知覚と認識を超えた大量のデータの流通を帰結したが、それはデジタルデータを可視化し操作可能にするインターフェイスとしてのスクリーンの遍在を促すとともに、その裏側でデータを記録し蓄積するアーカイヴを増殖させることになった。

近年のメディア研究においてアーカイヴは、研究を遂行し歴史を記述するための資料を保管し、アクセスや検索を可能にする場所であるだけでなく、それ自体が研究の対象となっている。メディア研究におけるアーカイヴへの関心の高まりは、資料のデジタル化とその利活用や、それらを基盤とした**デジタル人文学**の広がりと連動しているだけではない。それはメディア研究やメディアという概念そのものへの視点の転換もまた含意している。

アーカイヴの拡張とメディア技術

アーカイヴは当初、公的な文章記録、ならびにそれを専門的な知識に基づき保存、管理するための公的な施設のことを指していた。一六世紀以降、近代国家によるアーカイヴ、すなわち文書館が次々と整備され、その後、一八世紀にフランス革命を契機に設置されたフランス文書館は行政記録を保存、管理すると同時に国民に公開する施設と位置づけられた（林田 2019）。こうした具体的な施設を意味していたアーカイヴ概念を、私たちの知識や認識を条件づけるシステムへと拡張したのが**ミシェル・フーコー**（1926–1984）である。フーコーは通常は複数形で用いるアーカイヴズ les archives をあえて単数系でアーカイヴ l'archive と表記することで、過去に関するドキュメントや記録、あるいはそれらを可能にする社会的な諸制度といった具体的な場所や施設と区別する。その代わり、フーコーはアーカイヴを「語られたこと」の出現を条件づけるシステムとして捉え直した。「アルシーヴ、それはまず、語られうることが従う法則であり、特異な出来事としての諸言表の出現を規制するシステムなのだ」（フーコー 2012［1969］, 246）。このような意味でのアーカイヴの分析に与えられた名前が**考古学（アルケオロジー）**である。

こうしたフーコーのアーカイヴ概念とその分析をメディア技術の視点から批判的に検討したのが**フリードリヒ・キットラー**（1943–2011）であると言えるだろう［→2-3 ドイツのメディア哲学］。キットラーによれば、「語られたこと」は文字によって文書にのみ記録されるわけではないし、文書館や図書館にのみその記録が蓄積されるわけでもない。一九世紀にグラモフォンやフィルムといった、音響データや視覚データを時間的な流れのまま保存し、技術的に再生する装置が存在するようになったことで、記録メディアとしての「文字の独裁」は終わった。しかしフーコーによるアーカイヴの分析は記録メディアとしての文字の時代にとどまっている。「だからフーコーの歴史分析はどれも、もっと別のメディア、もっと別の郵便制度が書物の保管庫に風穴をあけようとする少し手前で、判でおしたようにストップしてしまう。フーコーのディスクール分析は、音の保管庫、映画のリールの山をまえにして、つねに機能不全に陥ってしまうのである」（キットラー 2006［1986］, 27–28）。

これに対しキットラーは、あくまで記録メディアとしての文字と書物を前提としたフーコーの分析を、「データを送信し、保存し、処理することを可能にする技術と制度のネットワーク」としての「書き込みのシステム」の分析へと拡張する（Kittler 1990［1985］）。いわばキットラーはフーコーのアーカイヴを技術化し、『言葉と物』における（人文主義的な）人間の消滅という主題を、文字による記録を中心とした技術と制度から、人間的な意味の外にあるノイズもそのまま記録してしまう技術と制度のネットワークへの移行の歴史として描き直したのである。

アーカイヴ学としてのメディア研究

哲学者であるフーコーや文学研究から出発したキットラーと異なり、**ヴォルフガング・エルンスト**は歴史学者として出発した。しかしその後エルンストは同時代の新しい文化史の潮流ではなく、フンボルト大学の同僚だったキットラーをはじめとするドイツメディア理論の影響のもとに研究を展開していく。エルンストは歴史を記述することとメディア技術の関係を分析する過程で、文化史の研究のために利用していたアーカイヴを、メディア研究の中心的な対象として捉え直していく（Ernst 2012）。

エルンストは、文化を表象や実践、記号や意味の伝達ではなく、むしろその記録や蓄積に関わるものであると捉え直す。この時、歴史を記述することは、出来事を表象することや物語ることではなく、端的に事実を記録すること、蓄積すること、すなわちアーカイヴの記述に近づくことになる。さらにエルンストは、キットラーの研究から示唆を受けながら、メディアを人間のコミュニケーションを媒介するもの、メッセージを伝達するものではなく、人間の意味や知覚から外れたノイズを冷酷に記録してしまう記録・蓄積装置（ストレージ）でありアーカイヴであると捉え直す。メディアはメッセージである、がマクルーハンのメディア論の核心にあるとするならば［↓2-2 マクルーハンとトロント学派］、エルンストにとってメディアはアーカイヴであり、メディア研究とは**メディア考古学**（media archaeology）であり、そして

アーカイヴ学（archivology）であり**アーカイヴの記述**（archivography）なのである（Ernst 2012）。

エルンストによれば、アーカイヴはデジタル化されることで、データの保存のための静的な場であることをやめ、絶え間なくアップデートされ、機械的なアルゴリズムによって新しいパターンを自己生成する動的なプロセスに変わりつつある。記憶や歴史、時間もまたアーカイヴのアルゴリズムと「機械の冷たい眼」によって再定義され、そのことによって人間的な表現とは異なった歴史とオーディオヴィジュアルが生成される可能性がある（Ernst 2012）。エルンストにとってメディア研究とは、こうしたアーカイヴの技術的条件の探究に他ならない。そして技術的なメディアの基礎には物理学と工学、そして数学があるとするならば、メディア研究もまた分析においてそうした道具を使う必要がある。パリッカの言葉を借りれば、エルンストはフーコーのアーキヴィストをエンジニアにする（Parikka 2012a）。

認知資本主義のアーカイヴ技術

ドイツメディア理論によるアーカイヴの技術化を踏まえ、デジタル文化研究の批判的方法を模索しているのが**ユッシ・パリッカ**である。パリッカは、キットラーを一つの源流とし、エルンストやベルンハルト・ジーゲルトらによって多彩な展開を見せているドイツメディア理論を、デジタル文化の物質性や、認識や知覚の技術的条件を分析するための洗練された方法であることを認めた上で、それが近年のメディアの政治経済学や認知資本主義の議論と十分に接続されていないことを指摘している。一方、イタリアのマウリツィオ・ラッツアラートらによって提唱された認知資本主義の分析は、ジル・ドゥルーズやアンリ・ベルクソンらの映画や技術に対する見解を参照しているが、ドイツメディア理論の視点が抜け落ちており、現代の認知資本主義や制御社会が実際にどのような技術によって駆動されているか詳細で具体的な分析が回避されているのである（Parikka 2013a）。

これに対し、たとえばパリッカは、エルンストのアーカイヴ学の視点を引き継ぎながら、ソーシャルメディアを、人間のコミュニケーションやネットワークの視点から捉えるのではなく、ソフトウェア化した記録とストレージ、自己生成していくアーカイヴとして捉え直す。こうした記録メディアとしてのソーシャルメディアは単に「機械の冷たい眼」によって人間の行動を記録・蓄積しているだけではない。記録されたユーザーの行動履歴や嗜好、消費に関するデータは、GAFA（Google、Amazon、Facebook、Apple）のようなプラットフォーム企業によって徹底的に解析され、新たなサービスの開発や広告の表示に利用され、他の企業に転売されている（Parikka 2012a）。つまりデジタル化したアーカイヴは徹頭徹尾プラットフォームの政治経済学に埋め込まれており、認知資本主義の文化技術の一つとして機能している（Parikka 2013b）［↓1-7 プラットフォーム］。

パリッカはアレクサンダー・R・ギャロウェイによる二〇一〇年の講演を紹介しながら、デジタル化したメディア研究において近年のフランス哲学、イタリア政治理論、そしてドイツメディア理論の三つの潮流を統合する必要があるとしている（Parikka 2012b）。パリッカにとって、この課題を具体化する方策の一つが、ドイツメディア理論によって技術化されたフーコーのアーカイヴの分析を、デジタル環境下においてポストフォーディズムの政治理論と接続することである。このようにしてアップデートされたメディア研究におけるアーカイヴの分析は、エルンストらによる技術的な解析と、ギャロウェイによって示されたデジタル文化の批判的研究を架橋するものになるだろう（ギャロウェイ 2017[2004]）。それは「ポスト・ヒューマン時代のメディア研究」（伊藤 2019）［↓1-10 ポストヒューマン］の課題とも無縁ではないはずだ。

（大久保遼）

参考文献

- 伊藤守（2019）「ポスト・ヒューマン時代のメディア研究」伊藤守編『コミュニケーション資本主義と〈コモン〉の探求——ポストヒューマン時代のメディア論』東京大学出版会
- キットラー、フリードリヒ（2006［1986］）『グラモフォン・フィルム・タイプライター』（上）石光泰夫・石光輝子訳、ちくま学芸文庫
- ギャロウェイ、アレクサンダー（2017［2004］）『プロトコル——脱中心化以後のコントロールはいかに作動するのか』北野圭介訳、人文書院
- 林田新（2019）「アーカイブのパラドックス」光岡寿郎・大久保遼編著『スクリーン・スタディーズ——デジタル時代の映像／メディア経験』東京大学出版会
- フーコー、ミシェル（2012［1969］）『知の考古学』慎改康之訳、河出文庫
- Ernst, Wolfgang (2012) *Digital Memory and the Archive*, University of Minnesota Press.
- Kittler, Friedrich (1990 [1985]) *Discourse Networks, 1800/1900*, trans. Michael Metteer and Chris Cullens, Stanford University Press.
- Parikka, Jussi (2012a) "Archival Media Theory: An Introduction to Wolfgang Ernst's Media Archaeology," *Digital Memory and the Archive*, University of Minnesota Press, pp. 1–22.
- Parikka, Jussi (2012b) "Archives in Media Theory: Material Media Archaeology and Digital Humanities," ed. David M. Berry, *Understanding Digital Humanities*, Palgrave Macmillan, pp. 85–104.
- Parikka, Jussi (2013a) "Afterword: Cultural Techniques and Media Studies," *Theory, Culture & Society* vol. 30, no. 6, pp. 147–159.
- Parikka, Jussi (2013b) *What is Media Archaeology?*, Polity.

第1部—6 Media Ecology

メディア・エコロジー

キーワード KEYWORD
ニール・ポストマン、ジェイ・デイヴィッド・ボルター、リチャード・グルーシン、再媒介化、無媒介性、複合媒介性、ヘンリー・ジェンキンズ、コンヴァージェンス・カルチャー、マーク・スタインバーグ、メディアミックス、ユビキタス・コンピューティング

マーシャル・マクルーハン（1911–1980）が好んだ警句に「誰が水を発見したか分からないが、魚ではないことはたしかだ」というものがある。魚にとって水は全面的環境であり、そのためかえって魚は自分が水のなかにいることに気づかない。同じようにメディア技術が私たちにとって当たり前の環境となったとき、そのメディア技術が私たちの社会や文化、身体や感受性にどのような影響をもたらしているかは逆説的に知覚不可能になる、というのである［↓2-2 マクルーハンとトロント学派］。例えばスマートフォンを忘れて家を出たことに気づいてよりどころのない気分になるといった経験は誰しもしたことがあるだろう。さらにスマホを紛失したり壊れてしまったりしたら、手足をもぎ取られたように感じるにちがいない。スマホは普段、私たちの経験の背景に引き下がっているが、それがなくなると途端に図と地が反転して、自分の生活のあらゆる局面でスマホに依存していたことに気づかされるのである。

そのようにして個々のメディアを対象（図）として考察するのではなく、メディア技術の総体を私た

ちの経験を織りなす環境（地）として理解する立場は、後の世代の研究者たちによって**メディア・エコロジー**と呼ばれるようになった。今日この立場を代表する研究者のひとりであるランス・ストレイトによれば、「メディア・エコロジー」という概念は一九七〇年頃に**ニール・ポストマン**によって提起された。ポストマンによれば、「メディア・エコロジーは、コミュニケーション・メディアが人間の知覚、理解、感情や価値にどのように影響を及ぼしているか、私たちのメディアとの相互作用が私たちの生存の機会をいかに促進したり妨害したりするかといった事柄に目を向ける。［……］メディア・エコロジーとは、諸環境としてのメディアについての研究である」（Strate 2017, 5より引用）。

今日、メディア・エコロジーの立場はストレイトとポストマンの他、ジョシュア・メイロウィッツ、ポール・レヴィンソンなど、マクルーハンとトロント学派の遺産を受け継ぐ研究者たちによって推進され、一九九八年よりメディア・エコロジー学会が組織されている。他方でマクルーハンの影響圏から離れた研究者たちのあいだでもこの考え方はおよそ二〇〇〇年以降幅広く共有されてきている。例えば英国のメディア理論家**マシュー・フラー**の著作『Media Ecologies』は、現代ロンドンの海賊ラジオや街頭ウェブカムの転覆的な利用といった事例を分析しながら、メディア環境が織りなす配列のなかにミクロ政治的な次元での対抗文化が育成する契機を読みとっている（Fuller 2007）［→1-8 政治とメディア］。あるいは**濱野智史**『アーキテクチャの生態系』は、ブログや掲示板、SNS、動画配信サイトといったインターネット上のプラットフォームを「アーキテクチャ」（ローレンス・レッシグ）が織りなす生態系と捉え、技術的特性と文化的傾向性の両面が絡みあいながらそうした生態系が展開していくさまを記述した（濱野

2015/2008）［↓1‐7プラットフォーム］。

再媒介化、無媒介性、複合媒介性

メディアを環境として捉える、あるいはメディアが織りなす生態系に目を向けるという着想は、必ずしもメディア・エコロジーを標榜しない幅広い理論的関心と結びついている。例えば**ジェイ・デイヴィッド・ボルター**と**リチャード・グルーシン**は、ビデオゲーム、コンピュータ・グラフィックス、デジタル・アートなどの様々な事例を参照しながら、メディアの生態系のなかで新しいメディアが古いメディアを取り込みながら発展し、いわば進化していく過程を「**再媒介化**（remediation）」という概念にまとめた（Bolter & Grusin 2000）。彼らによれば再媒介化の過程には**無媒介性**（immediacy）と**複合媒介性**（hypermediacy）の二重の戦略が関与している。つまり、一方でメディアは、直接的で無媒介的な経験を与えるべく、それ自身は透明になり背景へと退いていく方向へと洗練されていく。他方でメディアは、既存のメディアを取り込みながら、より高度で複合的な経験を生み出すようにも発展していく。そして、この二つの過程は多くの場合、同時かつ相補的に展開する。

例えば**ヴァーチャル・リアリティ**技術のことを考えてみよう。言うまでもなくVR技術は、まるでヴァーチャルな世界を直接経験しているかのようなインタラクティヴな無媒介性を理想としている。しかし、そのためにユーザーは、ヘッドマウントディスプレイで両眼を覆い、その上からさらにヘッドフォンを被せられ、複合的なメディア技術に縛りつけられた身体を露呈しなければならない。つまり、無媒介的な経験を作り出すためにこそ、複合媒介性が必要とされているのである［↓3-7 没入メディア］。これはVR技術に特異な性質ではない。例えば身体の一部のようにスマホを常用しているとき、スマホはある意味で透明で無媒介的なメディアになっているのだが、その内部にどれだけたくさんの既存のメディア技術がシミュレートされ、取り込まれているだろうか——時計、カメラ、音楽プレイヤー、メモ帳……そしてもちろん電話！ そのようにして既存のメディアを複合媒介しながら、それ自体としては無媒介的になっていくメディアの性質を、ボルターとグルーシンは再媒介化と名づけた。

コンヴァージェンス・カルチャー、メディアミックス

他方でコンテンツ産業の研究に目を向けてみると、多メディア展開するマーケット戦略への研究関心が高まっている。日本では和製英語で「**メディアミックス**」と称される戦略であるが、北米でこの研究動向を代表する研究者**ヘンリー・ジェンキンズ**は、『サヴァイヴァー』や『アメリカン・アイドル』などのリアリティTVや、『マトリックス』、『スター・ウォーズ』などの映画作品をめぐるファン・カルチャーを分析しながら、メディア産業の戦略とファンの活動が協働して織りなされる現象を**コンヴァージェンス・カルチャー**（収斂する文化）と呼んだ。ジェンキンズによれば「コンヴァージェンス」とは、多数のメディア・プラットフォームにわたってコンテンツが流通し、それに向けて多数のメディア業界

が協力し、オーディエンスも自分の求めるエンターテインメント体験を追求してほとんどどこにでも渡り歩くことを指す（ジェンキンズ 2021[2006], 24）。それに対してメディアミックスの研究者**マーク・スタインバーグ**は、北米型のコンヴァージェンス・カルチャーと差異化して、日本型のメディアミックスをダイヴァージェンス・カルチャー（拡散する文化）として特徴づけている。すなわち、北米では複数のメディア・プラットフォームで展開されるコンテンツが一つの物語世界へと収斂する傾向があるのに対して、日本のメディアミックスはキャラクターを軸に展開され、複数の物語世界のバリエーションへと拡散していく傾向がある、と言うのである（スタインバーグ 2015[2012], 25–26）。

コンヴァージェンスであれメディアミックスであれ、多メディア展開するコンテンツは私たちの日常に空気のように遍在している。例えばスタインバーグは日本におけるメディアミックス戦略のハブとしてのコンビニエンスストアに注目しているが（スタインバーグ 2018）、たしかにコンビニに立ち寄るとほとんどあらゆる陳列棚にキャラクターグッズやタイアップの食玩が並んでいることに気づくだろう。そして、私たちはそのことを気に留めることもない。それと同じように技術メディアも私たちの生活空間に遍在しており、そのことでかえって環境として私たちの意識の外に退いていく。例えばユニクロを経営するファーストリテイリングは二〇一八年よりすべてのブランドの商品タグに**RFID**チップを埋め込んでおり、RFID通信によるセルフレジを導入した店舗が増えてきているが、店舗内を埋め尽くす商品と同じ数だけのマイクロチップが通信を待ち受けていると想像することがあるだろうか［↓3-12 モバイル・メディア、3-14 物流メディア］。

ユビキタス・コンピューティングの提唱者マーク・ワイザーはかつて、「最も深遠な技術とは、消滅する技術である」と述べた（Weiser 1991）。今日、メディア技術は事実として日常に遍在し（ubiquitous）、そのことでかえってユビキタス・コンピューティングを時代遅れの概念にしてしまったかのようでもある。けれどもデジタル技術に限らず視野を広げれば、私たちは太古の昔から技術によって自らの脆弱な身体を守る環境を構築して生存してきたのだとも言えるだろう［↓1-1 身体メディア］。そのようにしてもはや自然と不可分になったメディア環境のことを、ジョン・ダラム・ピーターズは多分の隠喩的喚起力をこめて「**エレメンタル・メディア**（自然力のメディア）」（Peters 2015）と呼んでいる。

（門林岳史）

参考文献

- ジェンキンズ、ヘンリー（2021［2006］）『コンヴァージェンス・カルチャー――ファンとメディアがつくる参加型文化』、渡部宏樹・北村紗衣・阿部康人訳、晶文社
- スタインバーグ、マーク（2015［2012］）『なぜ日本は〈メディアミックスする国〉なのか』中川譲訳、角川EPUB選書
- スタインバーグ、マーク（2018）「物流するメディア――メディアミックス・ハブとしてのコンビニエンスストア」岡本健・松井広志訳、『ポスト情報メディア論』岡本健・松井広志編、ナカニシヤ出版、37-55頁
- 濱野智史（2015／2008）『アーキテクチャの生態系――情報環境はいかに設計されてきたか』ちくま文庫
- Bolter, Jay David and Richard Grusin (2000) *Remediation: Understanding New Media*, MIT Press.
- Fuller, Matthew (2007) *Media Ecologies: Materialist Energies in Art and Technoculture*, MIT Press.
- Peters, John Durham (2015) *The Marvelous Clouds: Toward a Philosophy of Elemental Media*, University of Chicago Press.
- Strate, Lance (2017) *Media Ecology: An Approach to Understanding the Human Condition*, Peter Lang.
- Weiser, Mark (1991) "The Computer for the 21st Century," *Scientific American* vol. 265, no. 3, pp. 94-104.

第1部—7 Platform

プラットフォーム

キーワード KEYWORD
オペレーション・システム、SVOD、アントニオ・ネグリ&マイケル・ハート、ビデオゲーム、アレクサンダー・ギャロウェイ、ジル・ドゥルーズ、制御=管理社会、分散型ネットワーク、人新世、脱人間中心主義

現在、プラットフォームという言葉を耳にする機会が増えるほどに、それらが具体的に何を指しているのかは、実に不明瞭なものとなっている。

たとえば、スマートフォンの画面上のアイコンに触れて、メッセージのやり取りをしたり映像や音楽を視聴したりする私たちは、たしかにプラットフォームのユーザーであるのだろう。しかしながら、個別のアイコンに区切られたアプリケーションが、単一のプラットフォームに対応しているわけでもなく、その内容も一方で検索した結果が他方で流れる広告へと漏れなく反映されている。また、そうした動作を可能にするために不可欠であるiOSやAndroidといったオペレーション・システム、さらにはそもそもの物理的なデバイスこそが、文字通りのプラットフォームだと考えることもできるだろう。

こうしてみると、画面上に現れるものからその背後で駆動しているシステムやネットワークへといたる多層的な構造のうちで、プラットフォームがどこに定位されるのかは決して定かでない。情報端末の

背景に控える企業や国境を横断した結果、私たちが潜在的にどこまで接続されているのかを完全に把握することも不可能である。こうしてプラットフォームという言葉が想起させる「土台」としての含意とは裏腹に、その明確な輪郭線を把握することは経験上、困難であると言わざるをえない。

ではメディア論の立場から、この言葉をいかにして検討することができるのか。以下ではこの問題について、政治経済および技術動作という二つの観点にわけて探ることにしたい。

プラットフォームの政治経済

SVOD（Subscription Video on Demand）と呼ばれる映像配信サービスのうち、特にNetflixを分析の対象としたラモン・ロバトは、プラットフォームの定義を次のように要約している。「ニューメディア研究やインターネット研究では、プラットフォームとは共通して、ユーザーによるインタラクションやユーザー生成コンテンツを前提とした広範なオンラインシステムとして定義される——そこにはFacebookやTwitter、Medium、Snapchat、YouTube、Flickr、Grindrなどが含まれる」[→1-4 ニューメディア/ソフトウェア]。続けて、プラットフォーム研究とは「これらインターネット時代の新しい諸制度に関して、そして、それらがユーザーによるコミュニケーションや労働を活用できるようになった具体的なやり方についての批判的・経験的・理論的な研究領野」として要約される（Lobato 2019, 36）。たしかに日々のメッセージのやりとりや投稿だけでなく、同書が分析対象とする映像コンテンツなど、プラットフォームとはその内容や形態を問わずして構成されたネットワーク状のシステムであるに違いない。だが、それらの活用する対象として、私たちのコミュニケーションとならび、なぜ「労働」が挙げられているのだろうか。

ロバト自身が参照するように、この点についてまずは、タールトン・ギレスピーがコミュニケーション研究の立場から提出した論文「プラットフォームの政治学（The Politics of 'Platforms'）」が参考になる（Gillespie 2010）。ここではプラットフォームという言葉が、物理的に平らな土台を想起させることでユーザーにとって平等主義的な含意を持つようでいて、それが実際には中立的であることを装うグローバル企業の戦略でしかないことが批判される。事実、SNS上でビューワー数を稼ぐという目的が先行した結果、それが政治的な意思決定にまで強い影響を及ぼすこと、または、社会通念に抵触するような挙行を引き起こしたことも記憶に新しい。これらの現象は、後者のような情報を見聞きした途端、内情も知らぬまま一挙に個人攻撃へと流れ込む「炎上」のような事例と表裏一体の関係にある。こうした事態も、内容を差し置いて表面的な情報の交換のみを促すプラットフォームに起因する現象とみなすことができそうである。

より経済的な分析に重点を置いた**ニック・スルニチェク**の著書『プラットフォーム資本主義（Platform Capitalism）』は、検索サイトやSNSにくわえて、Uberのようなシェアリングエコノミーを含めたプラットフォームの類型化を進めている。**アントニオ・ネグリ**と**マイケル・ハート**などのオートノミズムの議論を参照するスルニチェクによれば、そこには先進資本主義に特有の労働のあり方が浮かび上がる。実際に現在の労働プロセスは、認知や知識、情動など、ますます非物質的なものへと依拠している一方で、情報産業の立場からは、そうしたユーザーの活動からアルゴリズムによって自動的に吸い上げられたデータこそが生の素材として重要な資源となっている（Srnicek 2017）［↓1－9資本とメディア、3－16金融メディア］。こうした議論がアメリカ西海岸を中心化する傾向にあるのに対して、**マーク・スタインバーグ**による系譜＝類型学的なプラットフォーム研究は、この言葉の対としてコンテンツという観点に注目を促しつつ、一九九〇年代の日本における経営理論やi モードなどの事例が重要な知見をもたらすことを指摘してもいる（Steinberg 2019）。

こうしてみるとユーザーたちは日々、コンテンツを享受しているようでいて、資本や情報の流動化を促すプラットフォームからすれば、その重要な資源となるデータの提供という無償労働に従事していたことになるだろう――ゲーム研究の文脈では、これを遊びと労働を組み合わせた「**プレイバー**（Playbour）」という造語で呼ぶこともある（吉田 2019）。では、こうした経済活動を物理的に支えるプラットフォームのうちでは、どのようなかたちで技術が動作しているのだろうか。

プラットフォームの技術動作

ここまでの議論に先駆けて、イアン・ボゴストとニック・モンフォートの二人がプラットフォーム研究として分析してみせたのが、一九七〇年代に登場したAtari という**ビデオゲーム**のコンソールであった［↓1-3 遊び／ゲーム］。「プラットフォームとは概して、ハードウェアからオペレーティング・システムを介して他のソフトウェアへとレイヤー化され、それらは付属するコントローラやカードなど、モジュール式の構成要素と関連づけられる」（Bogost & Montfort 2009, 3）。彼らはまた、ゲームに限らないニューメディアを射程に入れつつ、それらを（1）ユーザーによる受容や動作、（2）インターフェイス、（3）処理のための形式と機能、（4）これらのプロセスを具現するコードといった階層へと分解すると、（5）プラットフォームはその最下層にあって、計算処理を可能にする物理的な基層として位置付けられている（Bogost & Montfort, 2007）。

こうした技術論的な視座は、インターネット以降に登場したプラットフォーム概念をそれ以前の歴史的な地平へと展開する可能性を示すものではあるが、彼らの議論にはこの概念自体への批判的な態度に欠けているとの指摘もある（大山 2016）。後者の点を補うためにも、インターネットというシステムの技術的な深層部へと切り込んだ**アレクサンダー・R・ギャロウェイ**による著書『プロトコル』を挙げることができるだろう。同書ではプラットフォームという言葉をもちいずとも、**ジル・ドゥルーズ**（1925–1995）の**制御＝管理社会**論を下敷きに、インターネットという**分散型ネットワーク**が戦後、いかにして物理的かつ頑強な（robust）ものとして構築されてきたのか、その歴史的かつ技術論理的なプロセスが詳らかにされていく（ギャロウェイ 2017［2004］）。ボゴストらと同じくプログラマーとしてのキャリアをもち、DNSやTCP／IPなどの技術動作に精通したギャロウェイの議論からすれば、内容を問わずして情報の伝達ばかりが優先されるという先の問題も、そもそもが分散型の制御構造に原理的なものとして組み込まれていた特性に他ならないのである［↓3－11インターネット・メディア］。

さらに、デザイン理論家のベンジャミン・ブラットンは、こうして惑星規模の計算処理（Planetary Computation）が推し進められる現在、プラットフォームに必要な論理として「積層（Stack）」という壮大なコンセプトを提出している。ポスト**人新世**を見据えた彼の議論によれば、プラットフォームとは従来の国家や市場、機械の論理へと還元しえない制度的な論理を備えており、このことは現在も、ＩＭＦなどの超国家組織やＧＡＦＡ（Google、Amazon、Facebook、Apple）などのグローバル企業との軋轢に表面化している（Bratton 2015, 41）。こうした現状に対して、複数のプラットフォームを組み合わせた地政学的なアーキテクチャとしての「積層Stack」とは、大地／クラウド／都市／アドレス／インターフェイス／ユーザーの六つの階層から構成され、それらのうちで人間と非人間、社会とコンピュータ、そしてエネルギーの循環が同等のアクターとして相互に作用する**統治**のあり方を構想するためのものである。これは理念的なモデルにとどまらず、彼自身の手掛ける数々のプロジェクトとともに**脱人間中心主義**的なデザイン実践として注目を集め、理論の領域でも、プラットフォームを駆動するアルゴリズムに統治された現状を批判的に検討するティツィアーナ・テラノーヴァの議論と共鳴をみせている（川崎 2019; Terranova 2014）［↓1－10ポストヒューマン］。

プラットフォームの未来と過去

以上、プラットフォームという言葉にまつわる最近の研究を概観してきたが、最後に若干の注釈をくわえておきたい。それぞれに政治経済および技術動作的な観点は、新自由主義と連動しつつ水平かつ垂直方向へと拡張するプラットフォームが、私たちの認知や身体を飲み込もうとする様子について批判的な視座を与えてくれるだろう。また、その動作を物質的な層状の連なりとして解体していく作業は、それらが企業や国家を超えて地球規模にまで拡がるメガ＝インフラストラクチャーと化していることを明らかにすることにもなる。

こうした議論は、強迫的なまでに更新をくりかえすインターネット以降のメディア環境に明快な見通しを与えてくれるようであるが、そこには多かれ少なかれ技術決定論的な傾向が拭えないこと、またはその未来を展望するにせよ、テクノクラートによる旧来の中央集権的な統治へと逆行するリスクを抱えていることも事実であろう――これにも関連して、先のギャロウェイは、プラットフォーム研究を含めたニューメディア論のうちに、その特性を描き出すために「リスト化」という、その実、極めてアナログな分析手法が頻出していることに皮肉を寄せてもいる。

そこでプラットフォームを単にインターネット以降に限定するのではなく、あらためて歴史の地平へと開いてみることが有効な手続きとなるのかもしれない。たとえば、毎日のプログラムのうちで情報を一方向的に届けるだけでなく、私たちの日常的な身体所作へと強く働きかけてきたテレビが織りなすネットワークを、前世紀来のプラットフォームとして捉え直すことはできないだろうか［↓3-15通信メディア］。または、撮影や現像、収集のための制度化と再編をくりかえし、専門職からアマチュアまで模倣すべき習慣や身ぶりを無数に伝播させてきた一九世紀以来の写真術を再考することもできる。こうしたメディアとの何気ない平凡なやり取りの集積にこそ、際限なく拡がるプラットフォームとの付き合い方をめぐるヒントが転がっているのかもしれないのである。

（増田展大）

参考文献

- 大山真司（２０１６）「「プラットフォーム」の政治（ニュー・カルチュラル・スタディーズ05）」、『5 Designing Media Ecology』第５号、70 - 77頁。
- 川崎和也監修（２０１９）『SPECULATIONS——人間中心主義のデザインをこえて』、ビー・エヌ・エヌ新社
- ギャロウェイ、アレクサンダー・R（２０１７［２００４］）『プロトコル——脱中心化以後のコントロールはいかに作動するのか』北野圭介訳、人文書院
- 吉田寛（２０１９）「プレイバー論の射程」、『ポップカルチャー・ワールド概念を用いたポップカルチャー美学の構築に関わる基盤研究』室井尚（研究代表）編、25 - 30頁
- Bogost, Ian and Nick Montfort (2007) “New Media as Material Constraint: An Introduction to Platform Studies,” *Electronic Techtonics: Thinking at the Interface*. Proceedings of the First International HASTAC Conference, pp. 176–193.
- Bogost, Ian and Nick Montfort (2009) *Racing the Beam: The Atari Video Computer System*, MIT Press.
- Bratton, Benjamin H. (2015) *The Stack: On Software and Sovereignty*, MIT Press.
- Gillespie, Tarleton (2010) “The Politics of ‘Platforms,’” *New Media & Society* vol. 12, no. 3, pp.347–364.
- Lobato, Ramon (2019) *Netflix Nations: The Geography of Digital Distribution*, New York University Press.
- Srnicek, Nick (2017) *Platform Capitalism*, Polity.
- Steinberg, Marc (2019) *The Platform Economy: How Japan Transformed the Consumer Internet*, University of Minnesota Press.
- Teranova, Tiziana (2014) “Red Stack Attack!: Alogrithms, Capital and the Automation of the Common” Robin Mackay, Armen Avanessian eds., #Accelerate, Urbanomic, pp. 379–399.

第1部―8

政治とメディア

Politics and Media

キーワード KEYWORD
ポストトゥルース、ノーム・チョムスキー、ポピュリズム、エルンスト・ラクラウ、インフォメーション・コクーン、ブラック・ライブズ・マター、ハッシュタグ・アクティヴィズム、アテンション・エコノミー、バイオメディア、監視

ポストトゥルース時代の政治

二〇一八年四月、奇妙な動画が世界中に拡散した。オバマ元大統領が「トランプ大統領はマヌケだ」と発言する動画である。これは、深刻化するフェイク動画を戒めるために、俳優兼監督のジョーダン・ピールとバズフィードが作ったものだ。人工知能を駆使して作成されたディープフェイクは驚くほどリアルである。オバマの口元をよく見ると若干不自然なところもあるが、パッと見たところ、これがフェイク動画だと気づくのはなかなか難しい。

二〇一六年一一月、オックスフォード辞典がこの年を代表する一語として選定したのは、「**ポストトゥルース**」だった。「ポストトゥルース」とは、客観的な事実や真実よりも、個人の感情や信念に訴えるもののほうが影響力が大きくなっている状況を指す。じっさい二〇一六年の英国の欧州連合（EU）離脱

とトランプ政権の誕生は、ポストトゥルース時代の到来を実感させた。リー・マッキンタイアが述べるように、この言葉の使用率は、二〇一五年以後二〇〇〇％も急増していた（マッキンタイア 2020[2018]）。

フェイクニュースが恐ろしいのは、誤った情報が拡散するだけでなく、事実が事実だと信じられなくなることだ。もはやメディアは中立的な手段ではない。今日では、マシュー・フラーとアンドゥリュー・ゴリーが「**悪のメディア**」という造語で呼んだように、メディアそのものが不透明性を強化する装置と化している。**ノーム・チョムスキー**（1928–）が『マニュファクチャリング・コンセント』で解明したマスメディアによる「**合意の捏造**」は、ソーシャルメディアをはじめとするメディア情報環境のなかで新たな段階に突入していると言えよう（チョムスキー&ハーマン 2007[2002]）。

ポピュリズムと想像的逆転

ポストトゥルースの政治は、**ポピュリズム**と相性がいい。**エルンスト・ラクラウ**（1935–）によれば、ポピュリズムとは、権力者、つまり少数の支配者に対抗して敗者を動員する言説戦略を使った政治的フロンティアを指す（ラクラウ 2007[2002]）。ポピュリズムは、制度からこぼれ落ちた諸問題を可視化し民主主義をラディカルに活性化する一方で、持たざる者の味方をするように見えながら、巧みに民意を利用して権威主義的な体制を促進する場合もある。

近年台頭している右派ポピュリズムは、ヤン＝ヴェルナー・ミュラーが言うように反多元主義で、排外主義的な傾向が強く、民主主義への脅威と化している。その背景には、新自由主義社会における**生政治／死政治**の浸潤とインターネットの普及がある。ケンブリッジ・アナリティカをはじめとするビッグデータの活用、ソーシャルメディアの台頭、そしてマスメディアへの信頼の凋落。インターネットは情報を民主化すると同時に、個人が好む情報だけに囲まれる「**インフォメーション・コクーン**」を形成し、自分たちの意見が正しく、自分たちこそが多数派だという思いを強化する閉鎖的なエコーチェンバー現象をもたらす危険性もある。

ポピュリズムはまた、時として「想像的逆転」を引き起こす。ロサンゼルス暴動の契機となった一九九一年のロドニー・キング事件を思い出そう。当時二五歳だった黒人男性のキングは、自動車のスピード違反で警察に呼び止められ、指示に従わなかったとして激しい暴行を受けた。一連の出来事は通行人によって撮影され、全米のテレビネットワークで放送された。だが、裁判で提示されたその映像は、危機にさらされた白人警官の「自己防衛」の証拠として提示され、無罪評決となった。つまり、殴打を受けたキングの映像は、法廷でそれを目にした多数の白人のパラノイアからなる人種差別的な視覚の配置のなかで、加害の証左として暴力的に脱文脈化され、「想像的逆転」を引き起こしてしまったのである。

ネットアクティヴィズムの可能性と陥穽

一方、二〇二〇年五月には、白人警官が黒人青年ジョージ・フロイドの頸部を膝で強く押さえつけて、死亡させる事件が起きた。この出来事もまた一般人によって撮影され、映像は世界中に拡散された。この出来事は、しかし、#BlackLivesMatterというハッシュタグを用いた、いわゆる「**ハッシュタグ・アクティヴィズム**」により、フロイドの死に対抗し、人種差別や警官による残虐行為に終止符を打とうと訴える「**ブラック・ライブズ・マター**」運動へと展開した。

ハッシュタグ・アクティヴィズムは、チュニジアのジャスミン革命に始まるアラブの春、オキュパイ・ウォール・ストリート、台湾ひまわり学生運動、香港雨傘革命、そして#MeToo、#FreeHongKongなど二〇一〇年代に同時多発的に世界の都市空間で起きたボトムアップ型の政治運動において重要な役割を果たした。ネイサン・ランブッカナは、ハッシュタグが既存の支配的な言説やコミュニケーションのなかに「反体制的な句読法」を打ち立て、新たなキーワードを通して新しい環境を創出する可能性を指摘している（Rambukkana 2015）。

なるほど、情報過多な時代には、人々に目に留めてもらうことは重要なポイントとなってくる。社会学者のマイケル・ゴールドハーバーが「**アテンション・エコノミー**」と呼ぶように、グローバルな資本主義は物質を基盤とした経済から人間の注意力に基づく経済へと移行しているからだ（Goldhaber 1997）［↓1－9 資本とメディア］。

だが、ハッシュタグ・アクティビズムはひとつのタグのキーワードのもとに十把一絡げに意見が集約されるため、個人の見解が軽視されがちだ。またリツイートや「いいね」ボタンをクリックするだけで、能動的な対話の場ではなく、相互受動的な空間を構成するにとどまってしまうこともある。では、アテンションを獲得し人々の注意を引くだけでなく、その先に進むためにはどうしたらよいのだろうか。

この意味で、台湾の「g0v（零時政府）」の活動は多くの示唆を与えてくれる。g0vは、プログラマー、デザイナー、アクティヴィスト、教育者、ライター、市民らによる草の根的で脱中心化された自由なネットワークからなるシビックテック・コミュニティである。二〇一四年の台湾ひまわり学生運動では、占拠した立法院からオンラインでリアルタイムのライブ放送を行い多くの注目を集め、二〇一六年にはg0vから台湾のデジタル大臣オードリー・タンが誕生している。g0vの実践は、情報の公開と自由の精神の下、政府の情報をある種のシェアリング・エコノミーとして透明化し、人々にわかりやすく提示しながらデモクラシーのプラットフォームを提供するものだ。その手法は、多様性に富んだネットワークを通じて社会変革に取り組む政治の新しい意志決定のプロセスを象徴している［↓1‐7 プラットフォーム］。

バイオメディアと監視の行方

二一世紀のデジタル世界は、ビッグデータの活用を通じて、人々の生そのものを**監視**し、管理しつつある。エドワード・スノーデンが暴露したアメリカの国家安全保障局（NSA）による盗聴の実態のみならず、今日では中国をはじめ、多くの国々で生体認証が広がり、顔認証で支払い可能な店舗や地下鉄が増加している［↓3‐16 金融メディア］。また新型コロナの感染拡大を防ぐために、店舗の入り口やバスの乗客前にあるタブレットで検温と同時に、顔写真が撮影され、データベースとして保存されている。私たちは、オーウェルの『一九八四年』さながらの監視国家にいるというより、人々が自ら率先して監視に関わる時代へ移行しつつある。個人情報をアップし続け、市民の透明性が増す一方で、監視機関の可視性が縮減しているというパラドクスのなかにいるのだ［↓1-1身体、3-18司法メディア］。

便利さと監視は紙一重である。誰もが監視の対象になりうるデジタル社会において、監視をめぐる問いはたんに私個人のプライバシーや権利の問題に限られるものではない。デジタルメディアが社会を制御するメカニズムとして機能するなかで、私たちは権力機関における説明責任と透明性を促すとともに、私たち自身が、未来に対して、どのような公共的ビジョンを抱いているのかという問いに改めて向き合う必要があるだろう。

（清水知子）

参考文献

- サンスティーン、キャス（2018［2017］）『#リパブリック――インターネットは民主主義になにをもたらすのか』伊達尚美訳、勁草書房
- チョムスキー、ノーム&エドワード・S・ハーマン（2007［2002］）『マニュファクチャリング・コンセント――マスメディアの政治経済学1』中野真紀子訳、トランスビュー
- マッキンタイア、リー（2020［2018］）『ポストトゥルース』大橋完太郎監訳、居村匠・大﨑智史・西橋卓也訳、人文書院
- ミュラー、ヤン＝ヴェルナー（2017［2016］）『ポピュリズムとは何か』板橋拓巳訳、岩波書店
- ライアン、デイヴィッド（2019［2018］）『監視文化の誕生――社会に監視される時代から、ひとびとが進んで監視する時代へ』田畑暁生訳、青土社
- ラクラウ、エルネスト（2018［2005］）『ポピュリズムの理性』山本圭・澤里岳史・河村一郎訳、明石書店
- Fuller, Matthew and Andrew Goffey (2012) *Evil Media*, MIT Press.
- Goldhaber, Michael H. (1997) "The Attention Economy and the Net," *First Monday*, Vol. 2, no. 4, 7 April.
- Rambukkana, Nathan (2015) *Hashtag Publics: The Power and Politics of Discursive Networks*, Peter Lang.

第1部—9　Capital and Media

資本とメディア

キーワード　KEYWORD
固定資本、フェリックス・ガタリ、ジル・ドゥルーズ、機械、制御・管理社会、分人、メタデータ社会、マッケンジー・ウォーク、ユーザー、ケイト・クローフォード、パンデミック・メディア、パンデミック・プラットフォーム、マーク・スタインバーグ、共民（コモナー）

資本とメディアの関係について考察するにあたり、現在もっとも身近な技術的機械の一つとなっているスマートフォンという機器《デバイス》を取り上げておこう。

私たちが四六時中、もち歩き、使用しているスマホは、メッセージやイメージの循環と流通、情報や行動の監視と制御、遊びと労働の融合といった多重的な仕組みや機能を有している。かつてマルクスは機械装置を**固定資本**として把握・分析してみせたが、スマホに集約的に表されているように、いまや固定資本は工場の壁を越えてスマートデバイスやスマートシティへと移動して広がり、データ分析やアルゴリズムによる統治と絡み合いつつ環境化している、と指摘することも可能だろう（Hui 2018）。

とはいえ、このような固定資本の環境化という指摘や視点は、新手の技術決定論や下部構造決定論の類に与するものではないという点に留意しておきたい。そうではなくて、そこで重視されているのは、**フェリックス・ガタリ**（1930–1992）が——**ジル・ドゥルーズ**（1925–1995）とともに——創案した「機械」や「機械状」という概念であり、それらが開示する革新的な問題構成なのである（ガタリ 2015a［1990］）。

ガタリは**機械**という概念を拡大・再検討することを通じ、技術的機械同士の連結や人間と機械の社会的な相互構成に着目するばかりではなく、あらゆる種類の人間的および非人間的な要素や特異性を同じ存在論的平面上に置きながら、それらのダイナミックな合成や動的編成にも着目したのだった。私たちは、このようにつねに動的編成をなす、機械状のものに焦点を合わせ、メディア・技術・資本主義の新たな連関を解明する必要があるだろう。

制御社会と分人

インターネットの黎明期にガタリが「機械」概念を組み直すとともに、ポスト＝マスメディア社会に向けた希望に満ちたヴィジョンを描出したのと同じころ（ガタリ 2015b［1990］）［→2-6 ポストメディア］、彼の長年にわたる協働者であったジル・ドゥルーズも、今日のポストインターネット社会を鋭く予見するかのような「**制御**《コントロール》**・管理社会**」論を発表したのだが、それはガタリのものとは異なり、ダークな色調を帯びた見取り図を含むものであった（ドゥルーズ 2007［1990］）。

ドゥルーズの「制御《コントロール》・管理社会」論が私たちに指し示している変化の一つは、個々人のアイデンティティが微小なデータへと分割・分解されつづけながら、分散型の情報ネットワークへと流入し、蓄積され、制御・管理・監視されていくという、個体性と集合性のあり方の大きな変化や変容の流れである。そこでは、個々人のクレジットカードの使用履歴や電子決済情報、ネットワークやプラットフォーム等へのアクセス履歴、プロファイルや信用評価スコア、医療記録や生体認証情報といった一連のマイクロなデータのフローと集積に応じて、個人は分割可能な「**分人**」（＝微小なデータの流動的・離散的な集まり）として、また「マス（＝多数の人々、大衆）」は巨大なデータの集合体、すなわち「データバンク」やデータセンターに蓄積されたビッグデータとして解析され、調整されつづけることになる（ドゥルーズ 2007［1990］）［→3-16 金融メディア］。

このように、三〇年近く前に発表されたドゥルーズの小論は、制御・管理・監視等がより複雑かつ精妙に絡まりあった今日のデジタルメディア社会を分析するための基本的な視座をいまも提供している、と言えるだろう。また、スマホが現在のいっそう進化／深化した制御社会に対応する機械であることは付言するまでもない。

メタデータ社会とユーザー

と同時に、現在の視点から改めて確認しておく必要があるのは、私たちがいまそのなかで生きているグローバルな「制御・管理《コントロール》社会」が、クラウド上のメタデータという情報の垂直的な蓄積形態に基づく社会（いわゆる「**メタデータ社会**」）と一体になって作動しているという点だ（Pasquinelli 2018）。いいかえれば、私たちが日々、意識的・無意識的に生産する情報は、それらを収集・蓄積・占有しながらその流れを制御・管理するとともにそこからメタデータを抽出・分析する新たな「支配階級」との非対称的な関係性のうちにあり、またそのような傾向は今後ますます強まっていくに違いない。

マッケンジー・ウォークは、情報の生産手段のみならず、情報のベクトル（大きさと向きを兼ね備えた量）をも所有し、制御《コントロール》・管理する、そうした新しい支配階級のことを「ベクトル階級」と呼んでいる（Wark 2019）。ウォークによれば、ベクトル階級の運営する企業が所有し、制御・管理するものの範囲は、ブランド・特許・著作権・商標のみならず、メディアやコミュニケーション、ロジスティクス等の下部構造《インフラ》にまで及ぶ［↓3-14 物流メディア］。

今日の情報メディア社会における、このような新しい階級編成を的確に分析するためには、ドゥルーズがインターネットの草創期に創案した「分人」という語を、いまの私たちにとってもっとなじみ深い語で置き換えたほうが適切だろう——「**ユーザー**」という、ごくありふれた語がそれだ。

だが、そもそもユーザーとは何か？　それは一見したところ平凡かつ単純なものにみえるが、じつは奇妙かつ複雑な存在である。というのも、ユーザーというこのあまりにも身近で聞き慣れた語は、たんなる使用者や消費者を指すものではもはやなく、いまやもっと複合的な存在体を指すものとなっているからである。

データ・システムやＡＩ（人工知能）の社会的含意について研究してきた**ケイト・クローフォード**は二〇一八年、Amazon Echo（アマゾンエコー）というＡＩシステムの解剖地図を——その人間労働の搾取やデータ資源・地球資源の採取との関連等も含めて――作成・公開した（Crawford & Joler 2018）。そこで彼女は「Echo ユーザー」を「消費者」「資源」「労働者」「製品」からなる混成的な形象として捉えている。なぜだろうか。

まずユーザーは、Amazon Echo というデバイスを購入した消費者である。だが同時にユーザーは、「その音声コマンドが――人間の声とインストラクション（＝機械語の命令）からなる、さらに大きな資料体《コーパス》を構築する目的で――収集され、分析され、保存される資源でもある」。同じくユーザーは、AIアシスタント Alexa（アレクサ）の返答の正確性や有用性、ひいてはその全般的な質向上のためのフィードバック・メカニズムに資するような、「価値あるサービスを間断なく遂行しつつ、労働を提供する」、無償の労働者でもある。さらにまたユーザーは、その音声コマンドに含まれた諸種のアテンション（関心・注目・注意）が「Amazon の広告ソリューション」の「広告主」等に販売される製品や商品でもある。

このようなかたちで、ドゥルーズがインターネット初期に導入した「分人」は、今日のメディア・プラットフォーム社会において、「ユーザー」という消費者・資源・労働者・製品からなる複合的な存在体へとその姿を変えているのである。

パンデミック・メディアと拡大する不平等

しかもコロナ禍後の状況は、ユーザーという混成的な形象のあり方も含めて、メディア・技術・資本主義の連関を再編・強化しつつある。

すでに多くのユーザーが日常的に経験しているように、COVID-19は――スマホやQRコードを用いた計測《センシング》や追跡《トレーシング》の遍在化、「在宅勤務（テレワーク）」や「オンライン授業・会議・診療」の拡大、「配達サービス」や「ストリーミングサービス」の隆盛といった動きが明瞭に示すとおり――諸種のデジタル・テクノロジーを実装したデバイスやプラットフォームと多層的に交差・連結している。私たちはメディアのこうした新しい環境や布置のことを、「**パンデミック・メディア**」と呼ぶことができるだろう。

パンデミック・メディアの観点からすると、これまでコンテンツ配信のプラットフォーム（Netflix・YouTube・Facebookといった）を中心的な分析対象としがちだったメディア研究は、先述したような多角的部門を横断する諸種のプラットフォームの媒介様式と、それらの社会／生活インフラ化をも視野に入れる必要がある［↓1-6 メディア・エコロジー、1-7 プラットフォーム］。ことに最近、一部の関係者のあいだで「新しい赤十字」を僭称する動きもあると伝えられるAmazonのように、コロナ禍後に収益を増大させた「**パンデミック・プラットフォーム**」は、離れた安全な場所にいる顧客（ユーザー）に利便性を享受させる一方で、配達等のエッセンシャル・ワークに従事する労働者（その多くは、不安定な雇用形態で働くギグ・ワーカーである）をリスクにさらしている。

この点を踏まえて、メディア研究者の**マーク・スタインバーグ**らは端的にこう指摘している、「プラットフォーム＋危機＝不平等。この方程式が示すのは、プラットフォームが、ある人々には利便性を、他の人々には危険を、最上流《エリート》の人々には財力・金融能力の強化をもたらすものである、ということだ」

(Steinberg & Neves 2020)、と。

　はたしてパンデミック・メディアを取り巻く状況は、そのような不平等のさらなる拡大――いいかえれば、巨大オンラインプラットフォーム企業による惑星規模の経済の「アマゾン化」――へと不可避的に通じているのだろうか。それともそこには、データ使用に関する「新たな透明性」の確保と、独占的プラットフォームの「個体的かつ集合的な再領有化」（ガタリ 2015b［1990］）、またひいては「ベクトル階級」や「最上流の人々《エリート》」のためではなくて「**共民**《コモナー》」（ネグリ＆ハート 2013［2012］）――すなわち、ユーザーという形象を超えて、〈共にある生《ライフ・イン・コモン》〉を支えるコモンをケアし、そうしたコモンを構成する人々――のためのプラットフォームの構築へと向かう潜勢力が宿されているのだろうか。

（水嶋一憲）

参考文献

●ガタリ、フェリックス（2015a［1990］）「〈機械〉という概念をめぐって」、『エコゾフィーとは何か』杉村昌昭訳、青土社、103-120頁

●ガタリ、フェリックス（2015b［1990］）「ポストメディアの時代に向かって」、前掲『エコゾフィーとは何か』所収、374-375頁

●ドゥルーズ、ジル（2007［1990］）「追伸――管理社会について」、『記号と事件――1972-1990年の対話』宮林寛訳、河出文庫、356-366頁

●ネグリ、アントニオ＆マイケル・ハート（2013［2012］）『叛逆――マルチチュードの民主主義宣言』水嶋一憲・清水知子訳、NHK出版

- Crawford, Kate and Vladan Joler (2018) “Anatomy of an AI System: The Amazon Echo as an Anatomical Map of Human Labor, Data and Planetary Resources.” https://anatomyof.ai （２０２０年11月16日アクセス）
- Hui, Yuk（2018）“On Automation and Free Time,” *e-flux* Architecture. http://www.e-flux.com/architecture/superhumanity/179224/on-automation-and-free-time/ （２０２０年11月16日アクセス）
- Steinberg, Marc and Joshua Neves（2020）“Pandemic Platforms: How Convenience Shapes the Inequality of Crisis,” *Pandemic Media*. https://pandemicmedia.meson.press/chapters/space-scale/153-2/ （２０２０年11月16日アクセス）
- Pasquinelli, Matteo (2018) “Metadata Society,” *Posthuman Glossary*, Rosi Braidotti and Maria Hlavajova eds., Bloomsbury Academic, pp. 253–256.
- Wark, McKenzie (2019) *Capital is Dead: Is This Something Worse?*, Verso.

第1部—10 Posthuman

ポストヒューマン

キーワード KEYWORD
イーハブ・ハッサン、ダナ・ハラウェイ、身体化／エンボディメント、キャサリン・ヘイルズ、新しい唯物論、ケアリー・ウルフ、人新世、ロージ・ブライドッティ

ポストヒューマンという概念は、文化批評やメディア・スタディーズ、バイオテクノロジー、障害学といった幅広い分野において論じられてきた。テクノロジーを用いた人間機能の**拡張・強化（エンハンスメント）**の可能性や、人間中心主義やデカルト的二元論への批判、人間と非人間の連帯やエコロジーといった観点から同概念は様々に定義されている。この語を用いた最初期の学術的な文献としては、文学研究者でありポストモダニズムの理論家として知られる**イーハブ・ハッサン**の論考「パフォーマーとしてのプロメテウス――ポストヒューマン的文化に向けて？」が知られているが、異なるテクスト間の対話を基にした戯曲という形式で書かれたこの論考は、ギリシア神話のプロメテウスの物語を中心に、想像力と科学、神話とテクノロジー、言語と数字が出会う場所としてのポストヒューマン的文化の可能性を示唆している（Hassan 1977）。

ニューメディア研究で知られるジェイ・デイヴィッド・ボルターによれば、その他の「ポスト」を冠

する理論からＳＴＳ（科学技術社会論）、ソーシャルメディアの隆盛からフェミニズム、新たな人文学への指向性にいたるまで、ポストヒューマニズムは複数の領域と関連している。とりわけ、ソーシャルメディアの遍在性が世界に開かれた間主体的なインタラクションを可能にし、自己の表象の変化と主体の再定義をもたらすというボルターの指摘を踏まえれば、ポストヒューマン的実践はすでに日常に潜んでいると言えるだろう（Bolter 2016）。また、デジタル・カルチャーの研究者アーサー・クローカーは、デジタル・テクノロジーがポストヒューマン的な未来への軌跡を加速度的に描くとし、技術的介入に基づくポストヒューマニズムはあらゆる物事を不確定かつ不可知にするため、主体性・プライバシー・固定された意識といった伝統的な概念を切り崩すような歴史的瞬間だと論じた（Kroker 2014）。

さらに、遺伝子操作や長寿化を可能にするバイオテクノロジーの発展に伴う政治的・倫理的な問いへの着目（フクヤマ 2002）から、補綴器具や人工的に形成された器官を用いた**ステラーク**のパフォーマンスに代表されるメディア・アートの形式にいたるまで、ポストヒューマンをめぐる議論は異なる規模で展開している。また、ボルターも言及しているように、サイボーグとポストヒューマンの混同がしばしば見受けられる理由として**ダナ・ハラウェイ**の「サイボーグ宣言」（1985）の影響が挙げられるが、ハラウェイ自身はポストヒューマニズムが「あまりに限定的」だと明言しており、伴侶種や堆肥《コンポスト》という語を用いてより豊かな異種間のつながりを論じていることは付記しておきたい（Haraway 2006; 2016）。

決定的な定義が存在しない「ポストヒューマン」概念ではあるが、以下では新たなメディア・テクノロジーが「物質性から切り離された知性」というファンタジーを維持する一方で、**身体化／エンボディ**

メントのプロセスがポストヒューマン概念の形成に重要な役割を果たしたことに言及する。またその上で、同時代的な課題との結びつきと人文学《ヒューマニティーズ》の再定義という視点から同概念を考察してみたい。

身体化／エンボディメントのプロセスと「ポストヒューマンの身体」

コンピュータへの精神転送などを含む、技術的介入を通じて人間身体の限界の超越を目指す**トランスヒューマニズム**の到達点としてのポストヒューマンに対し、情報の物質性の再考や身体化のプロセスに着目するポストヒューマニズムの形式は、人間身体の自明性や自律性に問いを投げかけた。とりわけフェミニズム／クィア理論の視点からポストヒューマニズムを論じた文献は、ポストヒューマンの「身体」および物質的側面や、ジェンダー化・人種化されたアルゴリズム（Chun 2009）といった今日的な課題を考察する上でも重要だと考えられる［↓1-4 ニューメディア／ソフトウェア］。

例えばジュディス・ハルバースタムとアイラ・リビングストンによる論文集『Posthuman Bodies』は、その序文でポストヒューマンという概念がもたらす分野横断的な異種混交性に言及し、支配的言説に従属しない身体や、身体に関する多様な言説が交差する地点として「ポストヒューマンの身体」を定義した（Halberstam & Livingston 1995）。非直線的な歴史に属す集合的な身体としてのポストヒューマンの身体が、差異とアイデンティティの再配分が行われる複数の非規範的な領域として描かれているという点でも、同書はセクシュアリティや欲望をめぐる我々の経験にポストヒューマンという形象を照射する画期的な論文集である。

また、サイバネティクスと情報理論、オートポイエーシスやコンピュータ・シミュレーション、認知科学といった諸々の分野を参照しながら、**N・キャサリン・ヘイルズ**はこれらの領域で循環するポストヒューマンに関する三つの物語——「情報は身体を失った」という主張、技術的に生産された人工物かつ文化的アイコンとしてのサイボーグの導入、そして「人間」主体の歴史的な構築がポストヒューマンのそれに取って代わられるという物語——を提示した(Hayles 1999)。ポストヒューマニズムの名の下に情報やデータがしばしば脱身体化されたものとして特権化されることを批判したヘイルズは、身体が特定の差異を通じて具現化し、理解可能となるエンボディメントの流動的なプロセスに「すでにポストヒューマンである我々」を見出す。すなわち、機械が人間を理解するためのモデルとなり、人間が知性を持った機械へと変貌するようなサイバネティクスの論理においては、人間とポストヒューマンの差異は文脈的であり、歴史的に固有なエンボディメントの実践の結果として現れるのである[↓1-1身体]。

さらに、**新しい唯物論**(New Materialisms)の代表的な理論家としても挙げられるカレン・バラードは、批評理論が言語と言説の力に重点を置きすぎていると批判した上で、ジュディス・バトラーによるジェンダーのパフォーマティビティ概念を拡張し「ポストヒューマン的パフォーマティビティ」を提唱した(Barad 2003)。それはすなわち、人間と非人間といった弁別的なカテゴリーは自明ではなく、不安定で変化に開かれている物質と意味生成の実践のもつれ合いの中に両者の境界が構成されるという視座である。身体と言語・記号の複雑な交差を論じてきたフェミニズム/クィア理論の蓄積に影響を受けたこれらの理論家は、新たな思想としてポストヒューマニズムを切り取るというよりむしろ、ポストヒューマンという形象を経由して「人間」という枠組みを問い直す手助けをしてくれる。

新たなエコロジーとポストヒューマニズム

科学技術の発展や新たなメディア・テクノロジーとの関係性において「人間」を問い直す試みに加え、ポストヒューマニズムが包含する領域は拡張し続けている。例えば『ポストヒューマニズムとは何か(What is Posthumanism?)』という著書で知られる**ケアリー・ウルフ**は、種の差異やアイデンティティを越えたエンパシー、傷つきやすさに基づく倫理や、動物の権利の擁護をポストヒューマニズムの条件とした(Wolfe 2010)。さらに近年、ポストヒューマニズムは人間活動がもたらした不可逆的な環境変化を契機とする新たな地質学的世としての**人新世**や、**種の絶滅**といった惑星規模の事象と結びつけられる傾向がある。

ロージ・ブライドッティは、自然と文化の連続性を起点に、絶滅と持続性に関する言説の変遷からグローバルな資本主義下における地球そのものの商品化、軍事用ドローンなどの死のテクノロジー、そして学術機関におけるポスト人文学《ヒューマニティーズ》の展望まで、ポストヒューマンというキーワードを主体性の(再)構築をめぐる複数の視点から論じたことで知られる(ブライドッティ 2019[2013])。差別と排除のための道具として歴史的に機能した、ヨーロッパ中心主義的な「人間」の普遍的な条件の解体を前提に、ブライドッティは「**批判的ポストヒューマニズム**」を唱えた。状況依存性に関するフェミニズムの議論やポストコロニアル理論を敷衍し、世界に対する自らのアタッチメントやつながりの感覚を再定義するプロセスを「ポストヒューマンになる」実践として描く批判的ポストヒューマニズムは、責任に基づく、持続可能な未来への希望を構築するための肯定的倫理を希求する。

一方で、開かれた未来へと向かう変容の可能性に依拠するブライドッティのアプローチとは異なり、クレア・コールブルックは人類の絶滅というシナリオが必然的に伴うジレンマに言及している(Colebrook 2014)。ポストヒューマニズムの称揚が、人間は大きな生命の一部であるという歓喜や来るべき絶滅と不可分であるとすれば、それは人類の存在しない世界という自己消滅と隣り合わせであり、そのような自己喪失は想像可能なのかという問いを掲げるべきポストヒューマン的人文学《ヒューマニティーズ》は、矛盾やニヒリズムと表裏一体だとコールブルックは述べる。つまり、自己形成と自己消滅の狭間を揺れ動く、クラインの壺のように自己交差する存在としての人間の再考なしには、ポストヒューマンは全体論へと向かう思考実験の道具となりかねないというわけである。

これまでに述べた通り、ポストヒューマンという語には厳密な定義が存在しない。しかし様々なポストヒューマニズムの形式に共通するのは、「〜以降・〜後」を意味する「ポスト」という言葉を冠した同語が示す潜在的な変化や変容のプロセスだけでなく、一枚岩のように捉えられてきた「人間」存在がすでに断片化され、科学技術や環境を含む非人間との関係性において再定義されているという視座である。そこで、ポストヒューマニズムに対する分野横断的なアプローチが、新たな物質的・文化的・政治的・記号論的なリアリティを生み出す反面、ポストヒューマンという形象をめぐる亀裂やパラドックスが常に生じているという認識が重要だと言える（Kroker 2014）。ヘイルズが論じたように、「ポストヒューマン」は反《アンチ》・人間や人類の終焉を意味するのではなく「人間に関するある概念の終わり」を指し示す形象であり、したがって同概念そのものも流動的に変化し続けると考えてよいだろう（Hayles 1999）。

（飯田麻結）

参考文献

- フクヤマ、フランシス（2002［2002］）『人間の終わり——バイオテクノロジーはなぜ危険か』鈴木淑美訳、ダイヤモンド社
- ブライドッティ、ロージ（2019［2013］）『ポストヒューマン——新しい人文学に向けて』門林岳史監訳、大貫菜穂・篠木涼・唄邦弘・福田安佐子・増田展大・松谷容作訳、フィルムアート社
- Barad, Karen (2003) "Posthumanist Performativity: Toward an Understanding of How Matter Comes to Matter," *Signs: Journal of Women in Culture and Society*, vcl. 23 no. 3, pp. 801–831.
- Bolter, Jay David (2016) "Posthumanism," *The International Encyclopaedia of Communication Theory and Philosophy*, Klaus Bruhn Jensen et al. eds., Wiley & Sons.
- Colebrook, Claire (2014) *Death of the Posthuman: Essays on Extinction*, Vol. 1, Open Humanities Press.
- Chun, Wendy Hui Kyong (2009) "Race and/as Technology; or, How to Do Things to Race," *Camera Obscura*, vol. 24 no. 1, pp. 7–35.
- Halberstam, Judith and Ira Livingston (1995) "Introduction: Posthuman Bodies," *Posthuman Bodies*, Judith Halberstam and

Ira Livingston, eds. Indiana University Press, pp. 1–20.

- Haraway, Donna (2006) "When We Have Never Been Human, What Is to Be Done?: Interview with Donna Haraway," interviewed by Nicholas Gane, *Theory, Culture & Society*, vol. 23, no. 7-8, pp. 135–158.
- Haraway, Donna (2016) *Staying with the Trouble: Making Kin in the Chthulucene*, Duke University Press.
- Hassan, Ihab (1977) "Prometheus as Performer: Toward a Posthumanist Culture?" *The Georgia Review*, vol. 31, no. 4, pp. 830–850.
- Hayles, N. Katherine (1999) *How We Became Posthuman: Virtual Bodies in Cybernetics, Literature, and Informatics*, The University of Chicago Press.
- Kroker, Arthur (2014) *Exits to the Posthuman Future*, Polity Press.
- Wolfe, Cary (2010) *What is Posthumanism?*, University of Minnesota Press.

系譜編

第**2**部

メディア思想の潮流

現在の技術的進展は、過去のメディア思想を時代遅れの遺物にしてしまうわけではけっしてない。これまでに紡がれてきた理論の系譜は、単に回顧的にふりかえるべきものではなく、それが読まれる文脈が置き変わるたびに新しい相貌をみせる。かつてベンヤミンが歴史の瓦礫のなかの屑拾いに希望を託したように、またはマクルーハンが未来へと開かれた視界にバックミラー越しの過去を認めたように、メディア論の系譜もまた、現在から捉えなおされることを待っている。

第２部・系譜編では、メディア思想の潮流を７つのキーワードで示し、それらがたどってきた系譜を俯瞰する。

フランクフルト学派

キーワード KEYWORD

ヴァルター・ベンヤミン「複製技術時代の芸術作品」、アウラ、写真、映画、ファシズム、政治の美学化、ホルクハイマー&アドルノ『啓蒙の弁証法』、大衆メディア、ユルゲン・ハーバーマス、公共性、テオドール・W・アドルノ、ジークフリート・クラカウアー

フランクフルト学派とは、一九二四年にフランクフルトに設立された「社会研究所」のメンバーを中心とするドイツの思想家たちを指す名称である。彼らの特徴は、マルクス主義を基盤としつつも、そこにフロイトの精神分析学や実証的な社会学などの新たな理論を積極的に取り入れることで、社会にまつわるさまざまな現象について多面的に分析した点にある。フランクフルト学派の思想家たちはまた、映画やラジオ、テレビといったマスメディアを学術的考察の対象にしたことでも知られているが、それは彼らの人種的なバックグラウンドとも深く関係している。すなわち、**マックス・ホルクハイマー**（1895–1973）や**テオドール・W・アドルノ**（1903–1969）、**ヴァルター・ベンヤミン**（1892–1940）など、フランクフルト学派を代表する思想家たちは、そのほとんどがユダヤ系であって、一九三三年にヒトラーが政権を掌握すると、フランスやイギリス、アメリカに亡命することを強いられた。さらに、ファシズムの擡頭という現実をまえに、彼らは資本主義社会と大衆との関係について根本的に再考することを迫られ

た。『資本論』におけるマルクスの教説によれば、資本主義社会は、ブルジョワとプロレタリアートとのあいだの階級闘争が熾烈化し、革命が勃発することでおのずから崩壊するはずだった。しかし、現実においてプロレタリア大衆は、革命の担い手になるどころか、ファシズム体制を熱狂的に支持している。そして、この矛盾を解明する鍵として彼らが注目したのがメディアの役割だった。二〇世紀において、さまざまなメディアが急速に発達・普及したことで、大衆そのものがマルクスの時代から決定的に変容しているのではないか——フランクフルト学派のメディア論は、つねにこの問いを出発点にしているといっても過言ではない。

ベンヤミン「技術的複製可能性の時代の芸術作品」

一九三〇年代半ばにベンヤミンが亡命地のパリで執筆した「**複製技術時代の芸術作品**」(ベンヤミン 1995, 583–640)は、現在でもメディア論の古典として有名なテクストだが、そこでは徹頭徹尾、テクノロジー・メディアと大衆との関係が問われていると言える。ベンヤミンが議論の出発点にするのは、複製技術の発展が芸術作品にどのような影響を与えているかという問題である。伝統的な芸術作品は、世界に唯一しかないオリジナルが〈**いま・ここ**〉に存在していることに由来する「**アウラ**」をもっていた。だが、**写真**をはじめとする複製技術の発展によって、芸術作品を無限にコピーすることが可能になると、一回性に基づくその「アウラ」が衰退する。そればかりでなく、二〇世紀に入ると、複製技術に基づく新しい形態の芸術作品である**映画**が急速な勢いで普及することで、大衆の芸術受容の在り方は大きく変化する。すなわち、複製芸術としての映画は、伝統的なアウラ芸術とは異なり、個々人が精神を集中させて鑑賞し、礼拝する対象ではもはやなく、大衆が集団的に、しかもリラックスした状態で受容する「気散じ」の対象にほかならないのだ。

さらに映画は、スローモーションやクロースアップといった技法をつうじて、人々にたいしてまったく新たな知覚を提供する。テクノロジーに媒介された映画にあっては、まさにディズニーのアニメ映画がそうであるように、時間や空間は柔軟に伸縮可能であり、人々は激しい身体的ショックを何度でも繰り返し体験することできる。ベンヤミンによれば、それは「技術を媒介とした自然と人類との共同遊戯」というユートピア的なヴィジョンを呈示すると同時に、大衆に知覚のトレーニングを施すという実践的な機能をもっている。すなわち、近代社会の機械化が進行し、それとともに人々が日常的にますます多くのショックに晒されるなかで、そうした知覚経験のラディカルな変化に対応できるような統覚を、遊びのなかで反復的に訓練してくれるのが映画だというのである。

複製芸術としての映画はさらに、大衆と芸術作品との関係を根底から変える。今日の人々の多くが映画に登場したがっているという事実は、映画館に集まった大衆が見たいと思っているのは、スクリーンに映し出された自分自身の姿にほかならず、つまりは芸術作品のなかで自分自身が表現されたい、芸術作品にみずから能動的に参加したい、という欲望を示している。それは究極的には、みずから生産手段を所有したい、というプロレタリア大衆の革命的な願望に繋がるものだが、こうした正当な欲求を悪用するのが**ファシズム**である。ファシズムは、プロレタリア大衆が体制によって支配されている現状を保持したままに、大衆に自己表現する回路だけを提供する。たとえば何十万もの人々が参加するナチスの党大会がその典型だが、その光景はさらに諸々のテクノロジー・メディアによって複製・伝播されることを前提としている。そして、ファシズムが推し進める大衆の自己表現の行きつく先が戦争であって、そこで人々はみずからが破滅していく光景を審美的に享楽することを余儀なくされる。複製技術論文の末尾では、そのような「政治の美学化」にたいし、「芸術の政治化」をもって対抗しようと呼びかけられる。

このように、複製技術論文のなかでベンヤミンは、映画というメディアのうちに、大衆の知覚経験の領域を拡張するというポジティヴな潜勢力を認めようとする［↓3-1 複製メディア］。こうした議論は、このあとも現在にいたるまで、新しいメディア・テクノロジー（たとえばインターネット）が登場するたびに繰り返されてきたものだと言えるが、それにたいして真っ向から異議を唱えたのが、ベンヤミンの友人のアドルノである。一九三六年三月にアドルノは、複製技術論の草稿を読んだ感想をベンヤミンに書簡で書き送っているのだが、そこでは、「複製芸術」や「プロレタリア大衆」のうちに革命的な可能性を見て取るという姿勢が「アナーキズム的なロマン主義」だと激しく糾弾されるのである（ベンヤミン＆アドルノ 2013［1994］, 199–209［上］）。

アドルノ／ホルクハイマーの文化産業論

ベンヤミンの複製技術論文にたいするアドルノの批判は、一九四〇年代にホルクハイマーとの共著として執筆された『啓蒙の弁証法』の「文化産業」と題された章で、いっそう具体的に展開される（ホルクハイマー&アドルノ 2007 [1947], 249–347）。アドルノとホルクハイマーの文化産業論において、映画やラジオといったメディアは、基本的に資本主義体制のメッセージを大衆の意識や無意識に一方的に注入するイデオロギー装置として位置づけられている。メディアをつうじて大衆に供給される文化商品や広告は、消費者のニーズや嗜好に合わせて多種多様であるように見える。だが、実際のところ、そのすべてが細部に至るまで徹底的に規格化された紋切型のイメージにほかならず、そこにはつねに、「他人と同じものを欲望しなさい」や「これ以外のものは諦めなさい」といった産業資本のメッセージが暗に込められている。さらに、そのような商品を日々大量に消費しつづけることで、思考力や感性を徐々に退化させた大衆は、与えられたイメージを受動的に受け入れる以外のことが不可能になってしまう。マルクスの予言とは逆に、現実のプロレタリア大衆が、階級意識に目覚めるどころか、既存の支配体制への従属をますます強めている原因はまさに、文化産業がメディアをつうじて行う大衆操作に求められるべきなのだ。

かくしてアドルノたちは、あらゆる**大衆メディア**を、資本主義体制が人々を支配し、従属させるための手段として位置づける。それが何よりも問題なのは、このような欺瞞的なメカニズムが、ファシズムによる大衆支配のそれと完全に同一であるからだ。一般にファシズム体制は、自由主義的な体制とは対極にあるものと見なされてきた。だが、メディアの機能とそれによって醸造される大衆のメンタリティという点に関して、メディア・プロパガンダに煽動されて反ユダヤ主義的な政策を是認するナチス・ドイツの民衆と、ラジオから流れるコマーシャルの影響で特定の銘柄の粉石鹸を購入するアメリカの消費者とのあいだには、本質的な違いはないのではないか。だとすれば、自由主義や民主主義を標榜する国家であっても、ファシズムが発生する土壌を構造的に孕みもっていることになるだろう。だからこそ、戦後になってもアドルノは、たとえば新たに普及した大衆メディアであるテレビを例に、容赦のない社会批判を展開しつづけたのである。

フランクフルト学派のメディア論の展開

『啓蒙の弁証法』の文化産業論は、とりわけ学生運動が盛り上がりを見せた一九六〇年代に盛んに読まれることで、フランクフルト学派のメディア論の典型として人口に膾炙するとともに、理論的にさらに深められていく。たとえば、フランクフルト学派の第二世代にあたる**ユルゲン・ハーバーマス**（1929–）も、理論的主著のひとつである『**公共性の構造転換**』（ハーバーマス 1973［1962］）で、一七世紀以降、社会の構成員のあいだでの自由な討論によって成立した「市民的公共性」が二〇世紀に入って崩壊した最大の原因のひとつを大衆紙やテレビといったマスメディアに求めるとき［↓3-2 出版メディア］、そこにアドルノの文化産業論の影響を見出すことができるだろう。もっとも、アドルノらの文化産業論にたいしては批判も多く、とりわけ一九七〇年代以降、カルチュラル・スタディーズに属する論者たちなどから、そこで消費者大衆の能動性や自発性といった契機が完全に見落とされていることや、テクノロジー・メディア一般をイデオロギー的な大衆操作の手段としてのみ捉えるという視点が繰り返し問題視されてきた［↓2-4 カルチュラル・スタディーズとメディア論］。

一方、ベンヤミンが複製技術論文のなかで示した、テクノロジー・メディアがもつ解放的な潜勢力にたいする視座もまた、フランクフルト学派のなかで発展的に受け継がれていった。最晩年のアドルノは芸術美学の練り上げに集中的に取り組んだが、その関連で書かれたテクストのひとつ（「**映画の透かし絵**」）には、ベンヤミンの議論をあらためて検証したうえで、芸術としての映画の可能性を容認するような記述が見られる（アドルノ 2017［1968］, 95–107）。また、ベンヤミンとアドルノの友人でもあった**ジークフリート・クラカウアー**（1889–1966）は、『**カリガリからヒトラーへ**』（クラカウアー 1970［1947］）のなかで、ヒトラー政権を誕生させたドイツ人の集合心理を、ヴァイマル時代の映画作品の分析から明らかにすることを試みる一方、『**映画の理論**』（一九六〇年）において、映画というメディアの本質を、人間の日常的な経験では捉えられない「物理的現実」を表象するという点に求めつつ、テクノロジーと新たな知覚をめぐるベンヤミンの認識と親和するような議論を展開している（クラカウアーの『映画の理論』については、ハンセン 2017［2012］, 第九章）。くわえて、アドルノの直接の弟子にあたる**アレクサンダー・クルーゲ**は、メディア思想家・小説家として旺盛な著作活動を展開するかたわらで、一九六〇年代からは映画監督として、一九八〇年代以降はテレビ・プロデューサーとして、現在にいたるまで異質な内容の映像作品を発信しつづけている。フランクフルト学派のメディア論については、しばしば理論偏重だという非難が投げかけられるが、クルーゲの映像作家としての活動を、文化産業的なメディア体制のなかでオルタナティヴな知覚経験の回路を拓くという実験的かつ実践的な試みとして捉えることができるだろう（竹峰 2016, 342–351）。

（竹峰義和）

参考文献

● アドルノ、テオドール・W（２０１７［１９６８］）「映画の透かし絵」、『模範像なしに——美学小論集』竹峰義和訳、みすず書房

● クラカウアー、ジークフリート（１９７０［１９４７］）『カリガリからヒトラーへ——ドイツ映画１９１８-１９３３における集団心理の構造分析』丸尾定訳、みすず書房

● 竹峰義和（２０１６）『〈救済〉のメーディウム——ベンヤミン、アドルノ、クルーゲ』東京大学出版会

● ハーバーマス、ユルゲン（１９７３［１９６２］）『公共性の構造転換』細谷貞雄・山田正行訳、未來社

● ハンセン、ミリアム・ブラトゥ（２０１７［２０１２］）『映画と経験——クラカウアー、ベンヤミン、アドルノ』竹峰義和・滝浪佑紀訳、法政大学出版局

● ベンヤミン、ヴァルター（１９９５）「複製技術時代の芸術作品」久保哲司訳『ベンヤミン・コレクション１——近代の意味』浅井健二郎編訳、ちくま学芸文庫

● ベンヤミン、ヴァルター&テオドール・W・アドルノ（２０１３［１９９４］）『ベンヤミン／アドルノ往復書簡１９２８-１９４０』（上下巻）、野村修訳、みすず書房

● ホルクハイマー、マックス&テオドール・W・アドルノ（２００７［１９４７］）『啓蒙の弁証法——哲学的断想』徳永恂訳、岩波文庫

マクルーハンとトロント学派

キーワード KEYWORD
マーシャル・マクルーハン、「メディアはメッセージである」、口承文化、識字文化、ハラルド・A・イニス、エリック・A・ハヴロック、ウォルター・J・オング、技術決定論

マクルーハンのメディア論

マーシャル・マクルーハン（1911–1980）は一九六〇年代にメディア論の寵児としてもてはやされるようになる前に英文学者として活動していた。彼は一九四〇年代から五〇年代頃に、当時北米の文学批評界で影響力を増しつつあったニュー・クリティシズムの流れに沿って、T・S・エリオットやジェイムズ・ジョイスなどの難解なモダニズム文学を読解する論文を多数発表している。これらの文学批評の論文にもすでに後年のメディア論を予感させる主題や手法が垣間見えるのだが、他方で彼は次第に大衆文化への関心を広げていき、その成果は広告について論じた彼の最初の著作『機械の花嫁』（マクルーハン 1991［1950］）としてまとまることになる。このように文学研究のバックグラウンドを持つ彼の名をメディア論者として知らしめることになるのが、**『グーテンベルクの銀河系』**（マクルーハン 1986［1962］）と

『メディア論』（マクルーハン 1987［1964］）である。古今東西の文献を縦横無尽に引用しパッチワーク状に議論を進めていく彼のスタイルゆえ、その概括を提示することは困難だが、この二冊の骨子をあえて要約するなら、二つの主張**「メディアはメッセージである」**と**「人間の拡張としてのメディア」**に集約することができる。

まず、第一の主張「メディアはメッセージである」について。この主張は明確なテーゼというよりはアフォリズムと呼ぶ方がふさわしいような言葉で表現されているが、解きほぐして説明すると以下のようになる。すなわち、ある一定のメディアが社会に与える影響などが論じられる際には、得てして当該のメディアが伝える内容に注目が行きがちであるが、こうした立場は実際には大きく的を外している。例えばテレビが社会に与える影響を考えるときに問題にするべきなのは、個別の番組が伝える内容、偏向した報道や低俗な趣味などではない。マクルーハンにとっては、そうしたことは些末な問題であるばかりか、より重要なことから目を逸らせる疑似餌である。本当に考察しなければいけないのは、テレビというメディアが各家庭に行きわたり、全国で一斉に放送され、チャンネルをあわせれば誰もが同じ番組を視聴する機会を得る、というメディアの特性やその社会的規模だ、というのである。すなわち、メディアのメッセージは、それが伝える内容ではなく、そのメディアがメディアとして持つ特徴や形式のほうにこそある。こうした考えにマクルーハンは「メディアは（メディアこそが）メッセージである」という極度に圧縮された言語表現を与えた。

第二の主張「人間の拡張としてのメディア」も、メディアそのものの特性に注目するというマクルーハンの立場と関連している。マクルーハンによれば、あらゆるメディアは何らかのかたちで人間の身体に備わる能力を拡張する。例えば電話は耳の拡張であり、遠くにいる人の声を聴くことを可能にする。あるいは映画は眼の拡張であり、空間的にも時間的にも隔たった出来事を映像として観ることを可能にする。さらに言うならば、車輪は足の機能の拡張であり、衣服は皮膚の拡張である[↓1-1身体]。ここから、「人間の拡張としてのメディア」というテーゼによって、マクルーハンがメディアを非常に広範囲な概念として再定義していることが分かるだろう。マクルーハンにとってメディアとは技術一般のことであり、さらには人間が作り出した人工物はすべて、何らかの意味でメディアである。

さらにマクルーハンは、あらゆるメディアないし技術は、このようにして人間の能力、とりわけ感覚器官を拡張することによって、人間の諸感覚のあいだの比率に変更をもたらすと考えた。例えば『グーテンベルクの銀河系』では、古代ギリシアにおける表音アルファベットの誕生、そして、一五世紀の活版印刷技術の発明は、**口承文化**（言葉を耳で聞く文化）から**識字文化**（言葉を目で読む文化）へのゆるやかな変容を推し進めたと論じた[↓3-2出版メディア]。それは人間の感覚比率を聴覚中心から視覚中心へと変更することを意味しており、そのことが西洋文明に与えた影響は甚大なものだった、と彼は力説する。このようにメディアという概念を拡張的に理解し、文明史に及ぶような幅広い射程を与えた点において、マクルーハンをメディア論の創始者と呼ぶにふさわしい独創的な思想家として位置づけられるだろう。

「コミュニケーション理論のトロント学派」とその周辺

マクルーハンはいくつかの大学を経たあと一九四六年にトロント大学に着任し、その後の生涯にわたって同大学で英文学の教鞭を執った。当時のトロント大学には、人文学の立場から技術やメディアについて関心を寄せる研究者たちがいた。とりわけ経済学者**ハロルド・A・イニス**（1894–1952）と西洋古典学者**エリック・A・ハヴロック**（1903–1988）がよく知られており、マクルーハン、イニス、ハヴロックの三人を中心とする一群の研究者を「**コミュニケーション理論のトロント学派**」と称することがある。

ハロルド・イニスはシカゴ学派の流れをくむ経済学者であり、カナダの経済発展を毛皮やタラといった主要産物の交易によって説明するステープル理論を提唱したことで知られる。こうしたモノの流通に対する関心は、晩年になってコミュニケーション、すなわち知識の流通への関心へとつながっていくことになる。『帝国とコミュニケーション（Empire and Communications）』（Innis 1986/1950）、『メディアの文明史』（イニス 1987[1951]）などの著作においてイニスは、ヒエログリフからアルファベットへの移行、そして粘土板や石板からパピルス、羊皮紙への移行といったコミュニケーション・メディアの変遷を軸とする壮大な文明史を打ち立てる。イニスによれば、古代からの帝国による支配はコミュニケーション技術の独占とそれによる知識の専有によって可能になったが、そこには時間的傾向性と空間的傾向性の二つのありかたが存在する。例えば耐久性の高い石板に刻まれた難解なヒエログリフは、古代エジプトの支配層に長期間の知識の専有を可能にし、長い歴史にわたる帝国の存続をもたらした。そうした時間的傾向性を持つコミュニケーション技術に対して、耐久性は低いが可搬性の高いパピルスと可読性の高いアルファベットは空間的傾向性を持ち、古代ローマ帝国による広範囲の地域の支配を可能にした。こうしたイニスの着想は、マクルーハンが展開したメディア史観に大きな影響を及ぼした。

エリック・ハヴロックは『プラトン序説』（ハヴロック 1997［1963］）などの著作において、古代ギリシアにおける口承文化と識字文化の葛藤を、同時代の叙事詩や哲学の読解を通じてあとづけた。ハヴロックによれば、ホメロスの『イリアス』などにみられる定型的な韻文は、それらの叙事詩が口謡で繰り返し語り継がれ伝承される道徳や慣習の「百科事典」という性質を持っていたことを示している。それに対して、プラトンは『国家』で理想国家からの詩人の追放を説いたが、それは当時のギリシアにおける口承文化から識字文化への漸次的転換の現れである。すなわち、プラトンの詩人への敵意は、韻文による口承的伝承という教育形態から切断し、散文で書かれた言葉が可能にする概念的思考とそれによる新しい教育制度をもたらそうという意志を示している、というのである。

こうしたハヴロックの着想が、マクルーハンが『グーテンベルクの銀河系』で展開した口承文化と識字文化の対比と強く共鳴していることは明瞭であろう。ただし、刊行時期からして両者のあいだに直接的な影響関係はない。ハヴロックは一九四七年にトロント大学からハーヴァード大学に籍を移しており、イニスは一九五二年に若くして亡くなった。イニス、ハヴロック、マクルーハンのあいだには、一定期間共同研究に従事しお互いの理論を鍛えあったというような関係性はなく、「コミュニケーション理論のトロント学派」は後年になって付けられた名称と捉えるほうが適切である。

マクルーハンが培った研究交流としてはむしろ、トロント大学の文化人類学者エドマンド・カーペンターとともに編集した研究誌『エクスプロレーションズ』が重要である。一九五〇年代に全九号刊行されたこの雑誌は当時としては異色の学際的研究誌であり、様々な分野の論考が掲載された。すでに世を去っていたイニスによる論考も再録されているし、ジークフリード・ギーディオン（建築史）、E・T・ホール（文化人類学）、ハンス・セリエ（生理学）のように後のマクルーハンのメディア論にとって重要な着想源となった研究者たちの論考もある。共同編集者のカーペンターはカナダの先住民族などをフィールドとしており、先住民族たちの空間認識を、全方位的で境界がない「聴覚的空間」として特徴づけた彼の議論は、聴覚中心の口承文化というマクルーハンの着想に刺激を与えたと想像される。

また、トロント大学着任前のマクルーハンに指導を受けていた**ウォルター・J・オング**の論考も掲載されている。オングは後になって『声の文化と文字の文化』（オング 1991［1982］）でマクルーハンやハヴロックによる口承／識字文化論をさらに展開させることになるのだが、一六世紀フランスの人文主義者ペトルス・ラムスについての彼の初期の研究は、活版印刷技術についてのマクルーハンの議論のひとつの参照項である。他にも多彩な論考が収録された『エクスプロレーションズ』の編集作業は、様々な研究領域の文献を縦横無尽に参照しながら議論を進めるマクルーハンのスタイルを築きあげるにあたって大きな糧となったにちがいない（なお、『エクスプロレーションズ』に掲載された論考の一部は、後に一冊の書籍としてまとめられた。マクルーハン＆カーペンター（2003［1960］）は同書をマクルーハンの論考を中心に再構成した日本語訳である）。

マクルーハン理論のその後

マクルーハンのメディア理論は一九六〇年代に一世を風靡し、ヴィジュアル・ブック『メディアはマッサージである』（マクルーハン&フィオーレ 2015[1967]）が空前のベストセラーになるなど、学術研究界にとどまらない話題を呼んだ。しかし、一九七〇年代以降、マクルーハンの理論はポスト構造主義やカルチュラル・スタディーズの立場から**技術決定論**として批判にさらされるようになる。例えばレイモンド・ウィリアムズ（ウィリアムズ 2020[1974]）は、メディアの技術的特性が一方向的に文化と社会に影響を与えるとするマクルーハンの考えは典型的な技術決定論のイデオロギーであり、そこではメディアの政治的、文化的次元は不問とされ、結果的にメディアを支配する権力にとって都合のよい体制順応的な言説となってしまう、と手厳しく批判した［↓2-4カルチュラル・スタディーズとメディア論］。

このようにマクルーハンの理論は後年になって批判にさらされ、さらには無視され忘却されるようになっていくが、賞味期限が切れて用済みになってしまったとは必ずしも言えない。むしろ、メディアや技術を軸として文化や社会をダイナミックに捉えるという根幹の思想においては、メディアをめぐる思考を地下水脈のように刺激し続けてきたと言えるだろう［↓1-6メディア・エコロジー］。例えばマクルーハンにとってテレビは新しい電子メディアを代表する存在だったが、そうした着想を受け継ぎながら書かれたテレビ論の代表例としてジョシュア・メイロウィッツ『場所感覚の喪失』（メイロウィッツ 2003[1985]）やニール・ポストマン『愉しみながら死んでいく』（ポストマン 2015［1985］）を挙げられる。さらに一九九〇年代以降、デジタル技術とインターネットの社会への浸透とともにマクルーハン再評価の機運は高まってきた。技術決定論の轍を踏まないように気をつけながら、マクルーハンとトロント学派から学びなおすところは現在にいたっても多くあるにちがいない。

（門林岳史）

参考文献

- イニス、ハロルド・A（1987［1951］）『メディアの文明史――コミュニケーションの傾向性とその循環』久保秀幹訳、新曜社
- ウィリアムス、レイモンド（2020［1974］）『テレビジョン――テクノロジーと文化の形成』木村茂雄・山田雄三訳、ミネルヴァ書房
- オング、ウォルター・J（1991［1982］）『声の文化と文字の文化』桜井直文・林正寛・糟谷啓介訳、藤原書店
- ハヴロック、エリック・A（1997［1963］）『プラトン序説』村岡晋一訳、新書館
- ポストマン、ニール（2015［1985］）『愉しみながら死んでいく――思考停止をもたらすテレビの恐怖』今井幹晴訳、三一書房
- マクルーハン、マーシャル（1991［1950］）『機械の花嫁――産業時代のフォークロア』井坂学訳、竹内書店新社
- マクルーハン、マーシャル（1986［1962］）『グーテンベルクの銀河系――活字人間の形成』森常治訳、みすず書房
- マクルーハン、マーシャル（1987［1964］）『メディア論――人間の拡張の諸相』栗原裕・河本仲聖訳、みすず書房
- マクルーハン、マーシャル＆エドマンド・カーペンター（2003［1960］）『マクルーハン理論――電子メディアの可能性』平凡社ライブラリー
- マクルーハン、マーシャル＆クエンティン・フィオーレ（2015［1967］）『メディアはマッサージである――影響の目録』門林岳史訳、河出文庫
- メイロウィッツ、ジョシュア（2003［1985］）『場所感の喪失――電子メディアが社会的行動に及ぼす影響』（上巻）、安川一・上谷香陽・高山啓子訳、新曜社（日本語訳は上巻のみ刊行）
- Innis, Harold A. (1986/1950) *Empire and Communications*, David Godfrey, ed., Press Porcépic.

第2部—3 German Media Philosophy

ドイツのメディア哲学

キーワード KEYWORD
ラインハルト・マルグライター、ノルベルト・ボルツ、哲学の終焉、ジュビレ・クレーマー、メディアの形成力、フリードリヒ・キットラー、技術的アプリオリ、ミシェル・フーコー、歴史的アプリオリ

一九九〇年代に文化学分野として学術制度的に定着し、「ドイツ・メディア論（German Media Theory）」の名称で英米圏での受容も進む「メディア学（Medienwissenschaft）」の歴史性に関する議論が、近年活発に行われている。世紀転換期には哲学に「メディア哲学（Medienphilosophie）」も登場し、「メディウムとは何か?」という原理的な問いと「メディア（学）とは何だったのか?」という歴史的な問いが、現在のドイツ語圏の多様なメディア研究の背景を成している（Münker & Roesler 2008; Pias 2011）。以下では、今日に至るこうした歴史的展開の一側面を、「メディア的転回」という用語を軸に素描してみたい。

「メディア的転回」

「メディア的転回（medial turn）」は、「メディウム/メディア」を哲学の枢要な概念に新たに据える、

ドイツ語圏の「**メディア哲学**」の開始を印づける用語であり、日本では概して原語英語表記を省略して「メディア論的転回」という訳語で紹介されてきた。「メディア的転回」はしかし、英語に由来する外来語ではなく、一九九〇年代末にオーストリアの哲学者**ラインハルト・マルグライター**によって提起された、いわゆる独製英語の造語である（Margreiter 1999）。ただし後に彼が記すところでは、この造語は彼の全くの創案ではなく、当時彼が交わした口頭の議論の中ですでに何度か耳にしたことがあった言葉だという（Margreiter 2018）。いずれにしてもマルグライターは、ただ単にこの言葉のメディアを「声」から「文字」へと変換しただけではない。独製英語「medial turn」は、彼が発表したドイツ語の論文の中で、ある特定の学術的文脈に位置付けられることによって、研究者間で共有可能な学術用語「メディア的転回」の地位をはじめて獲得できたのである。

「メディア論的転回」

マルグライターによれば「メディア的転回」という言葉には、名詞「メディウム」の三つの語源学的意味、つまり「場所的な中間」、「技術的な手段」、そして「超越論的な媒介」が同時に含意されている。しかし、これらの意味に同等の価値が与えられているわけではない。マルグライターが特に強調するのは、「超越論的な媒介」という意味のメディウムである。この力点によって彼は、「メディア的転回」を同時代のある論争的文脈に明確に位置付けることを企図していた。その際に彼が論敵と見なしたのは、

「(ポスト)モダン・メディア論」という名称の下に一括される「マクルーハン、ボードリヤール、ヴィリリオ、フルッサー、キットラー、ポストマン、ドゥ・ケルコフ、そしてボルツ」といった一群の思想家たちであり、より具体的には、最後に名指しされた**ノルベルト・ボルツ**であった[↓2-2 マクルーハンとトロント学派、2-6 ポストメディア]。

ボルツは、ベンヤミンの美学やマクルーハンのメディア論、ヴィリリオやボードリヤールといったフランスの**ポスト構造主義**を積極的に援用した『**グーテンベルクの銀河系の終焉**』などのメディア学的著作によって、すでに九〇年代末には内外でも高い知名度を誇っていた。マルグライターの批判の矛先は、とりわけ「**哲学の終焉**」というボルツの主張に向けられていた(Bolz & Nida-Rümelin 1998)。つまり「メディア的転回」は、この「メディア論」からの挑戦に対する、「哲学」の直接的な応答として定式化されたのである。

ボルツによれば、写真や映画といった「新しいメディア」とコンピュータ技術とが作り出した「**メディア現実**」は、現実そのものになりかわることで、哲学がよりどころにしてきた存在と仮象、真実と虚偽といった区別を不可能なものにした。それゆえ哲学は、技術や倫理や認識といった問題に関して伝統的に担ってきた役割を今日もはや引き受けることができない。これに対してマルグライターによれば、カントの超越論的哲学が明らかにした、人間には真実(「物自体」)を直接認識できないという認識の媒介性(「**コペルニクス的転回**」)は、近代以降の哲学の共通理解である。そしてこの哲学の転回は、二〇世紀を通じて「**言語論的転回**(linguistic turn)」から「**象徴的転回**(symbolic turn)」へとさらなる発展をみた。つまり「メディア現実」とは、実際には新しくも古くもある哲学の主題なのであり、哲学は超越論的な媒介を担う「メディア・アプリオリ」を措定することで、「メディア哲学」へと「メディア的転回」を果たすことができる。マルグライターはボルツに対して、こう切り返したのである。

ここまでの議論から、「medial turn」の日本語定訳「**メディア論的転回**」は、この用語の批判的意味の方向性を取り違えているように見える。しかしその一方で「メディア的転回」は、マルグライターの意に反して、「メディア論」がすでに八〇年代から主張してきたことの焼き直しに過ぎないと見なすこともできる（Winkler 1999）。つまり、ボルツが「哲学」を単純化していたのだとすれば、かくいうマルグライターは「メディア論」を単純化していたのである。

「メディア学的転回」

ドイツの哲学者**ジュビレ・クレーマー**は、『メディア、使者、伝達作用』の中でマルグライターの「メディア的転回」を原語英語表記で援用している（クレーマー 2014［2008］, 13）。ただし彼女は、この言葉の文脈を暗黙に変更している。ここで「medial turn」は哲学ではなく「文化学の陣営」に、つまりマルグライターが「メディア論」と呼んだメディア学の側に位置付けられ、「哲学」における「言語論的転回」との比較対照からその理論的アポリアが示唆される。クレーマーの批判は、究極的根拠を持つアプリオリへとメディアを昇格させようとする議論の超越論的基調に向けられている。このクレーマーによる「medial turn」を、マルグライターの「メディア的転回」と区別するために、ここでは「メディア学的転回」と呼ぶことにしたい。

ここに至って「medial turn」を巡る事態は、次の四つの事情で錯綜している。第一に、マルグライターが「メディア的転回」を初めて定式化したと思われる同じ一九九八年頃に、彼とは独立にすでにクレーマーが「メディア学的転回」を「medial turn」という表現を使わずに好意的に素描していたことであり（Krämer 1998）、第二に、このクレーマーの記述が、九九年にはドイツ文学・メディア学者の**縄田雄二**によって「メディア論的転回」として邦訳解説されていたことである（縄田 2007）。「medial turn」の日本語定訳は、ここに由来する。縄田によれば、認識を媒介するアプリオリとしての「言語」が二〇世紀後半に「メディア」へと一般化されたことで、「言語論的転回」は「メディア論的転回」へと発展した。この「近代以来の思想の必然的な流れ」を体現するのが、**フリードリヒ・キットラー**（1943–2011）やボルツの仕事に代表される、八〇年代に登場した「メディア論」である。そして第三に、この三者が「メディア論」の評価に関して明確に意見を異にすると思われることである。図式的にこの相違は、最も肯定的な縄田と最も否定的なマルグライターが両極をなし、最も中立的なクレーマーがその中間に位置すると整理できる。しかし第四に、九〇年代末のクレーマーが「メディア学的転回」を自らも棹さす人文学の潮流と捉えていた（＝縄田の「メディア論的転回」）のに対して、二〇〇〇年代末にはそれを哲学が批判すべき文化学の潮流として捉え直していることである。こうして「メディア的転回」の転回に仮託したクレーマーの転回の結果、一見鋭く対立するマルグライターの「メディア的転回」と縄田の「メディア論的転回」は、共に悪しき超越論的アプローチとして「メディア学的転回」の内に批判的に包摂されることになる。

このように「medial turn」には、「メディア的転回」、「メディア論的転回」、そして「メディア学的転回」という相互に矛盾さえする（少なくとも）三つの異なる意味が与えられてきた。さらに近年マルグライターは、「medial turn」の表記を「言語美学的理由」で「media turn」に変更し、クレーマーに代表される（と彼が考える）超越論的メディア哲学を提唱している（＝「メディア学的転回」の転回）。こうした眩暈を誘う「medial turn」の転回に次ぐ転回にはしかし、一つの共通の軸となる歴史的な議論が存在する。それは、ベンヤミンやマクルーハンが切り開いた「**メディアの形成力**」（クレーマー 2014［2008］, 13）という視座であり、八〇年代半ばに『**グラモフォン・フィルム・タイプライター**』などの著作を通じて、それを「**技術的アプリオリ**」（キットラー 2006［1986］, 283［上］）へと練り上げたキットラーのメディア学である。

「技術的アプリオリ」は、フランスの哲学者**ミシェル・フーコー**（1926–1984）が提唱した「**歴史的アプリオリ**」をメディア批判的に継承した概念であり、一九世紀後半に登場した蓄音機や映画といった技術メディアが、書字や活字といった文字メディアに代わって言説実践の歴史的な前提条件を成すことを意味する［↓1-5 アーカイヴ］。そして大戦後には軍事技術に起源をもつコンピュータが、既存の技術メディアを単一のデジタル形式で統合する現代の「技術的アプリオリ」として登場した。キットラーによれば、技術メディアは人間の意のままになる道具でも「身体の拡張」でもなく、反対に人間の意識や思考、知覚や記憶を規定する物質的基盤であり、これらの主題に関する理論的言説もまた技術メディアの「歴史的効果」に他ならない。キットラーのメディア学は、フーコーの考古学、ラカンの精神分析やハイデガーの技術論に通底する人間中心主義の超克という企図を「技術的アプリオリ」によってラディカルに更新する試みであった。

「medial turn」以後

マルグライターの「メディア的転回」は反意的に、縄田の「メディア論的転回」は肯定的に、そしてクレーマーの「メディア学的転回」は批判的にキットラーのメディア学を引き合いに出した。今日に至る「medial turn」を巡る議論は、キットラーのメディア学という「ドイツにおける medial turn の真の起爆剤」(Mersch 2006, 188f) へと繰り返し回帰 (return) してきたのである。しかしこれは単なる修辞の問題ではなく、キットラーが「技術的アプリオリ」として鋳直した「メディアの形成力」という問い(メディアは何をどこまでどのように規定し得るのか?)が、依然としてメディア研究の中心的課題であり続けていることを示している。マルグライターやクレーマー、**ミーケ・ザントボーテやディーター・メルシュ**といった哲学者たちの仕事に代表される狭義の「メディア哲学」の近年の興隆 (Schweppenhäuser 2018) は、学術分野としての「哲学」の外部に由来する、この問題意識に端を発すると言っても過言ではない。その一方で、八〇年代の著作を中心に受容されてきたキットラーのメディア学については、現在では「キットラー以後」(Balke et al. 2013)という標語のもと、遺稿や全集の出版と並行して包括的な再評価の流れが加速している(Holl 2017)。初期メディア学の「技術決定論」もまた、ドイツにおける「学問上の戦後期」の刻印を色濃く帯びた歴史的な企図であったとするならば(ジーゲルト 2016[2013])、「medial turn」以後は、ボルツやキットラーの仕事を古典として読み直すことから始まるだろう。

(鈴木恒平)

参考文献

- キットラー、フリードリヒ(2006[1986])『グラモフォン・フィルム・タイプライター』(上下巻)、石光泰夫・石光輝子訳、ちくま学芸文庫
- クレーマー、ジュビレ(2014[2008])『メディア、使者、伝達作用——メディア性の「形而上学」の試み』宇和川雄・勝山紘子・川島隆・永畑紗織訳、晃洋書房
- ジーゲルト、ベルンハルト(2016[2013])「文化技術論——ドイツ・メディア理論における学問上の戦後期の終焉」寺田雄介訳、『思想』2016年3月号、7-28頁
- 縄田雄二(2007)「言語論的転回からメディア論的転回へ」、寄川条路編『メディア論　現代ドイツにおける知のパラダイム・シフト』御茶の水書房、27-39頁
- ボルツ、ノルベルト(1999[1993])『グーテンベルクの銀河系の終焉——新しいコミュニケーションのすがた』識名章喜・足立典子訳、法政大学出版局
- Balke, Friedrich, Bernhard Siegert and Joseph Vogl eds. (2013) *Mediengeschichte nach Friedrich Kittler*, Wilhelm Fink.
- Bolz, Norbert, and Julian Nida-Rümelin (1998) "Neue Medien – Das Ende der Philosophie?," *Information Philosophie*, no. 4, pp. 20–29.
- Holl, Susanne (2017) "Friedrich Kittler's Digital Legacy – Part II - Friedrich Kittler and the Digital Humanities: Forerunner, Godfather, Object of Research. An Indexer Model Research," *Digital Humanities Quarterly*, vol. 11, no. 2, http://www.digitalhumanities.org/dhq/vol/11/2/000308/000308.html (Accessed 24 July 2020).
- Krämer, Sybille (1998) "Das Medium als Spur und als Apparat," *Medien, Computer, Realität: Wirklichkeitsvorstellungen und*

Neue Medien, ed. Sybille Krämer, Suhrkamp, pp. 73–94.
- Margreiter, Reinhard (1999) “Realität und Medialität: Zur Philosophie des »Medial Turn«,” *Medien Journal : Zeitschrift für Kommunikationskultur*, vol. 23, no. 1, pp. 9–18.
- Margreiter, Reinhard (2018) *Media Turn: Perspektiven einer interdiskursiven Medienphilosophie*, Königshausen & Neumann.
- Mersch, Dieter (2006) *Medientheorien zur Einführung*, Junius.
- Münker, Stefan, and Alexander Roesler eds. (2008) *Was ist ein Medium?*, Suhrkamp.
- Pias, Claus, ed. (2011) *Was waren Medien?*, diaphanes.
- Schweppenhäuser, Gerhard, ed. (2018) *Handbuch der Medienphilosophie*, WBG.
- Winkler, Hartmut (1999) “Die prekäre Rolle der Technik: Technikzentrierte versus ‘anthropologische’ Mediengeschichtsschreibung,” *Dreizehn Vorträge zur Medienkultur*, Claus Pias ed., VGD, pp. 221–238.

第2部—4

カルチュラル・スタディーズとメディア論

Cultural Studies and Media Theory

キーワード KEYWORD
スチュアート・ホール、ポストコロニアリズム、レイモンド・ウィリアムズ、フロー、コード化／脱コード化、シャノン＝ウィーバーのコミュニケーション・モデル、オーディエンス研究、デヴィッド・モーレー、イエン・アング、デヴィッド・ハーヴェイ、ポストモダン、ミシェル・フーコー、ドゥルーズ&ガタリ、ポスト構造主義、レイ・チョウ

一般に「カルチュラル・スタディーズ」と呼ばれる思想潮流は、一九七〇年代にイギリスのバーミンガム大学現代文化研究センター（CCCS＝Centre for Contemporary Cultural Studies）の当時所長の**スチュアート・ホール**（1932–2014）を中心とした一連のメディアや大衆文化、若者移民文化研究に始まり、その後一九八〇年代にアメリカのメディア研究や**ポストコロニアリズム**と結びつき、一九九〇年代中頃に日本を含むグローバルな地域に拡大したポストマルクス主義的批判理論を指している。

それは、伝統的な「文学」という領域を映画やテレビ、音楽などの「文化」へと拡大する人文学自体の変容に対応していた。また、同時に欧米の人文学の「西洋」「白人」「男性」そして「ブルジョワ」中心主義を捉え直すとともに、文化と経済、社会、そして政治の関係を新たに問題化するプロジェクトだった。メディアはなかでも中心的な研究対象であり続けたのである。

しかし、英国のバーミンガム学派をその中心とする狭義の「カルチュラル・スタディーズ」は、メデ

ィア環境の変容とグローバル化、そして領域横断的な学問として発展してきた「カルチュラル・スタディーズ」自体が制度化される中で、メディア論における位置づけを大きく変えつつある。ここでは、今日的な視点から見たカルチュラル・スタディーズとメディア論の関係とその可能性を素描してみたい。

レイモンド・ウィリアムズ——カルチュラル・スタディーズの先駆者

レイモンド・ウィリアムズ（1921–1988）自身は、自らの仕事をカルチュラル・スタディーズと位置付けたことはないが、E・P・トムソンやリチャード・ホガートと並んではっきりと英国のカルチュラル・スタディーズの理論的土壌を形成した重要な思想家である。『文化と社会——1780–1950』などの著作によって日本では主として英文学の文脈で紹介されることの多いウィリアムズは、「文化主義」と呼ばれる批判的マルクス主義の系譜にあるメディア批評家でもあった。伝統的な人文学の中では周縁化されてきたテレビやラジオのような大衆文化の分析を通じて、労働者階級における文化の社会的・政治的意味をウィリアムズは見出そうとしたのである。

なかでもメディア論の中でもいまだに重要な著作として参照されるのは、一九七三年に発表した『**テレビジョン——テクノロジーと文化の形成**』である。この本は、テレビというメディアの装置を、技術や制度、そして社会の文脈の中に位置付けた上で、テレビというメディア装置の特徴を描きだそうとしたものだった（ウィリアムズ 2020［1974］）。

ここでウィリアムズが、テレビ放送の決定的な特徴として見出すのは、「**フロー**」である。ウィリアムズによれば人々は「放送以前には個別イベントを別個に体験していた」。読書であれ、映画や演劇であれ、全ての文化的なイベントはそれぞれ独立しており、一時的な経験だった。それに対して、自宅でテレビを見るという経験は、シーケンスのある一つの番組表の中にそれぞれ独立した内容からなるあらゆる種類の番組を収め、私たちの生活全体の日常生活の編成全体を変容させてしまったというのだ。

ここでウィリアムズが焦点を当てているのは、メディアの形式や流通が番組内容や視聴者の受容や生活、そして社会全般に与える影響である。クリスチャン・フックスは、こうしたウィリアムズの議論をデジタルメディア時代の資本主義の変容の議論を念頭におきながら「コミュニケーション的唯物論」(Fuchs 2017) と呼んでいる。テレビをめぐる社会事象の複雑な関係を過度な単純化を避けつつ描き出した本書は、同時代の「効果理論」やマクルーハンの技術決定論的なメディア理論に対する批判として書かれたものだが、今日的視点から読み直すとむしろプラットフォーム理論の先駆的なものとして読むことができる［↓2-2 マクルーハンとトロント学派、1-7 プラットフォーム］。

ホールの「コード化と脱コード化」——カルチュラル・スタディーズと情報理論の交差点

メディア・オーディエンス研究の理論的な出発点として知られるスチュアート・ホールの「**コード化（エンコーディング）／脱コード化（デコーディング）**」(Hall 1973) の議論も同様にデジタルメディアの環境

において再び読み直すことができるだろう。

一般に「コード化／脱コード化」の議論は、ロラン・バルトやウンベルト・エーコの記号論と西洋マルクス主義、特にアントニオ・グラムシのヘゲモニー論のテレビ分析への応用だと理解されている。情報送信者のコード化と同じように受信者の脱コード化の過程を、受動的なものではなく能動的、そして生産的な過程として捉え直すことで、メディアの生産手段を所有することのない人々の「抵抗」の契機としてメディア視聴を政治的な可能性を見出したというのである。後に「記号論的民主主義」(Fisk 1987)と呼ばれる「読み」の多様性を強調したこのオーディエンス論は、メディア研究におけるカルチュラル・スタディーズの一つの理論的源泉だった。

けれども、あらためて当時ホールが示した図**【図1】**を見ると、「コード化／脱コード化」が単に記号論的な「意味するもの／意味されるもの」の生産の議論にとどまっていなかったことがわかる。

すでに多くの人が指摘しているように、そもそもこの「コード化／脱コード化」モデルは、後のコンピュータやインターネットなどの情報通信技術の発展に大きな影響を与えた**シャノン＝ウィーバーのコミュニケーション・モデル**に依拠している(Murdock 2017)。ホールの議論は、コード化と脱コード化の間に生じる変化を機械的な「ノイズ」ではなく、「知識の枠組み」「生産関係」そして「技術的インフラストラクチャー」から説明することでテレビにおける「読み」の多様性を説明したものだった。

デジタルメディアの環境下では、メッセージの送信者と受信者、生産者と消費者の区分がますます曖昧になっている。と同時に、その黎明期には透明で均質、双方向型で民主的として夢想されたデジタル

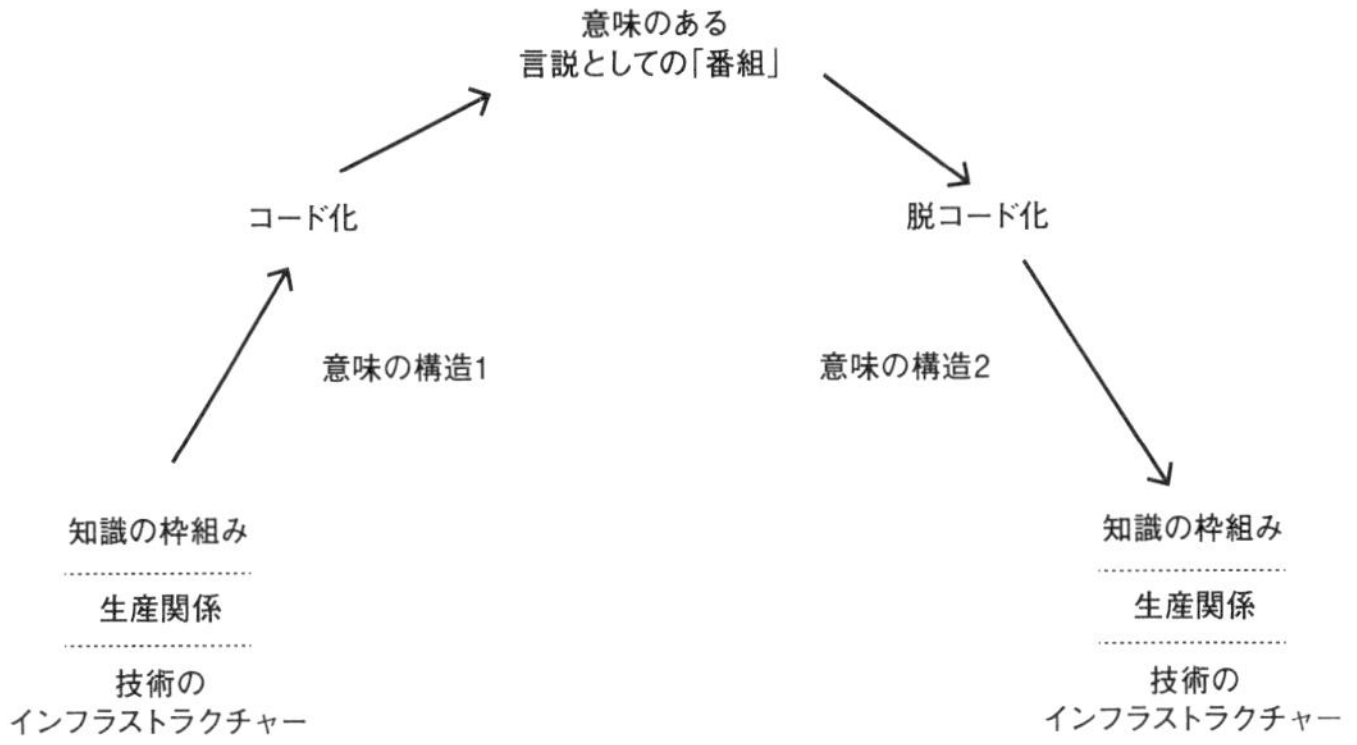

図1 スチュアート・ホールの「コード化／脱コード化」モデル（Hall 1973）、筆者による和訳

メディアのコミュニケーションが、実際には不透明で非均質、不均衡でさまざまな政治的な問題を孕んでいることが今でははっきりとしている。ホールの「コード化／脱コード化」モデルは、現在のデジタル・メディア環境においてむしろ新たに解読《デコード》する必要があるようだ。

オーディエンス理論の展開

ホールの「コード化／脱コード化」理論は、その後エスノグラフィを積極的に活用した**オーディエンス研究**、具体的には**デヴィッド・モーレー**の『〈全国民的な〉オーディエンス――構造と脱コード化（The 'Nationwide' Audience: Structure and Decoding)』（一九八〇年）や**イエン・アング**『〈ダラス〉を観る――ソープオペラとメロドラマ的想像力（Watching Dallas: Soap Opera and the Melodramatic Imagination)』（一九八五年）などの実証研究に引き継がれることになる。

その一方で、オーディエンス研究の「オーディエンス」はその当初から問題含みの概念として批判的に扱われた。「オーディエンス」という存在は、そもそも実在する対象ではなく、メディアや広告産業、あるいはメディア研究の制度の中にのみに存在する想像上のフィクショナルな存在にすぎないとされたからである（Hartley 1987）。人は、オーディエンスとして生活しているわけではなく、メディアと接触する時にのみオーディエンスとして扱われるのだ。

こうしたオーディエンス概念に対する批判は、人のメディア接触をより広範な空間や社会の実践の中で文脈化していくことを要請した。アングは、それをオーディエンス研究における「ラディカルな文脈化」と呼び、人を「オーディエンス」に抽象化することなく、人を取り巻く生活や社会、そしてその権力関係の中でメディア受容の実践を捉えなおそうとした。オーディエンスという概念は、一九八〇年代を通じて徹底的に解体され、オーディエンス研究はより文化人類学的な民族誌と融合していったのである（Ang 1996）。

メディアから身体、空間へ――社会学、地理学、カルチュラル・スタディーズ

メディア環境が大きく変容するインターネットの普及や携帯端末の浸透、ビル壁面の巨大スクリーンに代表されるメディアの都市空間への遍在は、ラジオやテレビを中心としたメディア接触のあり方を徹

底的に変容させた［↓3-11インターネット・メディア、3-12モバイル・メディア］。カルチュラル・スタディーズのオーディエンス研究の多くは、一九九〇年代に入ると身体や都市空間へと関心を移すようになる。

これに並行するかのように、イギリスでは社会学や地理学、文化人類学などの隣接領域もまた積極的にカルチュラル・スタディーズと交錯しながらメディア研究の成果を積極的に取り込むようになった。

スコット・ラッシュやジョン・アーリ、マイク・フェザーストーンたちは、『Theory, Culture and Society（TCS）』誌を中心に、グローバリゼーションとモビリティ、身体、そして再帰性をキーワードとして、メディア技術が発達、社会に浸透したポストモダン社会の理論化を進めた。また**デヴィッド・ハーヴェイ**のような地理学者たちは、ポストフォーディズム的な生産様式の浸透による「時間＝空間の圧縮」（ハーヴェイ 1999［1989］）をポストモダンの条件として描き出した。

こうした論者たちの議論の力点には差異はあるが、いずれも一九七〇年代から一九八〇年代にかけて資本主義が決定的に変容したことを認識していた。そして、この時期主として哲学や思想、人文学で生まれた**ポストモダン**的な理論、とりわけ**フーコー**や**ドゥルーズ＝ガタリ**などのフランスの**ポスト構造主義**思想の成果を積極的に社会科学的な分析に応用しようとしたのである。こうしたポストモダン的社会学や地理学は、カルチュラル・スタディーズやメディア研究と時に交差し、時に緊張関係を保ちながら独自のメディア論を発展させた。

メディア論におけるカルチュラル・スタディーズ的介入

カルチュラル・スタディーズ、そしてそれに隣接したポストコロニアリズムの発展は、とりわけアメリカの人文学、社会学、文化人類学、そして地域研究の変容と再編に関わっている。高等教育のグローバル化とともに、地域研究の中に欧米の批判理論が導入される一方で、西洋中心主義だった人文学に非西洋の理論と実践が介入するようになる。メディア研究という領域は、伝統的な文学に代わって映画研究やテレビやラジオ研究、さらにはポピュラー音楽、デジタルメディア、ゲームやソーシャルメディアがアカデミックな研究対象になるにしたがって急速に拡大しつつある[↓1-3遊び/ゲーム]。

地域研究、特に日本研究においては、メディア研究が、アニメやゲームからデジタルメディア、VR、ARなど広範囲な領域を扱う新しいディシプリンとして急速に拡大している。このことは、新しいデジタルメディアの生産や消費、あるいは技術的革新も中心がグローバル化、分散化するとともに、非西洋、とりわけアジア（中国、インド、韓国、そして日本）がその重要な地域となっていることにも影響されている。

それにもかかわらず、たとえば本書の構成を見るとわかるとおり、メディア研究の理論の生産は依然として欧米圏に集中している。その研究対象の多くは西洋先進国であり、非西洋の地域はあくまでも事例研究に留まっているのだ。**酒井直樹**が問題化した、普遍性と特殊性、理論と応用をめぐる西洋と非西洋の不均衡（酒井 2015/1996）は、メディア論においてはいまだに解決していない。

アニ・マイトラと**レイ・チョウ**は、デジタルメディアが本質的に国境を超えてグローバルに展開しているにもかかわらず、アジアにおけるメディア論がしばしばナショナルな境界によってその特殊性によって規定されていることを批判的に検討している（Maitra & Chow 2016）。二人は、非西洋のメディア研究が、常に〈in〉という地理的制約を示す前置詞によって限定的に扱われ、あたかもその地域の中に均質な実体としてメディア環境と理論が限定されてしまうことを問題化しているのだ。

カルチュラル・スタディーズは、あらゆるディシプリンの知識の生産に関する権力関係を批判的に分析する一種の「反-ディシプリン」として発展してきた。メディア研究も例外ではない。とりわけアメリカ型のインターネットのインフラストラクチャーのオルタナティヴとして中国のデジタルメディア環境が経済的にも政治的にも力を増しつつある中、私たちが現在普遍的な理論として扱っている欧米の（しばしば、白人・男性・ブルジョワ中心的な）「偏狭な」メディア論を批判的に検討することは、今もっとも必要とされているカルチュラル・スタディーズ的な試みかもしれない［↓1-10 ポストヒューマン、2-5 ジェンダーとメディア］。

（毛利嘉孝）

参考文献

- ウィリアムス、レイモンド（2020［1974］）『テレビジョン――テクノロジーと文化の形成』木村茂雄・山田雄三訳、ミネルヴァ書房
- 酒井直樹（2015／1996）『死産される日本語・日本

人――「日本」の歴史－地政的配置』、講談社学術文庫
- ハーヴェイ、デヴィッド（１９９９［１９８９］）『ポストモダニティの条件〈社会学の思想３〉』吉原直樹監訳、青木書店
- Ang, Ien (1996) *Living Room Wars: Rethinking Media Audiences for a Postmodern World*, Routledge.
- Fisk, John (1987) *Television Culture*, Routledge.
- Fuchs, Christian (2017) "Raymond Williams' Communicative Materialism," *European Journal of Cultural Studies* vol. 20, no. 6, pp. 744–762.
- Hall, Stuart (1973) "Encoding and Decoding in the Television Discourse" Paper for Council of Europe Colloquy on "Training in the Critical Reading of Television Language", Centre for Contemporary Cultural Studies, University of Birmingham. https://www.birmingham.ac.uk/Documents/college-artslaw/history/cccs/stencilled-occasional-papers/1to8and11to24and38to48/SOP07.pdf（２０２０年11月22日アクセス）
- Hartley, John (1987) "Invisible fictions: Television Audiences, Paedocracy, Pleasure," *Textual Practice* vol. 1, no. 2 , pp. 121–138.
- Maitra, Ani and Rey Chow (2016), "What's 'In'? Disaggregating Asia through New Media" *Routledge Handbook of New Media in Asia*, Larissa Hjorth and Olivia Khoo eds., pp. 17–27.
- Murdock, Graham (2017) "Encoding and Decoding," *International Encyclopedia of Media Effects*, Wiley Blackwell. https://onlinelibrary.wiley.com/doi/epdf/10.1002/9781118783764.wbieme0113（２０２０年11月22日アクセス）

第2部｜5　Gender and Media

ジェンダーとメディア

キーワード　KEYWORD

第二波フェミニズム、アーヴィング・ゴッフマン、ジェンダー・ディスプレイ、ローラ・マルヴィ、男の視線、アンジェラ・マクロビー、快楽、ジャニス・ラドウェイ、ポストフェミニズム、デジタルで親密な公共圏

ジェンダーとメディアという研究領域がある。ジェンダーの視点からのメディア研究であり、**ジェンダー分析**に焦点をおいたものである。それは性に関する不均衡な関係ゆえに生じ、社会において構造化されている支配と抑圧を論じるための視点であり、このような視点による分析、すなわちジェンダー分析は、性的支配・抑圧のない社会を構想し、その実現のための知見を生み出し、現状に介入するというフェミニズムの実践を伴う。そのためフェミニスト・メディア・スタディーズとも呼ばれる。

成立の背景には、**第二波フェミニズム**の影響の下、大学において女性学が制度化され様々な学問分野においてジェンダーに関する研究が行われるようになったこと、またメディア業界で働く女性たちや女性運動によるメディアの変革のための取り組みがある。学術的な研究が本格化した一九七〇年代から現在に至るまで世界各地で膨大な研究がなされてきた。その間、ジェンダーやフェミニズムに関する理解や研究のアプローチは多様化し、また近年ジェンダーとメディアを取り巻く社会状況が複雑化する中で

新しい研究も生まれている。

以下では、ジェンダーとメディア研究の過去半世紀に渡る展開を概観する。学際性に富み、多種多様な研究から成るこの領域の全てを網羅することはできないが、主だった議論を整理し、その系譜を辿ってみたい。

テクスト－オーディエンス－プロダクション

ジェンダーとメディア研究では、メディアをテクスト（表象）、オーディエンス（視聴者・読者などメディア・メッセージの受け手）、プロダクション（メディア・メッセージの送り手、コンテンツを作る側）という、いずれも性に関する実践と過程を含み、相互に関連する三つの水準から捉えてきた。

最も研究が多いのがテクストの研究である。初期の代表的な研究に社会学者**アーヴィング・ゴッフマン**（1922–1982）や**ゲイ・タックマン**の研究がある。ゴッフマンは「**ジェンダー・ディスプレイ**」「**フェミニン・タッチ**」といった概念を使って広告の中に見られる性差のパターンを特定し、それが性役割や男性優位と相関関係にあるとした（Goffman 1979/1976）。タックマンはメディアにおける女性の**象徴的抹消**・矮小化・非難を理論的・実証的に検討した（Tuchman 1978）。人文学では**ローラ・マルヴィ**が精神分析の枠組みを援用し、映画における女性像の構成を家父長制と結びつけて論じた。女性が（異性愛的な）「**男の視線**（male gaze）」によって性的欲望の対象とされているという主張には大きな反響があった（マルヴィ 1998［1975］）。このように初期の研究の多くは女性像の検討が中心であったが、次第に性別カテゴリーに沿ったイメージだけでなく男性性や女性性、多様で曖昧なセクシュアリティ等も論じられていく。

他方でプロダクションの研究はメディア制作の現場、メディア組織における女性の少なさや制作に携わる人々のジェンダー意識、男性優位の組織文化等の問題を扱ってきた。オーディエンスの研究は様々なコンテンツの視聴者や読者などメディア・メッセージの受け手を対象にメディア読解の実践や過程、経験等を論じてきた。例えばテクストがオーディエンスに与える心理的影響（痩身の女性像と摂食障害との関係等）、テクストの多様な読解等である。またジン、ブログ等のフェミニスト・メディアやフェミニスト・メディア・アクティヴィズムの研究もある［↓3－2 出版メディア］。

ポピュラー・カルチャーの研究も多い。**カルチュラル・スタディーズ**（CS）がポピュラー・カルチャーに学術的意義を見出したことは知られるが［↓2－4 カルチュラル・スタディーズとメディア論］、その先駆的な研究の中にジェンダーに関するものがある。例えば**アンジェラ・マクロビー**は少女雑誌における女性性の構成について意味論的な分析を行い、恋愛やファッション、美容などの私的な事柄に女性を囲むイデオロギーの存在を指摘した（McRobbie 1978）。オーディエンス研究に「**快楽**（pleasure）」の概念を導入したことで知られる**ジャニス・ラドウェイ**の研究は、私的領域において家事労働に従事する女性の恋愛小説の愛読が、同領域での余暇としての楽しみや力強いヒロイン像への熱狂的支持、家父長制的な結婚において求められる妻・母親役割からの一時的な逃避といった特徴を持つことを明らかにした（Radway 1991/1984）。

多様なアプローチと自己批判

このようにみると体系的にまとめられた一貫性のある領域のようだが、実際は異種混合である。第一に、研究の範囲や対象に偏りやばらつきがある。テクストの研究に比べるとプロダクションやオーディエンスの研究は少ない。デジタルメディアの研究も始まったばかりである。第二に、方法論的な違いがある。テクストの研究といっても社会科学的な量的内容分析もあれば意味論、記号論、言説分析等の質的・言語学的な手法もある。オーディエンスやプロダクションの研究においてもサーベイ、インタビュー、参与観察等、様々な手法が用いられている。第三に、認識論的アプローチも様々である。**リベラル・フェミニズム**、**マルクス主義フェミニズム**、**ラディカル・フェミニズム**といったフェミニスト的見地による違いは、性役割批判に基づいた女性描写批判、社会におけるイデオロギー装置としてのメディアにおける性別分業の表象やメディア制作における性別分業に対する批判、あるいは家父長制や性暴力、性の商品化といった視点からのポルノ等にみられる女性の性的モノ化に対する批判等、異なる主張をもたらしてきた（ファン－ゾーネン 1995[1991]）。また**ブラック・フェミニズム**、**ポストモダン・フェミニズム**、**クィア・フェミニズム**は「女性」や「女性の抑圧」の経験の多様性を指摘し、第二波フェミニズムにおける白人優位性や異性愛主義等を批判した。これはメディアを（異性愛・シスジェンダーの）「女」（あるいは「男」）といった性別カテゴリーではなく、ジェンダー、セクシュアリティ、クィア、インターセクショナリティといった性に関する関係性や相互作用、複数カテゴリーの交差性といった視点から論じる志向をもたらした。

他にも重要な認識論的転回がある。まずメディアを「現実」の反映として捉える認識に対する批判である。初期の研究では「歪んだ」女性像の構成がしばしば問題とされたが、「女性」といっても様々であり、また何らかの「正しい」ないし「望ましい」表象が前提とされていることも問題視された。ポスト構造主義による絶対的かつ唯一の真理の否定により、研究者がある表象を批判し、修正を迫ることが特定の表現の押し付けや排除にもなりうること、またそうした批判を行う研究者の特権的位置も批判されたが、これにより「現実」に即した表象というより、より多様な表象を求めるようになった。

その他、近年は**ポストヒューマン**や**新しい唯物論**的アプローチを取り入れた研究も登場しているが、日本ではまだ少ない［↓1-10ポストヒューマン］。

デジタル化とポストフェミニズム

内的差異に特徴付けられたジェンダーとメディアの研究は二〇世紀終わりから二一世紀初頭にかけて様々な研究を世界各地で生み出してきた。日本でも一九八〇年代以降、多くの研究が行われ、メディアを特徴づける性差や性差別、性規範の問題が繰り返し指摘されてきた（天野他 2009）。こうした伝統は今日に継承されているが、新たな社会状況——特にデジタル化と**ポストフェミニズム**——に即した新しい研究のニーズが高まっている。

Web 2.0 以降のSNSをはじめとするデジタルメディアは社会で周縁化されてきた女性や性的マイノリティが情報発信し、共通の関心に基づき他者と親密な関係・コミュニティを作り、性暴力など公になりにくかった私的な問題を訴え、時には #MeToo のような大きな運動を展開することを可能にした［↓1-8 政治とメディア］。**「デジタルで親密な公共圏」**（Dobson et al. 2018）には規範的な女性性や異性愛主義への抵抗、新たな世論形成等、ジェンダー変容の可能性がみられるが、様々な問題も指摘されている。オンライン・ミソジニー、サイバーストーキング、自画撮り被害、怒りなどの感情による分断、還元主義的な言説、格差の再生産、女性身体の商品化や女性の自己性化・自己モノ化等である。

このような両義性はポストフェミニズムと関係する。それは第二波フェミニズム以降、新自由主義と関連しながら生まれたジェンダーに関する新しい「感性（sensibility）」であり、フェミニズムやメディア文化における矛盾や曖昧性、規範的な女性性の再定義を特徴づけている（Gill 2007）。例えば近年の「美しくて力強い」女性像には女性の自己決定やエンパワーメントといったフェミニズムの主張と女性に身体美を求める規範の両方が含まれる。また「若くて細くて美しい」女性身体の価値の高まりや女性の性的主体化＝従属化は日常的な実践にも広がりつつある。自発的に行っているようにみえる実践が規範を介した自己監視・管理・規律となっていることに改めて警鐘が鳴らされている。

以上、駆け足で半世紀に渡るジェンダーとメディア研究の主要な議論を振り返った。旧来の、また新たな問題の存在は今後もしばらくはジェンダーとメディアという問題設定が必要であることを意味する。

（田中洋美）

参考文献

- 天野正子、伊藤公雄、伊藤るり、井上輝子、上野千鶴子、江原由美子、大沢真理、加納実紀代編（２００９）『新編　日本のフェミニズム７　表現とメディア』岩波書店
- ファン－ゾーネン、リスベット（１９９５［１９９１］）「メディアに対するフェミニズムの視点」平林紀子訳、Ｊ・カラン、Ｍ・グレヴィッチ編『マスメディアと社会――新たな理論的潮流』勁草書房、31－76頁
- マルヴィ、ローラ（１９９８［１９７５］）「視覚的快楽と物語映画」斉藤綾子訳、岩本憲児・武田潔・斉藤綾子編『「新」映画理論集成１――歴史／人種／ジェンダー』フィルムアート社、126－139頁
- Dobson, Amy S., Brady Robards, and Nicholas Carah, eds. (2018) *Digital Intimate Publics and Social Media*, Palgrave.
- Gill, Rosalind (2007) "Postfeminist Media Culture: Elements of a Sensibility," *European Journal of Cultural Studies* vol.10, no.2, pp. 147–166.
- Goffman, Erving (1979/1976) *Gender Advertisements*, Macmillan.
- McRobbie, Angela (1978) *Jackie: An Ideology of Adolescent Femininity*, CCCS Stenciled Occasional Paper, Women Series: SP No. 53 (April 1978), University of Birmingham.
- Radway, Janice A. (1991/1984) *Reading the Romance: Women, Patriarchy, and Popular Literature*, New edition, University of North Caroline Press.
- Tuchman, Gaye (1978) "Introduction: The Symbolic Annihilation of Women by the Mass Media," *Hearth & Home: Images of Women in the Mass Media*, eds. Gaye Tuckman, Arlene Kaplan Daniels, James Benét, Oxford University Press, pp. 3-38.

第2部 6 Postmedia

ポストメディア

キーワード KEYWORD

ジャン・ボードリヤール、フリードリヒ・キットラー、ペーター・ヴァイベル、レフ・マノヴィッチ、ロザリンド・クラウス、クレメント・グリーンバーグ、メディウム固有性、フェリックス・ガタリ、ミニテル、自由ラジオ

要するに、メディアはメッセージだ、というのはメッセージの終りだけを意味するのではなく、メディアの終りをも意味する。文字通りのメディアなるものはもはや存在しない（私は特に大衆《マス》のエレクトロニクス・メディアに注目しているのだが）――つまりある現実ともうひとつの現実、ある実在する状態ともうひとつの実在する状態とを媒介する力のある機関はもう存在しないのだ（ボードリヤール 1984[1981], 108）。

情報とチャンネルをことごとくデジタル化してしまえば、個々のメディアの差異は消滅していく。[……] コンピューターそのもののなかでは一切が数字だ。一切が量だ。映像も、音響も、言葉もない。逆にいうと、グラスファイバー・ケーブルによるネットワーク化によって、これまでは分離されていたすべての情報の流れがデジタル的に統一された数値の羅列になってしま

えば、どんなメディアも任意の別のメディアに化けることができる。[……]そうしたものによってデジタルベースでの完璧なメディア統合が達成されてしまえば、メディアという概念すら不要になることは目に見えている(キットラー 2006[1986], 18–19)。

冒頭に挙げたのは、ポストモダニズムやポスト構造主義の時代のメディア思想を代表する二人の思想家、**ジャン・ボードリヤール**(1929–2007)と**フリードリヒ・キットラー**(1943–2011)からの引用である。それぞれ異なる文脈においてであるが、二人ともそろって自らの立論の帰結としてメディアというものが終焉を迎えること、あるいはメディアという概念すら無用になることを主張している。ボードリヤールは彼のシミュラークル理論の文脈でマクルーハンの有名なテーゼ「メディアはメッセージである」([↓2-2マクルーハンとトロント学派])を参照し、現実をシミュレートするイメージがマスメディアに遍在し、現実とイメージの区別すら消失するシミュラークルという様態にまで達したときには、現実とイメージをつなぐメディアの媒介作用そのものが消失してしまう、と論じた。それに対してキットラーは、映像、音、テクストがすべてデジタルデータとしてコンピュータ上で一元的に処理可能になると、蓄音機、映画、タイプライターといったそれぞれのメディアの固有性は失われると論じた[↓2-3ドイツのメディア哲学]。

このようにコミュニケーション・メディアの社会への遍在や、個別のメディアのデジタル技術による融合が進行した結果、メディア(という概念)がかえって消尽してしまう状況を指して、今日では「**ポストメディア**」という概念が用いられることがある。例えばアーティスト、メディア理論家の**ペータ**

ー・ヴァイベルと**メディア理論家**の**レフ・マノヴィッチ**はともに、直接参照していないもののキットラーの立論の延長上で「ポストメディア」概念を提起している。

ヴァイベルによれば、普遍機械としてのコンピュータが文学、建築、美術、音楽といったあらゆる芸術ジャンルが使用するメディウムをシミュレートできるようになると、すべての芸術メディウムは等価となり、アリストテレスにおけるテクネー（技術）に対するエピステーメー（知識）の優位にまでさかのぼるメディウム間のヒエラルキーと技術的メディウムの蔑視――絵画に対する詩の優位、写真に対する絵画の優位、現代芸術におけるメディア・アートの低い地位など――は解消する。さらに、このように各メディウムが等価になった「ポストメディア状況」においては、各芸術ジャンルはそれぞれのメディウムに固有の表現を追求しなくなり、絵画が写真を模倣し（スーパーリアリズム）、TVモニターが彫刻になる（ナムジュン・パイク）といったメディウム間の混交はますます進行していく、と論じた（Weibel 2006）［→2‐7アートとメディア］。

マノヴィッチもまた、デジタル技術があらゆる芸術表現上のメディウムを一元的に扱うようになった結果、絵画、彫刻、映画といったメディウムによって芸術ジャンルを分類することが無意味になってしまった、という主張をヴァイベルと共有している。こうした状況に呼応して彼が提起するのが「ポストメディアの美学」である。この新しい美学は、メディウム概念に換えて、「**文化的ソフトウェア**（cultural software）」や「**情報行動**（information behavior）」といったコンピュータとネットワークの時代にふさわしい概念を基礎に据える。これらの新しい概念は作家の意図よりもユーザーの経験に焦点をあわせ、作品がどのように情報を組織しユーザーの経験を構造化しているかを記述する。こうした概念は過去の芸術の系譜にも遡行的に適応可能であるという。例えばジオットによる遠近法的表現やエイゼンシュテインのモンタージュが空間と時間をどのように組織しているかを見ることで、二人を重要な「情報デザイナー」として位置づけなおすことが可能になる（Manovich 2000）[→1-4 ニューメディア／ソフトウェア]。

ロザリンド・クラウス――ポストメディウム状況への抵抗

ポストメディア／ポストメディウムをめぐる近年の言説のなかでも、とりわけ入念な理論化の作業を行ったのは美術批評家の**ロザリンド・クラウス**である。とはいえ彼女のポストメディウム理論――クラウスはもっぱら単数形の「ポストメディウム」を用いる――は、マノヴィッチやヴァイベルと共通する部分はあるものの、デジタル技術とともに到来した状況を念頭において展開されているわけではない。彼女によればポストメディウム的状況とは、一九七〇年代以降のインスタレーション・アートの流行に代表されるような、様々なメディウムの領域横断的な使用が作品制作における所与となった状況を指す。すなわち、絵画にとってのキャンバスや絵の具、彫刻にとっての石材や木材といったように、芸術表現がそのジャンルに固有のメディウム（素材）には還元できなくなった状況を指して、クラウスはポストメディウムという概念を用いているのである。

こうしたクラウスのポストメディウム理論の背景には、モダニズムの時代を代表する美術批評家**クレ**

メント・グリーンバーグ（1909–1994）による「**メディウム固有性**」をめぐる議論がある。グリーンバーグは、諸芸術ジャンルにおけるモダニズムの運動を支える理念として「メディウム固有性」概念を提唱した。彼は「モダニズムの絵画」（グリーンバーグ 2005［1960］）などの一連の批評において、モダニズムの運動を、諸芸術が自己批判によって表現を純粋化していく過程として捉え、それにあたっては諸芸術における表現は、そのジャンルが使用するメディウムに固有なものへと必然的に限定されていくと主張したのである。このような彼の理論は、三次元的な奥行き空間のイリュージョンよりもキャンバスの平面性を強調するモダニズム絵画の動向、とりわけジャクソン・ポロックなどに代表される抽象表現主義を、同時代において理論的に後押しすることになった。

ところが、メディウムへの純化によってモダニズムの展開を説明するグリーンバーグの理論は、複数のメディウムの横断的な使用が所与となったインスタレーション・アート以降の芸術表現に対する説明能力を持たない。クラウスの一連の議論は、こうしたポストメディウム状況のもとで批評的概念としての「メディウム固有性」を延命させることに向けられている。そのためにクラウスは、グリーンバーグによるメディウムの規定を拡張し、必ずしもジャンルの物理的基盤には還元されない「**技術的支持体**（technical support）」として再定義する。そして、一定の技術的支持体が可能にする表現を「**約束事**（convention）」へと練りあげることとして、メディウム固有性の追求というグリーンバーグによるモダニズムの理念を位置づけなおすのである。

このようなメディウム固有性の拡張的再定義について論じるにあたってクラウスが好んで取り上げる

作家の一人に、スライド映写機を用いた作品で知られる**ジェイムズ・コールマン**がいる。彼の作品群においては、スライド映写機からある種の演劇的なシーンを撮影した一連の映像が映し出されるが、それはフォトノベルと呼ばれるジャンルの表現形式を借用したものであるという。クラウスによれば、コールマンの手法は、スライド映写機というかつては商業的なプレゼンテーションや街頭広告などにも使用されていた技術的支持体を芸術表現のためのメディウムとして用い、このメディウム固有の表現を一定の約束事へと練り上げている。クラウスは、このような意味でのメディウム固有性を追求している一連の作家たちを、ポストメディウム的状況に抗する「**メディウムの騎士たち**」と呼んで称揚した（クラウス 2014[1999]; Krauss 2011 など）。

フェリックス・ガタリ——ポストメディア時代の分子的実践

さて、こうした二〇〇〇年代以降に主にアートの文脈で議論されてきたポストメディア/ポストメディウム概念とは異なる系譜として、フランスの精神医学者・哲学者**フェリックス・ガタリ**（1930–1992）が晩年になっていくつかの短いエッセイで提起したポストメディア概念がある。いずれのテクストにおいてもポストメディア概念への言及は断片的なものにとどまっているが、骨子としては、新しい情報コミュニケーション技術がこれまでは分断されていた「オルタナティヴな分子的実践」の連結を可能にし、マスメディアの権力に抵抗する手立てを与える、という主張である。ガタリにおけるポストメディア概念は、ほぼポスト＝マスメディアという意味で用いられていると言ってよい。

こうしたガタリの着想の背景には、同時代のフランスにおいて幅広く普及していた情報端末**ミニテル**の存在があった。ミニテルは電話回線網を用いて端末から電話番号検索、チケットの予約、チャットなどを利用できるサービスであり、インターネット以前の家庭用情報通信サービスの成功例として知られている。また、ポストメディア時代における「オルタナティヴな分子的実践」のもうひとつの着想源として、ガタリ自身も関わっていた一九七〇年代の**自由ラジオ運動**があった。自由ラジオとは、一九七〇年代頃にヨーロッパやアメリカで幅広く見られた活動であり、多くの場合非公認の周波数帯域を利用した小規模のゲリラ的なラジオ放送のことを指す。ラジオは七〇年代の段階で、資本や権力を持たない少数者が自主的に発信可能な、小型かつ安価な技術的手段を提供していた。

いずれにせよガタリによるポストメディア時代の構想は、今から振り返ればユートピア的で楽観主義的なヴィジョンにも映るだろう。しかしながら、おそらくその背面にはメディア技術によってますます生活のすみずみにまで浸透する権力作用への洞察がある。ガタリがポストメディア論を構想していたのと同じ時期に盟友**ジル・ドゥルーズ**は「追伸——管理社会について」（ドゥルーズ 2007［1990］）において、情報技術による制御の結果、個人（individuel）が「分人（dividuel）」と化すコントロール（管理／制御）社会の到来を告げていた［↓1-9 資本とメディア］。ガタリが構想した「分子的実践」とドゥルーズが予見した「分人」は、ポストメディア時代における主体のあり方（の不可能性）を示すコインの両面であり、両者を突きあわせて読むことで政治的なポストメディア概念をさらに練りあげることができるだろう。

以上、ボードリヤールとキットラーによるポストメディア概念の先取りに始まり、この概念を提起した理論家の系譜を辿ってきた。ポストモダニズムやポスト構造主義の思想を代表する二人がこの概念を予見していたことはおそらく偶然ではない。ポストモダンの思想が近代という時代を問いなおす企図を含んでいたのと同様に、ポストメディア概念は、メディア理論の根幹にあるメディア概念の有効性をあらためて問いなおしているのである。

（門林岳史）

参考文献

- ガタリ、フェリックス（2015［1990］）「ポストメディアの時代に向かって」、『エコゾフィーとは何か――ガタリが遺したもの』杉村昌昭訳、青土社、374-375頁
- キットラー、フリードリヒ（2006［1986］）『グラモフォン・フィルム・タイプライター』（上下巻）、石光泰夫・石光輝子訳、ちくま学芸文庫
- クラウス、ロザリンド（2014［1999］）「メディウムの再発明」星野太訳、『表象』第8号、46-67頁
- グリーンバーグ、クレメント（2005［1969］）「モダニズムの絵画」、『グリーンバーグ批評選集』藤枝晃雄訳、勁草書房、62-76頁
- ドゥルーズ、ジル（2007［1990］）「追伸――管理社会について」、『記号と事件――1972-1990年の対話』宮林寛訳、河出文庫、356-366頁
- ボードリヤール、ジャン（1984［1981］）『シミュラークルとシミュレーション』竹原あき子訳、法政大学出版局
- Krauss, Rosalind E. (2011) *Under Blue Cup*, MIT Press.
- Manovich, Lev (2000) "Post-Media Aesthetics" http://manovich.net/index.php/projects/post-media-aesthetics（2021年1月26日アクセス）
- Weibel, Peter (2006) "The Post-Media Condition," *Postmedia Condition*, ex.cat. Centro Cultural Conde Duque.

第2部 — 7 Art and Media

アートとメディア

キーワード KEYWORD
インターメディア、アート・アンド・テクノロジー、ヤシャ・ライハート、坂根厳夫、フランク・ポペール、ニューメディア・アート、エドワード・A・シャンケン、クリスティアン・ポール、レフ・マノヴィッチ、クレア・ビショップ、ポストインターネット、ナムジュン・パイク、ヒト・シュタイエル

美術史を牽引してきたのは、理論家の著作ではなく、アーティストの実践である。二〇世紀の後半からは、個別の実践と思考を文脈づけて、「展覧会」という形で提示するキュレーターの役割もその重要性を増してきた。例えば、**ペーター・ヴァイベル**は、理論家である以前に前衛的なアーティスト、実験的なキュレーターである［↓2-6 ポストメディア］。ヴァイベルがアーティストのジェフリー・ショーと企画した二〇〇二年の「FUTURE CINEMA」展と約六四〇頁に達するそのカタログは、二一世紀の新しい映画論として参照される文献である。

メディアをめぐるアーティストの実践という観点から美術史を振り返ると、その軌跡が文化芸術の域をはるかに超える射程をもっていることに気づかされる。それは、アートにおけるメディア・テクノロジーの導入が、工学者や科学者、あるいは企業や大学など組織との協業、すなわち異分野との交流を通じて可能になったからである。それゆえに本項目の内容は領域横断的な創造性、そしてその限界や可能

性と深く結ばれている。

アートとテクノロジー

第二次世界大戦後、世界はアメリカを中心とする資本主義陣営と当時のソ連を中心とする共産主義陣営に分かれ、政治経済の面で対立していた。ジャンル分けされていた芸術表現のメディアの間を横断する「**インターメディア**」や芸術と科学技術の対話を試みる「**アート・アンド・テクノロジー**」は、そのような冷戦構造下のアメリカを中心に勃興した芸術運動である。戦争で廃墟化したヨーロッパの代わりに世界の文化芸術の中心となったアメリカは、自らの陣営を象徴する自由民主主義を推進するために、文化芸術を政策的に推進した。そして、科学技術の芸術的な活用は、過去の武力戦争に対する反省と未来における平和的使用の道筋を示すものであった。そのため、これらの運動によって繰り広げられた芸術的な実験は、領域間の垣根を超えた新しい表現の追求という意味にとどまらず、ある種のユートピア思想として理解することができる。七〇年代になるとオイルショックや環境汚染問題によって、この時代における科学技術の進歩に対する期待は根本的な反省を余儀なくされることになるが、いくつかの歴史的な展覧会を通じて原点となる時代精神を顧みることができる。

最初にふれておくべきなのは、一九六八年に開かれた三つの展覧会である。そのうち、ニューヨーク近代美術館の「機械時代の終焉における機械（The Machine as Seen at the End of the Mechanical Age）」展とブルックリン美術館の「Some More Beginnings」展は連携して開催された。これらの展覧会に関わった**E.A.T.**（Experiments in Art and Technology）は、その組織名が示唆するように芸術家と技術者の協働制作を支援していた非営利組織である。そして同年、ロンドンのＩＣＡで開催された「Cybernetic Serendipity」展は、コンピュータと芸術をテーマにする初の大規模な展覧会として知られる。キュレーターの**ヤシャ・ライハート**は、戦争技術の遺産である大型計算機＝コンピュータを芸術創作のために活用した世界各地の実験を網羅し、そこから垣間見える新たな可能性に対する期待を提示した。ライハートによると、芸術作品の制作を専業としない参加者の数が美術家、作曲家、詩人の倍以上を占めており、展示物だけで作者の背景を推測することができなかったそうだ。コンピュータをはじめとする科学技術が社会一般に普及し、アートとテクノロジーの文脈と知識がひとりのアーティストの人格のなかで結びつくようになるまでの数十年間、異分野間の交流という構図は主要なパラダイムとなっていた。このテーマをめぐる国内文献としては、朝日新聞の記者として世界各地の制作と発表の現場を取材し、多数の展覧会企画に手がけた、情報芸術大学院大学（ＩＡＭＡＳ）の名誉学長の**坂根厳夫**の著作を取り上げることができる（坂根 2010）。

一九八三年にパリ市立近代美術館で開催された「Electra」展を企画した**フランク・ポペール**は、ジャン・ボードリヤールやポール・ヴィリリオなど、同時代のフランスの知性とは対照的に、科学技術をポジティブに捉えた学者である。光と運動という要素を持つ作品を中心にする初期研究の延長線上で電気と電子メディアを活用した芸術を分析したポペールは、ほぼ百年に渡る表現の軌跡を芸術のヴァーチャル化だと解釈した。ポペールの研究は、六〇年代に浮上した「**参加**」や「**開かれた作品**」の概念が「**インタラクティビティ**」や「**コミュニケーション**」として発展的に受け継がれたとするなど、美術史的連続性に対する視座を提供してくれる。

デジタル以後の拡張と分断

エドワード・A・シャンケンは、彼が**ニューメディア・アート**と呼ぶ表現の美術史的連続性を究明する研究を発表してきた（Shanken 2009）。その出発点としたのは、例えば、一九七〇年のニューヨークで開かれた「Information」展と「Software」展のように、概念を作品の中心的な構成要素とするコンセプチュアル・アートの文脈から芸術の情報化とシステムの美学を捉えた展覧会である。二〇〇九年に出版されたシャンケンの本と並んで、**クリスティアン・ポール**の『Digital Art』（Paul 2003）はこの分野の代表的な入門書である。ポールはキュレーターとしての知見を活かして、ニューメディアによって浮上した展示企画や作品保存をめぐる課題などのテーマにも取り組んでいる［↓1-4ニューメディア／ソフトウェア、3-7没入メディア］。

名称すら統一されない状況のなかでも、アートとメディアをめぐる動向は、とりわけ九〇年代から二〇〇〇年代まで急速な拡大の様相を呈した。その背後には、冷戦の終焉とインターネットの普及などの世界情勢、そして七〇年代末から八〇年代にヨーロッパを中心に設立されたアート・センターやフェスティバルの地道な努力と実践があった。それらのひとつであるオーストリアの**アルス・エレクトロニカ**の物理的な拠点となるセンターは一九九六年に、ドイツのZKM（Zentrum für Kunst und Medien）はその翌年に開館した。また、同年の一九九七年に開館した東京のNTTインターコミュニケーション・センター（ICC）と二〇〇三年に開館した山口情報芸術センター（YCAM）も、この分野における世界的なプラットフォームとして機能してきた。さらに二〇〇五年には、メディア・アートと科学技術の歴史をテーマにする国際学会MediaArtHistoriesが発足した。その中心メンバーの**オリヴァー・グラウ**が初回の成果をまとめた書籍にヴァイベル、シャンケン、ポールらが寄稿しており、坂根とライハートは学会の名誉委員を務めている（Grau 2007）。

ただ、上記の動向は美術の文脈よりはむしろ教育制度のなかで開花したと指摘することができる。ポールらは、その経緯を次のように説明している。黎明期においてテクノロジーを用いた作品は、美術館よりSIGGRAPHなどの工学系の国際学会で発表される機会が多かった。九〇年代に入って、美術館がメディア・テクノロジーを活用した表現に含まれているメッセージの意義に気づいたが、これらの表現を受け入れるにはまだ作品の権利やコレクションなどをめぐる制度が準備できていなかった。多くのメディア・アーティストは同時期に広がった学際的教育の波に乗って大学などの教育機関で収入を得ることになったが、最先端テクノロジーが生まれるその環境は彼らに絶好の「コンテクスト」となった（Lovejoy, Paul& Vesna 2011）。

一九九六年の当時、**レフ・マノヴィッチ**は「コンピュータ・アートの死（The Death of Computer Art）」

という短いエッセイをオンライン・コミュニティRhizome.orgに投稿して議論を呼び起こした。文中では、上記のニューメディア・アート界が「チューリング・ランド」、現代美術界が「デュシャン・ランド」と呼ばれていた。これは、それぞれのコミュニティのなかでもっとも尊敬される人物、**アラン・チューリング**（1912–1954）と**マルセル・デュシャン**（1887–1968）を取り上げつつ、ディズニーランドをもじった名称である。マノヴィッチは、次の相違点を根拠に両者が決して収斂しないだろうと書いた。それはつまり、前者が技術の新規性と最先端性を志向し、単純な表現と正常に機能するテクノロジーを重視するとすれば、後者は内容と複雑さを重視し、その素材に対してアイロニカルで、自己言及的で、破壊的な態度を取るということである。マノヴィッチは、チューリング・ランドが異分野間の緩衝地帯となる文化的機能を果たしていることは確かなことだとしながらも、そこから生まれるものがデュシャン・ランドに受け入れられることを期待してはいけないとした（Manovich 1996）。

チューリング・ランドとデュシャン・ランドの境界を行き来する立場から両者の断絶を予言したマノヴィッチに対して、デュシャン・ランドの中心からチューリング・ランドに向けて断絶を宣言したのは**クレア・ビショップ**である。彼女が『Artforum』の五〇周年記念号に寄稿した「デジタルという分水嶺」という論考は大きな波紋を起こした。デジタル・テクノロジーが生活一般と同様、芸術の生産、流通、消費に欠かせない現在にも、ニューメディア・アートと呼ばれる表現は特殊な分野として存在しており、主流の現代美術とはほとんど接点を持たないと主張したからだ（ビショップ 2016[2012]）。発表直後から殺到した批判のなかには、インターネット以後の芸術を標榜した二〇一〇年代の**ポストインター**

ネットの動向に深く関わっていた人々の発言が多かった。しかしながら、その反発がビショップの見解や彼女の指摘した状況に影響を及ぼしたとは言いがたい。数ヵ月後、同誌の通信欄に掲載された反論に答える形で、ビショップは次のように釘を刺した。アナログなもの、アーカイヴ的な衝動、時代遅れの技術に対する主流の現代美術界からの関心がなくならない限り、未来の芸術を自負するニューメディア・アートは自らを周辺化するオルタナティブとして残るだろうと。

未来のための提案

主流と非主流を分けて敵対する論争より、境界そのものを無化するアーティストの実践を丁寧にリサーチする方が生産的だと思う。ここでは二人の名前を取り上げておくことにしよう。ひとりは、パイオニアの**ナムジュン・パイク**(1932–2006)。彼は一九六九年に、アートとテクノロジーに含意された真の問題とは、科学を応用したオモチャを作ることではなく、技術をいかに人間化するかであると書いた。パイクを通して、前衛芸術グループのフルクサスのインターメディア的な活動、一九六〇年代に登場して実験映画と接続、交差しながら新しい表現メディアとして定着したヴィデオ・アート、テレビと人工衛星などの放送通信技術の芸術的応用、さらには彼が「エレクトロニック・スーパーハイウェイ」という言葉で予言したインターネット以後の世界に対する展望までを読み取ることができる。そしてもうひとりは、**ヒト・シュタイエル**。日本とドイツで映画を修学し、現代美術の分野でもっとも影響力のある映像作家として知られるものの、国内ではまだ断片的にしか紹介されてこなかった。メディア論の観点からみると、特に彼女が二〇〇七年に発表した「貧しいイメージを擁護する（In Defense of the Poor Image）」が注目に値する。オリジナル対その複製という解像度のヒエラルキーとは別の価値形式として台頭した、速度、強度、拡散で定義される全地球的なイメージの循環構造について考察した論考である（Steyerl 2012）［→3-3 画像メディア］。新自由主義時代における同時代美術の創造と受容の条件と、それに内在する政治・軍事・経済的問題を批判的に捉えてきたシュタイエルの制作と批評活動は、これからも重要な研究対象になるだろう。

（馬定延）

参考文献

- 坂根巌夫（２０１０）『メディア・アート創世記——科学と芸術の出会い』工作舎
- ビショップ、クレア（２０１６［２０１２］）「デジタルという分水嶺」大森俊克訳、『美術手帖』２０１６年11月号、126-141頁
- Grau, Oliver (2007) *MediaArtHistories*, MIT Press.
- London, Barbara (2020) *Video/Art: The First Fifty Years*, Phaidon Press.
- Lovejoy, Margot, Christiane Paul and Victoria Vesna, eds. (2011) *Context Providers: Conditions of Meaning in Media Arts*, Intellect.
- Manovich, Lev (1996) "The Death of Computer Art." https://rhizome.org/community/41703/（２０２０年９月30日アクセス）
- Paul, Christiane (2003) *Digital Art*, Thames & Hudson
- Shanken, Edward A. (2009) *Art and Electronic Media*, Phaidon Press.
- Steyerl, Hito (2012) *The Wretched of the Screen*, Sternberg Press.［本書所収「In Defense of the Poor Image」は未邦訳だが、「アートの政治学——コンテンポラリー・アートとポスト民主主義への変遷」（大森俊克訳、『美術手帖』２０１６年６月号、91-97頁）と「地球のスパムメール——表象からの撤退」

（近藤亮介訳、『美術手帖』２０１５年６月号、46 - 53頁）が翻訳された〕

展覧会カタログ

- Pontus Hulten (1968) *Machine as Seen at the End of the Mechanical Age*, The Museum of Modern Art (https://assets.moma.org/documents/moma_catalogue_2776_300292931.pdf)（２０２０年９月30日アクセス）
- Jasia Reichardt ed. (1968) *Cybernetic Serendipity: The Computer and the Arts*, Studio International (https://cyberneticserendipity.net/)（２０２０年９月30日アクセス）
- Kynaston McShine ed. (1970) *Information*, The Museum of Modern Art (https://assets.moma.org/documents/moma_catalogue_2686_300337616.pdf)（２０２０年９月30日アクセス）
- Karl Katz et al. (1970) *Software - Information Technology: Its New Meaning for Art*, Jewish Museum.
- Jeffrey Shaw and Peter Weibel, eds. (2003) *FUTURE CINEMA: The Cinematic Imagery after Film*, MIT Press.

歴史編

第3部

メディア考古学の実践

メディアについて書き記されてきた言葉は、著名な理論家たちによるテクストだけでなく、無名の人々が積み重ねてきた無数の実践から成立してもいる。メディア考古学は、歴史のなかに蓄積されてきたメディアやテクノロジーをめぐる実践を読み解くアプローチとして、現在の文化や社会の状況を多角的に理解するための助けとなるだろう。

第3部・歴史編は、こうした観点から個別のメディアを横断する実践の数々を18のキーワードに分けて並べている。それぞれの実践を歴史の厚みのうちで捉えなおすとき、メディア（論）の〈いま〉が見えてくる。

第3部—1 複製メディア Reproduction Media

キーワード KEYWORD
ヴァルター・ベンヤミン「複製技術時代の芸術作品」、アウラ、写真・映画、アンドレ・バザン「写真映像の存在論」、聖骸布、ジョナサン・スターン、視聴覚連禱、電話、レコード、自撮り、イメージ人類学

複製（Reproduction）という言葉が、メディア論のうちで重要な概念となる理由は、なによりも**ヴァルター・ベンヤミン**（1892–1940）が一九三〇年代に執筆した論考**「複製技術時代の芸術作品」**に由来する［↓2－1 フランクフルト学派］。ベンヤミンがこの論考で試みたことのひとつは、複製技術とそれが引き起こす人間の知覚の変容に、社会変革に向けた可能性を見出そうとすることであった。オリジナルとなる対象（被写体）を複製可能にした写真は、一九世紀以来、大量に流通することにより、権威的に崇められた芸術作品のオリジナルを受容する一回限りの経験に生じるであろう「**アウラ**」の崩壊を引き起こす。また、その写真を連続的に上映可能にした映画は、クロースアップやスローモーション、編集といった技法を組み合わせることで、これまでに見たこともない世界の姿を私たちの視界へと届けてくれるはずである。

こうした指摘は、現在の私たちの目にどのように映るだろうか。たとえば、複製という言葉から思い出される事例のひとつは、パソコンやスマートフォ

ン上で毎日のようにくりかえす「コピー」&ペーストという作業であるかもしれない。所定の手続きを踏むだけで、選択した画像を文字テクストと同様に一時的に複製可能にする作業は、もはや無意識と言えるほどに日常的な身体動作に染み込んでいる。写真や映画を見る場合も、自分たちで処理しきれない数のデータをコンピュータやオンラインへと託している私たちは、その内容をじっくり眺めるより、自動的に進められる収集や編集といった操作に追われている［↓1-7 プラットフォーム］。こうして複製メディアは、当初に想定された社会を変革するような作用からは遠く離れ、コンピュータを介した平凡かつ合理的な作業のひとつに成り下がったかのようでもある。

では、かつて複製メディアに指摘された可能性も、もはや時代遅れの陳腐なものになってしまったのであろうか。結論を急ぐ前に、以下では複製技術にかんする古典的な議論を参照しつつ、この問題について再考してみたい。

複製メディアの何が画期的であったのか

ベンヤミンの論文と並び、**アンドレ・バザン**（1918–1958）による論考「**写真映像の存在論**」（一九四五年初出）もまた、おなじく写真と映画を対象としながら、その存在論的な性質を論じた古典として知られる。バザンはここで絵画や彫刻などの伝統的な表現メディアに対し、写真の登場が人類史的な視野から画期的なものであると主張した。というのも、写真によって「外部世界のイメージは初めて、人間の創造的介入なしに、動かしがたいプロセスに従って自動的に得られるようになった」からである（バザン 2015[1975], 16）。この名高い指摘とともにバザンが展開した議論は、ときに光の痕跡としての性質を意味する「**インデックス**」概念と組み合わされ、写真の客観性やリアリズムを擁護するものとして理解されることが少なくなかった。

だが、彼の議論を複製メディア論として読み直すとき、絵画や彫刻のような作者の意図が介入しにくい写真の「**自動的生成**」が重視されていたことは、あらためて注目に値する。バザンの関心は、写真のような映像がもたらす客観性以上に、それが機械的に複製されるプロセスへと向けられているようにも思われる。そのことは先の一節とならび、「写真は事物からその写し（＝複製物）へと、実在性が譲り渡されることの恩恵に浴している」との指摘にも窺える。つまり、複製メディアとしての写真の画期性は、写真や映画に写し出された結果よりも、被写体がフィルムへと写し取られる物質的なプロセスにこそ認められるのである。

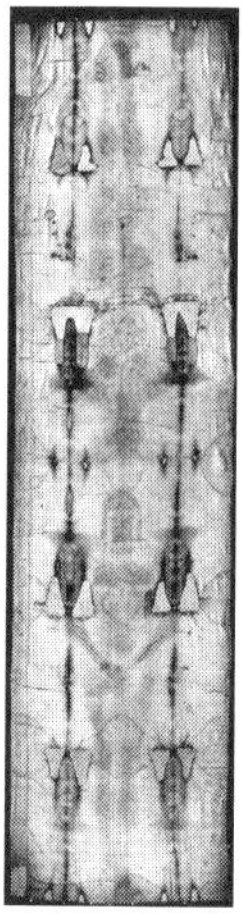

図1 トリノの聖骸布

こうした特性を説明するためにバザンが挙げるのは、これもまた著名な「聖骸布」という事例であった**［図1］**。十字架から降ろされたキリストの身体を包んだ布地に、その全身像が写し出されたとする聖骸布の成り立ちは、その信憑性はさておき、先のような写真のプロセスを図解するうえで最適な事例となるだろう。図像として不鮮明であっても、聖骸布が宗教的な信仰心を集めるという事実が、「表象された対象物の存在を信じないわけにはいかない」という写真の「不合理な力」と重ね合わされるのである。

もちろん、こうしたバザンの主張も、デジタル写真が当然のものとなった現在からみれば説得力を持ちえないのかもしれない。フィルムという支持体から離れた写真は、もはや現実の写しとしての説得力を失うかのように、いくらでも事後的に修正可能なものとなったからである。その一方でカトリシズム神学の影響が指摘されるバザンの議論は、宗教的な慣習や型どりといった素朴な技術へと後退するようであり、さらにベンヤミンと異なり、「複製芸術としての映画が、機械的複製であるからこそ放ち得るアウラを肯定する」ようなところもある（野崎 2015, 52）。では、ここまでに指摘された複製メディアの特性も、現在からみればその神秘的な力に訴えかける懐古的な議論でしかないのだろうか。

複製メディアの技術的作用

やや視点を変えるために、ここまでの視覚技術を中心とした議論をより最近の聴覚文化論、なかでも**ジョナサン・スターン**の著作と比較しつつ再考してみよう。

音声や聴覚に関する複製＝再生産技術の源流を、一九世紀後半の文化や身体との絡み合いのうちにたどるスターンの著作は、その冒頭部分からしばしば視覚と対比される聴覚や音についての通俗的な理解を辛辣に批判する（スターン 2015［2003］）。それは「線状的で遠近感を提供する」視覚に対して「球状に主体を巻き込む」聴覚といった理解のことであり、あるいは「外界と距離をとることで客観的かつ知性的な」視覚に対して「内面に関わることで主観的かつ情動的な」聴覚といった対比でもある。こうした理解をスターンは「**視聴覚連禱**」と呼んで批判すると、それらが歴史的にみれば決して自明なものではなかったことを明らかにしていく。

詳細を辿る余裕はないが［→3-4 聴覚メディア、3-5 音声メディア］、そのための議論もまた、複製メディアによる物質的なプロセスを重視するものであることに注意しておきたい。アナログ／デジタルを問わずして、電話やレコードなどの音響複製＝再生産技術の核心となる部分を「変換器」としての特性に認めるスターンの議論は、少なからず映像にも応用可能なものであろうし、複製技術による「自動的生成」を重視したバザンの写真論と接近するかのようでもある。

さらにスターンの議論は、ベンヤミンのアウラ概念についても重要な指摘を提出している。それによると、アウラを引き起こすオリジナルとコピーとしての複製物との対立を固定することは、「オリジナリティと真正性の性質そのものが再生産＝複製可能性の文脈のなかで変容することを見過ごす」ことになりかねない（スターン 2015[2003], 273）。被写体や音源のオリジナリティは、実のところ、コピーが大量に複製されることによって創り出されることにもなる。私たちが事前に写真や録音物などで確認していた現物を前にしてあらためて感動や驚きを覚えるように、オリジナルの真正性や存在感も、複製＝再生産技術によって遡及的に際立たされることが少なくないのである。

こうした写真や録音物と比して、映画の場合はどうだろう。アウラの両義性に意識的であったベンヤミンは、映画の撮影現場で生み出される現実的な表現が「現実に器械装置を徹底的に浸透させ」た結果であると説明してもいた。「迫真的」とみなされる演技や光景も実際は、撮影や照明の装置群（現在であれば、コンピュータも含め）や、それらを操る多勢のスタッフに囲まれて、まったく現実的ではない環境で生起したものであるに違いない。それでも撮影機がそれらの光景をバラバラに寸断し、あらためて編集したときにはじめて、私たちは目の前の映画のシーンに感動を覚え、涙することにもなる。こうして複製メディアの技術的な作用は、オリジナルと独立したかたちで生々しさや真正さを引き起こすのであり、それは俳優や演奏者たちの身体に器械装置が深く侵入する、いわば徹底して人工的なものになることによって獲得されるのである。

複製メディアからイメージの人類学へ

以上のように複製メディアを感覚や知覚への技術的な作用として捉え直すとき、それはデジタル化した現在の映像や録音物にも興味深い洞察を与えてくれるだろう。

たとえば、ドローンや3Dプリンタといった最近の事例を挙げるなら、これらの複製技術もまた、普段の視界やコンピュータの画面上に現れる事物がまったく異なる相貌を見せる自動的なプロセスによって、私たちを惹きつけているのではないか。より身近な事例として、**自撮り**という撮影行為を挙げることもできるだろう。そのうちで私たちはもはや真実か虚構かを差し置き、見慣れているはずの自分たちの顔や姿が、複製メディア上でいかに変化しうるのかを愉しんでいるかのようだ。種々の加工やフィルターなどの機能が望まれるのも、単に自分をよく見せるためだけでなく、複製メディアによって初めて可能となる似姿が提出されるからであろうし（久保田&きりとり 2018）、さらに人々は遡及的にアウラを探し求めるかのように、**SNS映え**として用意された場所に押しかけてもいる。こうしてみると、かつての俳優や歌手だけでなく、現在の私たちもみずからの身体や目の前の光景に、複製メディアという人工的な器械装置を浸透させようとしているのである。

さらに歴史的な観点から興味深いのは、視聴覚に作用する複製メディアの発明に前後して、それらが頻繁に人々の生命を保存するための技術として紹介されていたという事実である。先のバザンの写真論が、造形芸術の歴史に死を克服しようとする人間の心理的願望の存在を指摘して「**ミイラ・コンプレックス**」と呼んだことはよく知られているが、それを裏付けるようなメディア史の事例は枚挙に暇がない。実際に登場したばかりのレコードは、著名な歌手であれ身近な人間であれ「死者の声」を無期限に残すための技術として宣伝されていたし（スターン 2015［2003］）、同様に登場したばかりの映画も、亡くなった人間に「生命を吹き込む（animated）」ための技術装置として紹介されることが少なくなかった。

もちろん、こうした逸話を最新の技術に対する未熟な態度として片付けることも容易なのかもしれない。しかしながら、ここまでに確認した複製メディアの展開もまた、死を運命づけられた人間がそのイメージだけでも生かそうとする欲望に突き動かされたものとして整理することができる。さらに最近では、こうした理解を裏返しにするかのように、イメージのことを死すべき人間に寄生する生き物とみなし、それ自体の生命力を明らかにしようとする議論も提出されている（ベルティンク2014[2001]; Mitchell 2006）。クローンや遺伝子技術が騒がれる昨今にあって［↓1-1身体］、これら**イメージ人類学**の立場から複製技術を再考する作業もあらためて重要となるにちがいない。そうした意味でも、ベンヤミンやバザンが複製メディアに指摘した魔術的かつ不合理な力から私たちは今もなお、逃れられずにいるのである。

（増田展大）

参考文献

- 久保田晃弘、きりとりめでる編訳（2018）『インスタグラムと現代視覚文化――レフ・マノヴィッチのカルチュラル・アナリティクスをめぐって』、ビー・エヌ・エヌ新社
- スターン、ジョナサン（2015［2003］）『聞こえくる過去――音響再生産の文化的起源』中川克志・金子智太郎・谷口文和訳、インスクリプト（以下、すべての翻訳は文脈に即して訳語を変更している）
- 野崎歓（2015）『アンドレ・バザン――映画を信じた男』、春風社
- バザン、アンドレ（2015［1975］）「写真映像の存在論」野崎歓・大原宣久・谷本道昭訳、『映画とは何か』（上巻）、9-24頁
- ベルティンク、ハンス（2014［2001］）『イメージ人類学』仲間裕子訳、平凡社
- ベンヤミン、ヴァルター（1995）「複製技術時代の芸術作品」久保哲司訳、『ベンヤミン・コレクション1――近代の意味』浅井健二郎編訳、ちくま学芸文庫、583-640頁
- Mitchell, W.J.T. (2006), *What Do Pictures Want?: The Lives and Loves of Images*, University of Chicago Press.

第3部―2 Publishing Media

出版メディア

キーワード KEYWORD
活版印刷技術、ヨハネス・グーテンベルク、マーシャル・マクルーハン、インターネット、電子書籍、著作権、ローレンス・レッシグ、コード、ユルゲン・ハーバーマス、公共圏／公共性、自主制作出版物

英語の「publish」とは元来「(知識や思想などを)公(public)にする」という意味であり、そこから転じて「出版する」ことも意味する。ひるがえって「出版する」とは、本や雑誌などを大量に印刷し流通させることであるから、当然のことながら**活版印刷技術**の登場とともに「publish」が「出版する」ことを意味するようになったと考えることができるだろう。実際、印刷技術は写真やレコードに先立って世の中に登場した**複製技術**であり、出版メディアが知識の普及、世俗化、民主化などの一連の近代化のプロセスにとって果たした役割ははかりしれない。例えば**ベネディクト・アンダーソン**(1936–2015)は、世俗語の出版物による「**出版資本主義**」が国民国家の形成にとって果たした役割を力説した(アンダーソン 2007[1983])。

他方で「公にする」という原義にさかのぼって考えるなら、出版メディアを印刷物を生産・流通させることよりも幅広い射程で捉えなおすことが可能である。とりわけ電子的ネットワークが普及した現代社会において、「出版すること」の意味は大きく変

容しつつある。そこで、本項目では出版メディアの来歴を振り返り、その今日的な意義について考えてみたい。

グーテンベルクの銀河系

よく知られているように活版印刷技術は一五世紀にヨーロッパに登場した。印刷技術の発明者とされる**ヨハネス・グーテンベルク**（c1400–1468）が一四五五年にマインツの工房で印刷したいわゆる「グーテンベルク聖書」**【図1】**あるいは「四二行聖書」が西洋最古の印刷物のひとつとされている。活版印刷技術の普及が西洋社会にもたらした影響は広範囲に論じられてきた。例えば**マーシャル・マクルーハン**（1911–1980）『グーテンベルクの銀河系』は、印刷技術とともに登場した活字文化とそれ以前の写本文化を対比し、表音文字による活字文化が西洋社会をそれ以前の聴覚＝触覚的な口承文化の伝統から決定的に切り離し、視覚的で画一的な識字文化を形成したと主張した（マクルーハン 1986［1962］）［→2-2 マクルーハンとトロント学派］。また、エリザベス・アイゼンステイン『印刷革命』もまた、より精緻な歴史的考証をふまえて、印刷技術がルネサンス人文主義の興隆、近代科学の成立や宗教革命に果たした役割を論じた（アイゼンステイン 1987［1983］）。もっとも、マクルーハンも繰り返し強調しているように、中世の写本文化から近代の活字文化への移行は活版印刷技術の登場とともに急速に起こったわけではなく、二つの文化のあいだを揺れ動きながら段階的に進んでいった。実際、グーテンベルク聖書に代表されるような「インキュナブラ（一五〇〇年までに出版された印刷物）」は、丁寧に装飾が施されたうえに活字も統一されておらず、写本的な伝統を色濃く残したものであった。

今日私たちが慣れ親しんでいるような書籍や雑誌、新聞と同じような出版物が出現するのはおおむね一九世紀頃と言ってよいだろう。ヨーロッパやアメリカでは一九世紀の百年間を通じて、教育水準と識字率の向上による新たな読者層の出現にともない、日刊の新聞や週刊・月刊の雑誌、そしてペーパーバック版の書籍の出版部数と流通量が増加していく。その背景には蒸気機関による高速印刷機の登場や安価なパルプ紙の流通などの印刷技術の向上があったが、それだけではない。例えば日刊新聞の普及は電信技術の発明および鉄道網の発達と切り離して考えることはできない［↓3-15 通信メディア］。また、ラウトレッジ社（イギリス）、レクラム社（ドイツ）などが刊行した安価なペーパーバック版の小説は、旅行者をその主要な読者層としており、典型的に鉄道駅のキオスクで販売された［↓3-12 モバイル・メディア、3-13 観光メディア］。一九世紀の印刷メディアは、通信メディアや物流メディアと一体となって発展していったのである。そして、この傾向は二〇世紀を通じてますます加速していくことになる。

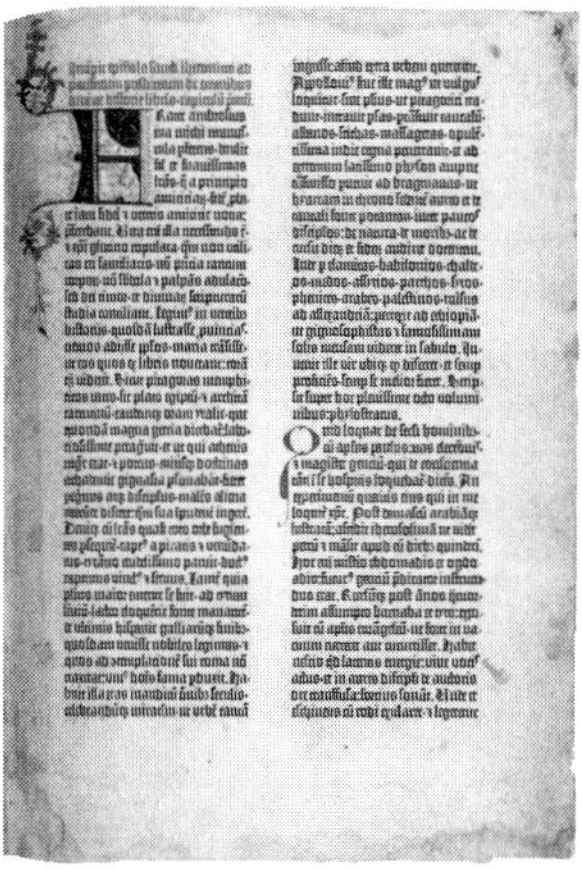

図1「グーテンベルク聖書」冒頭ページ、テキサス大学オースティン校ハリー・ランサム・センター所蔵

インターネットの銀河系

それでは、「グーテンベルクの銀河系」から「インターネットの銀河系」（カステル 2009［2001］）への移行にともない出版メディアはどのように変容しただろうか。ドイツのメディア論者ノルベルト・ボルツ［↓2-3 ドイツのメディア哲学］が説いたように、電子メディア技術の到来とともに文字《テクスト》を用いた知の編成は

大きく組み変わり、「グーテンベルクの銀河系」はすっかり終焉してしまったのだろうか（ボルツ 1999［1993］）。

まず基本的なことを確認しておくと、電子メディアの社会的浸透、とりわけ**インターネット**の普及は、紙媒体の出版業界にとって確かに大きな打撃となった。例えば日本における日刊新聞の発行部数はおよそ一九九〇年代頃にピークを迎えるが、それ以降減少に転じ、日本新聞協会の公表値によると、二〇〇〇年に約五四〇〇万部だった発行部数が、二〇一〇年には約四九〇〇万部、二〇一〇年代には二〇一九年には約三八〇〇万部まで減少している。ニュース報道に接するためのメディアは新聞からテレビ、インターネットへと移り変わり、新聞を定期購読する習慣は徐々に過去のものになりつつあるといっても言いすぎではないだろう。同様の傾向は雑誌や書籍の発行部数にもあてはまる。

私たちは日々、インターネットのニュースポータルやスマートフォンのニュースアプリを閲覧し、趣味や娯楽のための情報を摂取するにも紙媒体の雑誌ではなくオンラインマガジンを閲覧することが多くなってきている——あるいはそのかわりに有名ブロガーやインスタグラマーをフォローする場合もあるだろう。Amazon Kindle などの**電子書籍**を常用したり、スマートフォンやタブレットPCのアプリで漫画を読む者も少なくないはずだ。今日、出版することとは、紙媒体の印刷物を刊行し流通させることだけでなく、インターネット上の様々なサイトやアプリ、電子的デバイスを通じて知識や思想を公表することをも意味している。そして、このことの含意は、出版のためのメディアが質量をともなった紙媒体から電子的な情報空間へと置き換わったということだけではない。「出版＝公にすること」が意味する内実そのものが変わりつつある。

第一に電子メディアの普及は、**著作権**を初めとする知的財産の所有をめぐる法制度を大きく揺るがしている。そもそも著作権（copyright 複製する権利）は、活版印刷技術によって――そして、後には音響・映像の複製＝再生産技術によって――著作物の大量かつ安価な複製が可能になって、はじめてその必要性が生じた考え方である（写本の時代には複製コストが高かったため、著作権保護の必要性は低かった）。だが、様々な形態の著作物がデジタルデータとして生産・流通するようになると、知的財産の保護を法によってコントロールすることは困難になる。**ローレンス・レッシグ**が先駆的に論じたように、法のかわりに登場するのは**コード**である（レッシグ 2007[2006/1999]）。つまり、著作物の無断複製を法で規制するのではなく、単に技術的に無断複製できないようにプログラミングするのである。

今日、著作物の利用や複製、そしてそのために支払われるべき対価は、レッシグが『CODE』（原著初版一九九九年）を刊行した時代よりもはるかに広範囲にコードによってコントロールされている。例えばAmazon Kindleで書籍を購入するときに手にしているのは、書籍のデータそのものではなくデータへのアクセス権である。一般的に**DRM**（Digital Rights Management デジタル著作権管理）のもとで消費者に付与されるのは著作物の所有権ではなくアクセス権であり、技術的環境が変わったり規約が変更されると、購入した著作物へのアクセスが失われることがありうる。このことはKindle Unlimited（書籍）やNetflix（映像）、Spotify（音楽）などの**サブスクリプション・サービス**［→1-7プラットフォーム］のことを想起すると直感的に分かりやすいだろう。それらのサービスにおいて提供されているのは一定のコンテンツへのアクセス権であり、同じコンテンツを一ヶ月後に読書・視聴できる保証はない。消費者の側から見ると、コードが知的財産権をコントロールする世界において、著作物を所有・利用・消費することに関する感覚は根本的に変容した。

他方、知識や情報を生産する側から見ても、「出版＝公にすること」のありかたは大きく変わった。今日、自らの知識や思想を公にすることは、紙媒体の書籍を刊行したり雑誌に論説を発表すること──あるいはその電子的代替物としての電子書籍やウェブマガジン──のみに限られない。場合によっては私的なブログや「Twitter」、ソーシャルメディアなどでの発言がより大きな社会的影響力を持ちうる。旧来の出版メディアの編成が前提としていた公的言論と私的発言の区別が曖昧になっているのである。

フランクフルト学派の思想家**ユルゲン・ハーバーマス**（1929-）は、一八世紀ヨーロッパの市民社会において成立した理性的な討議の場としての**公共圏**に民主社会の理想を見出し、そうした公共性は当時のサロン文化やカフェ文化とともに新聞や批評誌といった出版メディアによって育まれたとした（ハーバーマス 1973[1962]）[↓2-1 フランクフルト学派]。ハーバーマスによれば、一九世紀から二〇世紀にかけて巨大資本が駆動するマスメディアに商業主義と私的利害が介入するにつれ、公共圏は弱体化していく。そのことは彼にとって、公的領域と私的領域が交錯していくプロセスを意味していた。**公／私**の区分が曖昧になり、理性的な討議よりは情動の連鎖が世論を支配するインターネットの言論空間──ネット炎上、フェイクニュース、ポストトゥルースといったバズワードはその証左である[↓1-8 政治とメディア]──において、ハーバーマスが理想とした公共性はますます衰退していると捉えるべきだろう。今日、「出版＝公にすること」とは何を意味しているのか。この問いは、現代社会における公共性の所在を問いなおすことを同時に求めている。

知識の生産者の側から見た電子技術以降の出版メディアの変容を最後にもう一点挙げておこう。およそ二〇〇〇年代以降、パーソナル・コンピュータによる**DTP**（Desktop Publishing）技術の廉価化とオンデマンド印刷の普及によって、商業ベースの雑誌とほとんど遜色のないクオリティの出版物を制作することが格段に容易になった。その結果、同人誌やリトルプレスなどと呼ばれる**自主制作出版物**の文化があらためて活性化しているようである（阿部 2017; ばるぼら&野中 2017）。そうした出版物の多くは公式のブログやソーシャルメディアと連携し、それぞれの分野において商業誌に引けを取らない認知度を誇る場合もある。こうした自主的な出版文化は、ハーバーマスが一八世紀ヨーロッパの出版メディアに見たような公共性の担い手となりうるだろうか。それについて即断することはできないが、グーテンベルクの銀河系がすぐには終焉せず、その性質を変えながらインターネットの銀河系と共存し続けていることは確かなようだ。

（門林岳史）

参考文献

- アイゼンステイン、エリザベス（1987［1983］）『印刷革命』別宮貞徳監訳、みすず書房
- 阿部純（2017）「ジン（zine）が媒介する場づくりの哲学」、飯田豊・立石祥子編『現代メディア・イベント論——パブリック・ビューイングからゲーム実況まで』勁草書房、187-225頁
- アンダーソン、ベネディクト（2007［1983］）『定本想像の共同体——ナショナリズムの起源と流行』白石隆・白石さや訳、書籍工房早山
- カステル、マニュエル（2009［2001］）『インターネットの銀河系——ネット時代のビジネスと社会』矢澤修次郎・小山花子訳、東信堂
- ハーバーマス、ユルゲン（1973［1962］）『公共性の構造転換』細谷貞雄・山田正行訳、未來社
- ばるぼら、野中モモ（2017）『日本のZINEについて知ってることすべて——同人誌、ミニコミ、リトルプレス　自主制作出版史1960〜2010年代』誠文堂新光社
- ボルツ、ノルベルト（1999［1993］）『グーテンベルク銀河系の終焉——新しいコミュニケーションのすがた』識名章喜・足立典子訳、法政大学出版局
- マクルーハン、マーシャル（1986［1962］）『グーテンベルクの銀河系——活字人間の形成』森常治訳、みすず書房
- レッシグ、ローレンス（2007［2006／1999］）『CODE VERSION 2.0』山形浩生訳、翔泳社

第3部―3

画像メディア

Imaging Media

キーワード　KEYWORD
動画／静止画、GIF、哲学／光学玩具、ジョナサン・クレーリー、ミシェル・フーコー、錯覚、ジョゼフ・プラトー、視覚の持続、トム・ガニング、ヴァーチャル

動画／静止画を呈示する各種の画像メディアは、今世紀に入る頃からの大規模な技術変動の影響を被ることになった。これまでの写真や映画、テレビなど、画像を中心的な要素とするメディアの輪郭線が不明瞭になっているとすれば、その原因の大部分が、急速に広まったコンピュータとインターネットにあることは間違いないだろう。「メタメディア」とも位置付けられるコンピュータは、動画や静止画をテクストや音声と等価なデータとして飲み込み、手元で容易に処理可能なものへと変える一方で、大域化と高速化を進めるオンライン環境は、それらをコンテンツとしていつでも配信可能なものにしつつある。こうした状況にあって、それぞれに自明視されていた画像メディアの固有性が曖昧なものになることは、もはや必然的な事態であると言える。

以下では、現在のメディア環境における画像メディアの象徴的な事例をとりあげることによって、それを映像史的な観点から振り返りつつ考察を加えてみたい。その事例とは、「GIF」と呼ばれる形式で保存された画像群のことである**[図1]**。

GIFは動画か、静止画か

GIF画像は、しばしば「GIFアニメーション」とも呼ばれるように、短時間であっても動く画像を表示可能にするための保存形式として知られている。思わず笑いを誘う些細な出来事や、自分たちのことを撮影した日常の一場面、スポーツの決定的な名場面に動物たちの愛くるしい動作など、その内容は瑣末か浅薄といって差し支えないものが大半であるだろう。これらの画像群はそれでいて、画質や容量としては非常に簡素であることからTwitterやInstagram、TumblrといったSNS上のみならず、ブラウザやスライドの画面上でも私たちの目や手を引き留めようとひっきりなしに蠢いている。GIFがこうしたメディア間の横断可能性を備えていることは、この呼称がそもそも「Graphics Interchange Format」に由来することにも示されている。

図1 回転する地球のGIF画像

とはいえ、映画やアニメ作品のように長時間没頭することもなく、せいぜい数十秒程度で明滅を繰り返すイメージを見ていると、それが静止画像の集積であることは目に見えて明らかであるだろう。技術的にはすでに一九九〇年頃に実現していたGIF画像は、その後いったん下火になるものの、iPhoneを二〇〇七年に発表したApple社が高画質のアニメーション表示を得意とするFlashを採用しなかったこともあり、あらためて脚光を浴びることになった。通信量の大域化や規格化とともに高画質の映像が追求され、端末やネットワークが次々と更新されるなかにあって、GIF画像はその内容と形式を言わば削ぎ落とすことにより、しぶとく残存してきたのである（古谷&いしい 2013）［↓3-11インターネット・メディア］。

このように限りなく静止画に近しい形式として、軽薄な内容をギクシャクと動かすGIF画像は、静止画としても動画としても、その限界を示しているような事例であると言える。そのような「貧しさ」こそが、このメディアをオンライン空間で延命させてきたとするなら、そのことが映像の歴史のうちでいったい何を意味しているのであろうか。

ここであらためて考えるべきは、動画と静止画という区分がそもそも、二〇〇〇年代に入ってから脚光を浴びた言葉であるという事実である。コンピュータが普及する以前、つまり写真や映画、テレビの境界が明確に区別されていた前世紀には、わざわざ「動画」と「静止画」を区別して呼ぶことは決して一般的ではなかった。裏を返せば、こうした区別がわざわざ要請されるのは、上述のように画像メディアの境界線が大きく書き換えられつつあるためである。GIF画像のようなイメージが繁茂していることは、映像のあり方がそれを受容するための物理的なプラットフォームのレベルから大きく変動していることとも無関係ではないのだろう［↓1-7プラットフォーム］。

一九世紀のGIF画像？

このような観点から映像の歴史を振り返るとき、メディア環境の劇的な変動のうちで、静止画と動画の境界線が露呈するような事態は決して初めてのことではなかった。とりわけ二〇世紀を通じて静止画と動画がそれぞれに写真と映画というメディアに代表されるとするなら、その両者が登場した一九世紀にも、ここまでに確認してきたものと類似した事態が生じていたのである。

例えば、この時期に「**哲学玩具**」とも呼ばれた一連の光学機器が流行したことがよく知られている。そのうち「驚き盤」とも呼ばれるソーマトロープは、円盤を撚り糸で急速に回転させることで、その両面に描かれた二枚の画像を合成して見えるようにする視覚装置であった【**図2**】。また、フェナキスティスコープのように、継起的な段階をコマ割りにして描いた図柄を縁に配置した円盤を回転させ、それらの間に穿たれたスリット越しに覗き見た静止画が連続的に動いて見えるように変換する動画装置もあり、これはその後の映画の登場にいたるまで改良を繰り返すと、さまざまなヴァリエーションを生み出すことにもつながる。

図2　花と花瓶を両面に描いたソーマトロープ、1825年頃

　このように画像メディアの原型ともいうべき哲学玩具については、すでに美術史家の**ジョナサン・クレーリー**が、視覚文化論の古典となった著書『観察者の系譜』のうちで示唆的な考察を展開していた（クレーリー 2005[1990]）。それによれば、これらの光学機器はそもそも、人間の視覚のうちで静止画が動画へといかに変換されるのかを明らかにするための生理学的な検査機器として開発されていた。この事実に着目したクレーリーは、近代社会に身体を規律＝訓練する体制が登場したことを指摘した**ミシェル・フーコー**の議論を視覚そのものへと応用しつつ、光学玩具を介して現れ出るイメージがみずからの身体、とりわけ網膜上で生起する「**錯覚**」として理解されるようになった経緯を明らかにする。つまり、これら**光学玩具**の流行は、動画像があくまで主観的なものでしかないことを身体レベルで馴致するものであったことが指摘されたのである。

　一九世紀に流行した万華鏡やステレオスコープ（立体写真）もまた、みずからの視覚が不確実なものでしかないことを確認することを人々に促すことになる。事実、これらの装置を応用した生理学者の**ジョゼフ・プラトー**は、人間の網膜上に一定期間、視覚像が残存するという「**視覚の持続**」説を確認しようと試みていた。この学説は、現在の生理学や知覚心理学では誤った理解として退けられているものの、一連の光学玩具による実践は、規則的な幾何学模様から日常の一場面や動植物の振る舞いなどをその内容として、娯楽のための装置として現在にまで生き残ることになる。では、こうして「哲学」玩具が目が不確実な器官でしかないことを人々に啓蒙していたとすれば、そうした検査や矯正のための装置がなぜ「玩具」として広く流行し、人気を博すようになったのであろうか。

視覚文化研究者の**トム・ガニング**は、哲学玩具のうちに目の規律＝訓練を促すような側面を認める一方で、それが少なからず快楽を伴う経験であったはずだと指摘する。というのも、ガニングによれば、こうして動くイメージに魅了される経験が登場し、静止画が私たちの身体を介して動画へと変換されるようになったのは、映像の歴史上、はじめてのことであったからだ。実際、それまでの絵画や挿絵のように、静止画によって動きの軌跡を再現したものとは根本的に異なり、光学玩具では実際にイメージそれ自体が動くのであり、さらにその成果は私たち自身の知覚上で初めて経験可能なものとなる。ガニングはこのことを指して、光学玩具をめぐる一連の実践が「**ヴァーチャルな**」イメージの登場という、視覚文化史における決定的な出来事であったと主張するのである（Gunning 2011, 33）。

そのうえで、哲学玩具を経験することが私たちの身体に生じる「錯覚」、つまりは視覚の「欠陥」として理解されてきたことは、こうした未曾有の映像経験を人間の眼の不備へと還元しようとするような試みであったのではないか。このことを問題視するガニングは、動画のことを静止画の連続「でしかない」、つまりは視覚の誤りだとみなす態度の根底に今もなお、人間の感覚器官を貶めるデカルト主義的な偏見が控えていることを指摘してもいる。たしかに現在であっても、実際に動くイメージを語るにあたって「錯覚」や「騙される」といった言葉が召喚されるとき、そこには人間の視覚があやふやなものでしかないという、少なからずネガティブな含意がついてまわる。動く映像を静止画へと還元して説明しようとする私たちの態度には、そうした映像を快楽として経験しているという事実を抑圧するような態度が浮かび上がるのである。

画像メディアと身体

哲学玩具をめぐる議論から明らかになるのは、現在の映像メディアにまで連綿と続く動画像の経験が、人間の視覚や身体との絡み合いのうちで初めて実現可能になるという、イメージの成立にとって重要かつ原理的な特性である。このことを踏まえて現在に立ち返るなら、動画と静止画を横断するＧＩＦイメージがその素朴さによって生き延びてきたのも、人間の身体を強く関与させる動画／静止画のあり方を明らかにするからであるのだろう。事実、ＧＩＦ画像のみならず、もはや一般的となった実写映像とアニメーション映像との混交状態についても、先に確認したような視覚や身体の関与のありかたという観点からあらためて再考することが可能である（マノヴィッチ 2013[2001]）。さらに、一定のタイミングにあわせて単純な挙動を繰り返すゲームのプレイ経験もまた、身体を馴致しつつ快楽をもたらす光学玩具の末裔であるに違いない（Strauven 2011）［→1-3遊び／ゲーム］。

以上のような観点からすれば、写真や映画に想定されていたように、一方的にイメージを受容することが、映像史のうちでは一時的なものでしかなかったと考えることも難しくはない（北野 2009）。事実、私たちがコンピュータやスマートフォンの画面上で確認している静止画は、たとえJPEGであれPNGであれ、保存や処理を可能にするための圧縮や復元を繰り返して出力されたモノであり、それも明滅するピクセルの集合でしかない。そうした動画／静止画の微細な動きに身体を強く反応させながら、私たちは（残念なことに？）もはや哲学玩具のときのように、その裏側を確認することができないでいる。それでも画像メディアの根幹に触れようとして、私たちはくりかえしGIF画像に手を伸ばしているのかもしれない。

（増田展大）

参考文献

- 北野圭介（2009）『映像論序説――〈デジタル／アナログ〉を超えて』人文書院
- クレーリー、ジョナサン（2005［1991］）『観察者の系譜――視覚空間の変容とモダニティ』遠藤知巳訳、以文社
- 古屋蔵人、いしいこうた編（2013）『GIF BOOK――コンテンツ制作者のためのGIFガイド』ビー・エヌ・エヌ新社
- マノヴィッチ、レフ（2013［2001］）『ニューメディアの言語』堀潤之訳、みすず書房
- Gunning, Tom (2011) "The Play between Still and Moving Images: Nineteenth-Century 'Philosophical Toys' and Their Discourse," *Between Stillness and Motion : Film, Photography, Algorithms*, ed. Eivind Røssaak, Amsterdam University Press, pp. 27–44.
- Strauven, Wanda (2011) "The Observer's Dilemma: To Touch or Not to Touch", *Media Archaeology: Approaches, Applications, and Implications*, ed. Erkki Huhtamo, Jussi Parikka, University of California Press, pp. 148–163.

第3部—4

聴覚メディア

Auditory Media

キーワード KEYWORD
再生／複製、ヘッドフォン／イヤフォン、耳のまぶた、パスカル・キニャール、ジョナサン・スターン、聴診器、ステレオ音響、ジョナサン・クレーリー、変換器、アクティヴ・ノイズキャンセリング、耳の監視

さまざまな音響を**再生／複製**（reproduce）し、われわれの聴覚へと届ける聴覚メディアは、二〇世紀終盤以降、複数の側面においてそのあり方を大きく変えつつある。グラモフォン・レコードの登場からコンパクト・ディスクに至るまで、アナログ／デジタルの区分を超えて長く円板型の物理的記録メディアとともに歩んできたレコード音楽は、音源のデジタル・データ化とインターネットとの結びつきによって、物理的媒体から解き放たれた「水のような音楽」としてわれわれを取り囲んでいる（谷口＆中川＆福田 2015）。再生状況に目を転ずれば、ソニー・ウォークマンの登場した一九七九年以降、音楽の聴取は文字どおり「歩きながら」「動きながら」なされることが一般的なものとなり、その傾向は音源のデジタル化そしてインターネット上での流通とともに加速され、いまや「いつでも・どこでも・なんでも」聴けるかのようなメディア環境が整いつつある［↓3-12 モバイル・メディア］。それは同時に、ヘッドフォンやイヤフォンによる音響聴取の一般化の進展という事態をも含意していよう。いまやわれわれは、個々

の人間がそれぞれ別の音響を耳にまといながら共に生きることが常態化した世界を生きつつある。

ヘッドフォン／イヤフォンという、個別の音響を耳にまとうことを可能にする聴覚的インターフェイスが今日まで辿ってきた系譜のうちには、音響メディアとわれわれとの関係を批判的に捉えなおすにあたって見逃しがたい論点が伏在している。以下では、この系譜を形成するいくつかの事例を往還しながら、音響メディアのメディア性＝媒介性の来歴を訪ねるとともに、その今日的様相の特質を確認してゆく。

「耳のまぶた」の現在

「耳にはまぶたがない」。これはフランスの作家**パスカル・キニャール**が、二〇世紀も終わろうとする一九九六年の著作『音楽の憎しみ』に書きつけた命題である（キニャール 2019［1996］）。「音には主体も客体もない。音は殺到する。無理やり侵入する」。キニャールの命題から遡ることおよそ三〇年、一九六七年の**マーシャル・マクルーハン**（1911–1980）も、「端的にわれわれの耳にはまぶたが備わっていないのである」と述べ、押し寄せる音響のなかで営まれる「同時的な諸関係の世界」としての聴覚的世界を描写した（マクルーハン＆フィオーレ 2015［1967］）。目とは異なり、耳にはたしかにまぶたに相当する遮蔽物が存在しない。左右の外耳道の奥処にある二枚の鼓膜はつねに外界へと晒されており、周囲をとりまく無数の音響はそこに絶え間なく「殺到」する。聞く者の主体性は、「同時的な諸関係」に巻き込まれながら、意識せざるままに脅かされ続けている。

文学者とメディア論者のそれぞれが時を隔てて提示した聴覚に関する認識は、メディア状況の同時代的なコンテクストをひとまず脇に置くならば、一定の妥当性を有するものだと考えられよう。しかし、二一世紀もすでに深まりつつある今日の聴覚メディアのありよう、とりわけヘッドフォン／イヤフォンの一般化と高機能化に照らしたとき、マクルーハンからキニャールに至るこうした認識は、なかば妥当性を失いつつあるのではなかろうか。カナル型のイヤフォンをふたつの耳孔の奥へと挿入して外界の雑音を遮断し、みずから主体的に選択した音響空間に浸るという行為は、いまや日常化していると言ってよいだろう。加えてノイズキャンセリング・ヘッドフォンによる外的雑音のテクノロジカルな馴致は、なんらかの音源を聴取する目的のみならず、「主観的な静寂を人工的に作る」という目的においてすら、個々人において主体的に選択されつつある。あるいは人工内耳の埋め込みによる聴覚の事後的な創造という事態も、けっして珍しいものではないだろう。これら現代的な事象は、「耳にはまぶたがない」という認識を相対化してしまう。現在のわれわれは、聴覚をめぐってさまざまに発達したテクノロジカルな補綴の数々によって、「**耳のまぶた**」がオンデマンド的につくられ、あるいは破壊されうるような世界に生き始めている。少なくとも個々の聴取主体にとって、「音の殺到」は程度の差はあれ制御されうるものとして理解されていると言っていいだろう。今やわれわれは、「聞こえる／聞こえない」「聴く／聴かない」といった二項対立の彼岸において、日々の聴覚的な生を営んでいるのである。

「耳のまぶた」の一九世紀

しかし、こうしたテクノロジカルな「耳のまぶた」は近年になって急に生まれたものではなく、その祖型は少なくとも一九世紀半ばにまで遡ることができる。音楽とは無縁の聴診器という器具が、その祖型のひとつである。カナダの音響／聴覚文化史研究者**ジョナサン・スターン**は、一九世紀前半に生まれた聴診器およびそれを用いる診断法の歴史をたどりながら、聴診器の「バイノーラル」化すなわち両

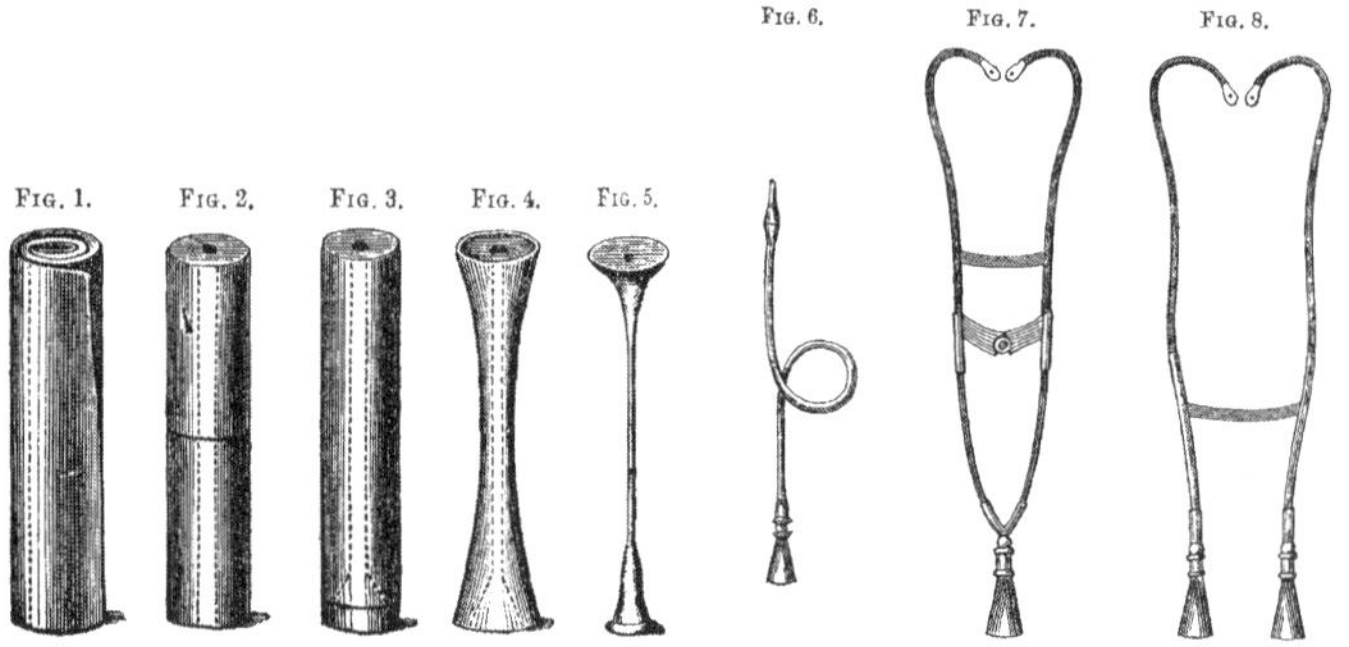

図1 19世紀後半に描かれた「聴診器の進化」

耳での使用を前提とした形態への移行が、聴覚の他感覚からの分離や、ノイズの海のなかから聞かれるべき音響のみをフレーミングすることを可能にした、と指摘している（スターン 2015[2003]）**［図1］**。

ふたつのイヤー・ノブを両耳へと挿入して外的雑音を遮断し、患者の体内から発せられる音響のみへと集中できる状況を器具の装着によって獲得する。音楽聴取と医学的診断という目的における違いはあれ、ここにあるのもやはり「外的雑音のテクノロジカルな馴致」にほかなるまい。聴診器による診断は**間接聴診**（mediate auscultation）と呼ばれるが、ここで用いられている「間接（mediate）」の語は、この診断が「聴覚メディア」の経験に他ならず、また聴診器という器具が聴覚メディアの技術史をかたちづくるきわめて重要なもののひとつであることをいみじくも示していよう。人工的な聴覚メディアによる「耳のまぶた」への指向は、その精度における優劣を度外視するならば、バイノーラル聴診器の登場においてすでに萌芽していたのであり、したがって今日の聴覚メディアが形成する「「聞こえる／聞こえない」「聴く／聴かない」といった二項対立の彼岸」とは、少なくともその一部においては一九世紀からの連続性のうちにある、と言ってよいだろう。

一九世紀からの連続性については、また別の点からも指摘できる。今日の高性能イヤフォン／ヘッドフォンという装置によって聴取者へともたらされるのは、そのほとんどが左右の両耳に相異なる音響を流し込むことによって生成する**ステレオ音響**である。これを耳にする者は、みずからの頭内という音源の存在しない空間のうちに、あるときは見えざる歌い手の声の出現を聴き、あるときはオーケストラやバンドのアンサンブルのひろがりをありありと経験する。しかしこの「ありありと経験」される音響現象とは、イヤフォンという特殊な「耳のまぶた」を装着し、左右の鼓膜へと音響を流入させる個々の人間においてのみ生ずるリアリティである。換言すれば、それは主観的な立体音響空間に過ぎない。

この主観的な立体音響の経験もまたけっして新しいのものではなく、その起源は一九世紀の後半に求められる。一八八一年のパリ国際電気博覧会において、発明間もない電話を応用した劇場中継システムのデモンストレーションが行われ、オペラ座での上演が二㎞ほど離れた博覧会場へと伝送された**［図2］**。

当時の報道は次のように伝えている。「産業宮での電話のデモンストレーションを幸運にも聴くことの出来た者は誰であれ、二つの受話器を用いて両耳で聴くと、一つの受話器では決して生み出されることのない、浮き彫りと定位という特別な性質を音が纏うことに気付く。［……］実験が始まるや否や、歌手たちは、或る者は右に、また或る者は左にと、固定された距離をもって、聴取者の心のなかに姿を現す」（福田 2009より引用）。「二つの受話器を用いて」と記されているとおり、この中継は左右一組の

図2 パリ国際電気博覧会（1881）でオペラ中継を聴く来場者たち

マイクロフォンからの電気信号を来場者の両耳に伝えるという、今日におけるステレオ中継と類似したかたちで行われた。そこで歌手たちは「聴取者の心のなか」の右に左に、あたかも浮き彫りのように、音像として出現する。これはあきらかに、「耳のまぶた」の原初形態が生成させた「主観的」な聴覚空間にほかなるまい。美術史家の**ジョナサン・クレーリー**は、ステレオスコープ（立体鏡）という一九世紀に流行した視覚器具のうちに、視覚の根本的な主観性を、そしてそれゆえの不確実性を見出したが（クレーリー 2005［1991］）［↓3-3 画像メディア］、ステレオ中継の起源に見出されたのもまた聴覚の根本的な主観性であり、また不確実性である。それは同時に、聴覚の外的な操作可能性の発見をも含意していよう。電話という「耳のまぶた」を通じた音響の供給によって、主観的な聴覚空間のありようを、外部から自在に操作することが可能になる。前出のスターンは、視覚的主観性に関するクレーリーの議論になかば依拠しながら、一九世紀に進展した聴覚の生理学的探究において聴覚の主観性が露わにされる様子を丹念に記述しているが〔↓3-5 音声メディア〕、その同時代に、電話という新しい聴覚メディアの具体的な使用のただ中において聴覚の主観性が経験的に露呈していることのうちには、「新しい道具主義的諸技術が、新たなる「リアルな」世界を観察者のために構築していく」（クレーリー 2005〔1991〕）可能性の開かれがはっきりと見て取れる。そして、それが今日のイヤフォン／ヘッドフォン経験におけるリアリティの祖型をなしていることは明白であろう。

聴覚メディアと身体

スターンは、近代的な音響複製（sound reproduction）技術の特徴を、**変換器**（transducer）すなわち「音を何か別のものに変えて、さらにその何かを音に戻す」機器の存在に求めている（スターン 2015〔2003〕）。ここで変換器とは、時に音響を電気信号に、また別の時にはディスク上の音溝に、またある時にはデジタルデータへと移しかえ、それをふたたび音響のかたちへと戻して、われわれの両耳へとそれを持ち来《きた》らす機器全般を意味している。変換器を通じて聴覚へともたらされる音響は、けっして元の音と同じものではなく、個々の変換器というメディアに固有のメッセージ性を帯びながら「再び生み出される（re-produce）」ものである（その点で、スターンの著作の邦訳において「reproduction」の語に「複製」ではなくあえて「再生産」という訳語が選択されていたことは正鵠を射ていよう）。この観点からすると、上に事例とともに確認してきた「耳のまぶた」の一九世紀からの連続性もまた、ひとまずは「変換」にまつわる連続性という観点において捉えることが可能である。

この連続性の認識において見落としてはならないのは、「聞こえ」を成立させる身体との関わりであ

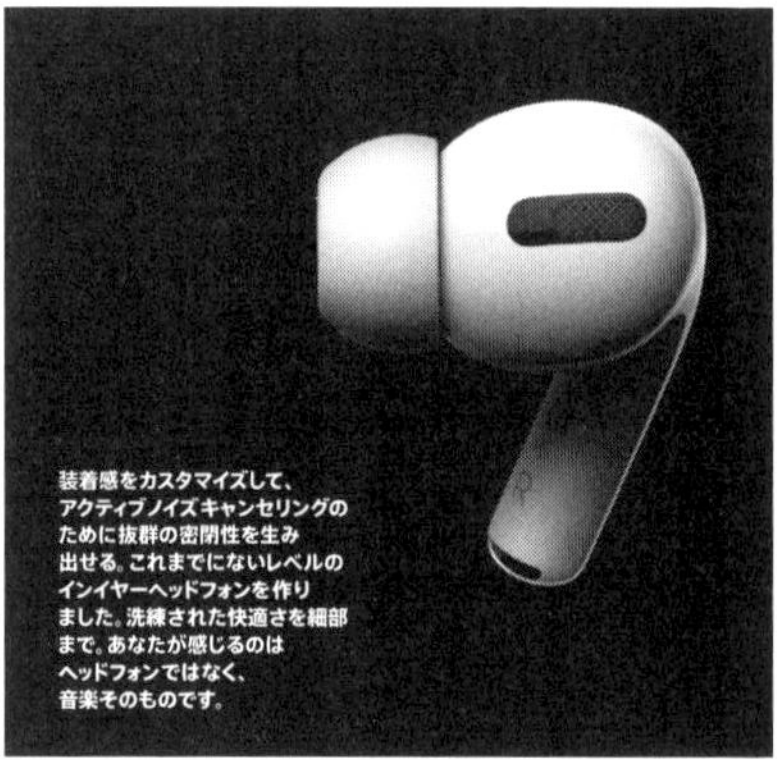

図3 Apple公式サイトにおけるAirPods Proの広告画像とそのキャプション（Apple Inc.）

る。聴診器とカナル型イヤフォンのプラグは、いずれもふたつの耳という身体の開口部を埋め立てることによって外部のノイズを遮断する。また両耳へと個別に流入する音響によって主観的な音響空間のリアリティが構築されるのは、身体の生理学的なプロセスとの関わりのただ中においてである。つまり「変換」された音響は、身体との絡み合いというまさにインターフェイスの経験において「聞こえ」として生成するのであり、身体の介在こそが音響メディアの存立を可能ならしめていると言ってよい。

　とするならば、ここには、上述の連続性を裏切る断絶もまた見て取れるのではなかろうか。一例として、二〇二〇年現在最新の「耳のまぶた」として人口に膾炙しているApple社のイヤフォンAirPods Proを見てみよう［**図3**］。

　このイヤフォンにおいては、身体への装着状態がイヤフォン内部に設えられたマイクロフォンによってモニタリングされ、個々のユーザーにとって最適な装着感が機器の側から提案される。また、搭載された**アクティヴ・ノイズキャンセリング**機構は、外界の音にリアルタイムで逆位相を与えて不要なノイズをカットするのみならず、耳孔内の残留ノイズすらも取り除いてしまう。つまりここでイヤフォンは、外形的には量産品としての同一性を装いながら、個別具体的な身体が置かれた状況に応じて可変的に機能することで、身体それぞれに固有の主観的なリアリティを提供しているのだ。ここに見て取れるのは、聴取するわれわれの身体がいまやテーラーメイドの「耳のまぶた」によって覆い尽くされつつある、という事実である。一九世紀半ばの聴診器から、おそらくは二一世紀初頭のイヤフォン／ヘッドフォンに至るまで、各種の聴覚的インターフェイスにおいてなかば前提とされてきた「標準的な身体」なるものは、いまや失効しつつあると言ってよい。

　みずからが選択した音響を、みずからの身体に即したかたちで聴取できるということ。一見したところ、これは自由の獲得であるかのように思われる。しかしこの自由とは、個々の身体の絶えざるモニタリングによってもたらされているものであることを忘れてはなるまい。そしてこの不断のモニタリングは、当然ながらAppleを始めとするさまざまなグローバル企業によって「主体的に」担われているものである。つまりそれは、自己への配慮の皮を被った、資本による監視の可能性と裏腹な関係にあると考えられる。われわれが主体的に選択する音楽コンテンツの大部分が、これもまたグローバル企業によるインターネット上の配信サービスによってもたらされていることを考えれば、このような耳の監視は、すでにハードウェアとコンテンツとをまたぐかたちで進展していると言ってもよいだろう［↓1-7プラットフォーム、1-8政治とメディア、1-9資本とメディア］。今日的な「耳のまぶた」の主体的な操作によって獲得される主観的な聴覚経験のよろこびとは、音響メディアが謳歌してきた言わば「長い二〇世紀」が、少なからず暴力的なかたちで黄昏を迎えつつあることを覆い隠すなにごとかなのかもしれない。

（福田貴成）

参考文献

- キニャール、パスカル（2019［1996］）『音楽の憎しみ』博多かおる訳、水声社
- クレーリー、ジョナサン（2005［1991］）『観察者の系譜――視覚空間の変容とモダニティ』遠藤知巳訳、以文社
- スターン、ジョナサン（2015［2003］）『聞こえくる過去――音響再生産の文化的起源』中川克志・谷口文和・金子智太郎訳、インスクリプト
- 谷口文和、中川克志、福田裕大（2015）『音響メディア史』ナカニシヤ出版
- 福田貴成（2009）「聴覚空間の発見――1880年前後の「両耳聴」概念とその認識論的背景について」『表象』第3号、208-224頁
- マクルーハン、マーシャル&クエンティン・フィオーレ（2015［1967］）『メディアはマッサージである――影響の目録』門林岳史訳、河出文庫

第3部—5 Vocal Media

音声メディア

キーワード KEYWORD

音声合成、音声認識、対話型インターフェイス、人工知能、ヴォルフガング・フォン・ケンペレン、話す機械、レオン・スコット、フォノトグラフ、ジョナサン・スターン、アレクサンダー・グラハム・ベル、音声圧縮、MP3

音声を伝えるメディア、そのなかでも電話は、前世紀の終わりにデジタル化され、小型化と携帯化が一挙に進んで以降、大きく変容を遂げてきた。**携帯電話**と**PHS**は、写真、動画、音楽など、ほかのメディアを貪欲にとりこみながらマルチメディア化し、処理速度の向上とともに、多様なアプリケーションを利用できる汎用的なデジタル・デバイスへと変貌していった。その成果として現れたのが、二〇一〇年代以降、急速に普及した**スマートフォン**である。それはいまだに「電話（フォン）」と呼ばれてはいるが、通話もできるモバイル・コンピュータであると考えたほうが正確かもしれない［↓3-12 モバイル・メディア］。

こうして電話とコンピュータの区別がなくなりつつある現在、音声メディアはこれまでとは異なる新しい役割を期待されているようにみえる。以下では、それを代表する事例のひとつとして、音声合成と音声認識の技術をとりあげてみたい。

対話型インターフェイス

近年のスマートフォンやスマートタブレットには多くの場合、Siri(Apple) や Google Assistant(Google) に代表される**AIアシスタント**が搭載されている。それらはユーザーに代わり、情報検索やアプリケーションの操作など、多様なタスクを柔軟に実行してくれる補助的なツールとして普及しつつある。そこでインターフェイスの役割を担っているのが、**音声合成**と**音声認識**の技術である。一般的に音声合成はテキストを音声に変換すること（Text-to-Speech）を、音声認識は反対に音声をテキストに変換すること（Speech-to-Text）を指し、ユーザーとデバイスのあいだで音声言語の交換を可能にする。従来の音声メディアは人間どうしの対話を仲介するのが主な役割であったが、こんにちでは人間と機械の対話を成立させることも重視されつつある［↓3-6触覚メディア］。**対話型インターフェイス**の発展とともに、デジタル技術との融合が、音声メディアにそうした変化をもたらしたのは、ある意味では必然であったと言えるかもしれない。「**人工知能**」という用語が最初に認知されたのは、一九五六年のダートマス会議であるが、当初そこにはコンピュータ自体も含まれた［↓1-2知能］。その課題が人間の論理的知性をシミュレートすることにあったとすれば、対話型インターフェイスが求められるのは自然な成り行きであったと言えるかもしれない。事実、音声合成／認識の研究はこれとほぼ同時期に着手されており、早くも一九五二年には米国のベル研究所で数字の音声を識別可能な「オードリー」というシステムが開発されている。また、一九六一年には同じくベル研究所でコンピュータによる音声合成実験も行われ、ポピュラーソングの歌唱と伴奏がプログラミングで合成された。

こうした反応の速さをみると、コンピュータの誕生が音声メディアに与えた衝撃の大きさがうかがい知れる。とはいえ、音声合成／認識のアイデア自体は、デジタル時代に特有のものではなく、二世紀を超える意外にも長い歴史を有する。一八世紀以来、ヨーロッパでは言葉を話し、聞き、書く機械を創造することがめざされていたのであり、その蓄積が電話の発明につながったという経緯がある。つまり、こんにちの電話に起きている変化は、決して新しいものではなく、むしろその起源においてすでに夢見られていたとも言えるのである。では、そうした試みはそもそもどのような動機によって駆動されていたのであろうか。以下、その歴史を探ってみたい。

電話の初期衝動

音声合成の歴史をたどると、**ヴォルフガング・フォン・ケンペレン**（1734–1804）の名前をかならず目にする。ケンペレンは一八世紀ハンガリーの発明家であり、一七七〇～八〇年代に**話す機械**を発明したことで知られる**［図1］**。これはある種の管楽器のように機能し、簡単な音声言語を模倣できる発話シミュレータであった。ただし、その音声には抑揚がなく、合成音声であることは一聴して明らかであったという。もっとも、ケンペレンの関心は単純に音声をまねるというより、人体のように機能する解剖モデルを構築することにあった（Hankins & Silverman 1999, 183–185）。彼は音声器官の各部と似た働きをする機械部品を寄せ集め、生体の代用としたのである**［図2］**。話す機械は最古の音声合成技術として紹介されることが多いが、その歴史が生理学と工学を統一的にみる身体観とともにはじまったことは注目すべき点である。後述するように、そうした見方は音声合成技術に限らず、近代的な音声メディアの発展に大きく作用したからである。

話す機械の研究は一九世紀においても継続して行われたが、世紀の半ばになると、音声の記録という新しいアプローチが加わることで、再現の対象に変

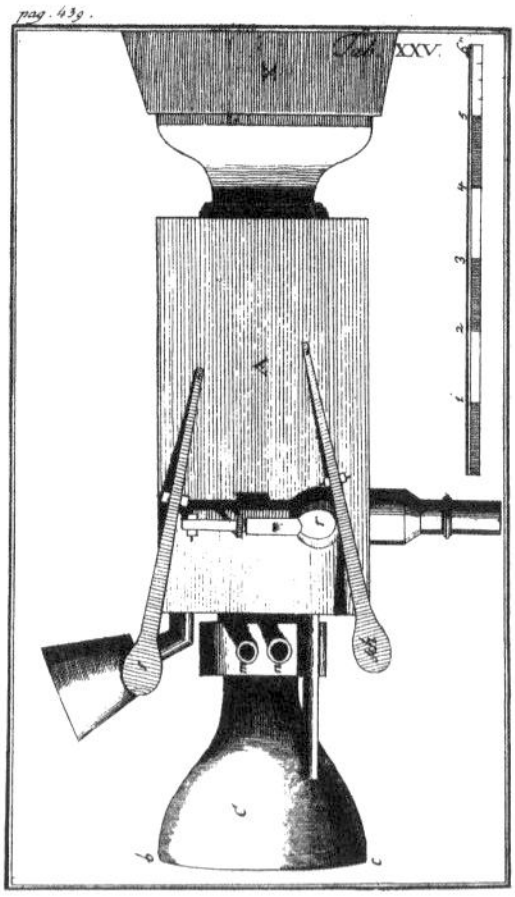

図1 話す機械

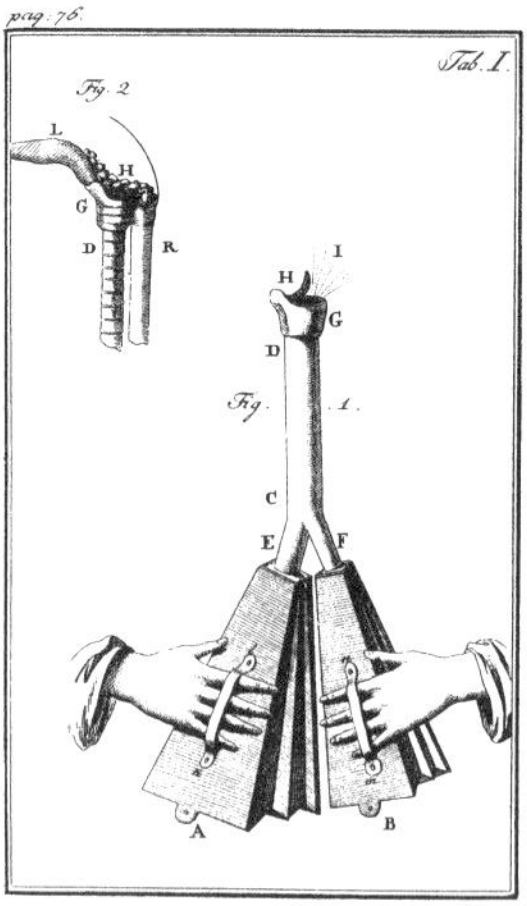

図2 音声器官＝機械

化が現れた。話し手の身体ではなく、今度は聞き手の身体が技術の俎上にのせられたのである（Lastra 2003, 44）。フランス人の技師**エドゥアール＝レオン・スコット**（1817–1879）が一八五七年に発明した**フォノトグラフ**は、その代表例であると言っていいだろう**［図3］**。これは音声言語を自動的に書きとるという意図で考案された音声可視化装置であり、最古の録音機としても知られる。**ジョナサン・スターン**が指摘するように、その発明が実現した要因には、聴覚生理学の影響が関わっている［↓3-4 聴覚メディア］。一八世紀前半に進展した聴覚生理学は、耳の機能をメカニズムの観点から理解し、エネルギーの「変換器」として記述した（スターン 2015[2003], 84–90）。スコットはそうした耳の理解を技術に転用することで、口述筆記の自動化をめざしたのである。その意味で、フォノトグラフは音声認識の問題意識を先どりしており、実際、長い目でみればその発展に寄与している（Li & Mills 2019）。

このように音声合成や音声認識の起源をたどると、興味深いことにいずれも人体の模造という発想に行き着くが、実は電話の歴史も同様の発想を共有するところからはじまっている。**アレクサンダー・グラハム・ベル**（1847–1922）がその発明者として紹介されることが多いが、彼の専門はもともと音声生理学と弁論術であり、その知識を活かして、聴覚障害者の発話訓練にたずさわっていた。そのベルが電話の着想へといたったのは、聴力の欠損を補う手段としてフォノトグラフに期待を寄せ、自作した経験があったからである。しかも、それは単なるレプリカではなかった。ベルはその設計思想により忠実であるべく、医師と協力して、鼓膜の解剖標本を部品に使用したのである【**図4**】。イヤー・フォノトグラフと呼ばれたこの器具の製作が、鼓膜の機能を通信に利用するという発想に結びつき、一八七六年、電話の発明へと結実した。つまり、ケンペレンやスコットの場合と同じく、人体の器官をある種の機械部品としてとらえることから、電話は出発したのである。では、こうしたことを踏まえて、私たちは現代の音声メディアをどう考えるべきであろうか。

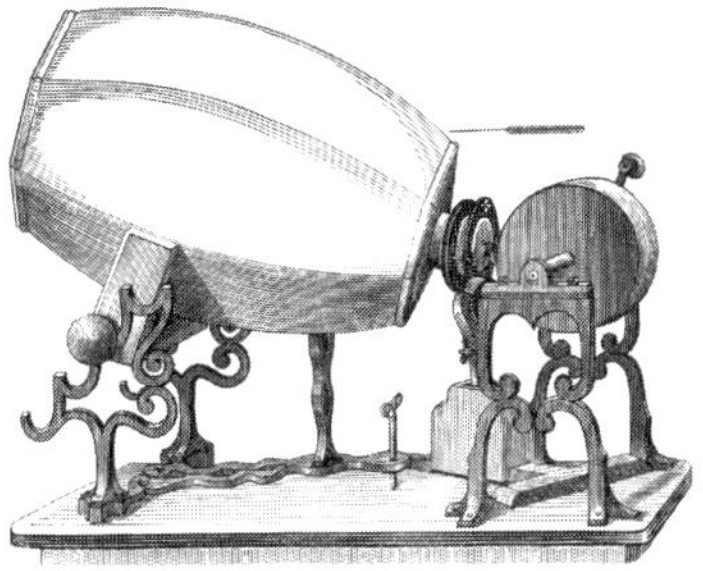

図3 フォノトグラフ

人間と機械の境界

人工知能の技術や対話型インターフェイスの研究

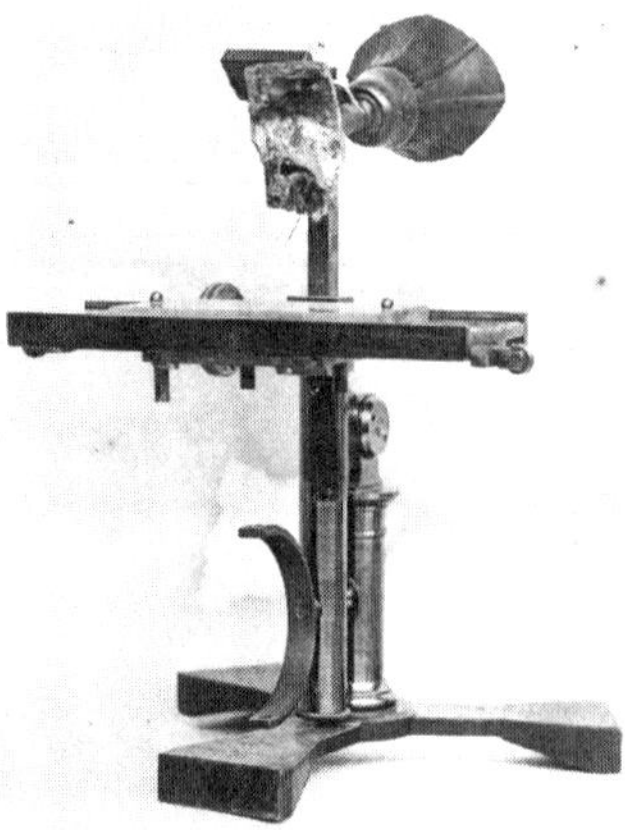

図4 イヤー・フォノトグラフ

が進んだことで、現代の音声メディアは人間と機械とが対話する場面を日常化しつつある。その発展をみると、機械のふるまいを人間に近づけたいという願望が働いているようにみえるが、歴史を顧みれば、出発点はむしろ逆であったことがわかる。発明家たちはまず人間のなかに機械的なものを発見し、次いでそれを具体化すべく技術を練り上げたのである［↓1-1身体］。そうした発想は、アナログとデジタルの区分を超えて、より最近の技術にも継承されている。スターンが**音声圧縮**フォーマット（MP3）の起源をめぐって吟味しているように、デジタル時代の音声メディアもやはり同時代の生理学や認知科学を参照しながら、人間のなかで機械化できる範囲を検討するという作業をともなってきた（Sterne 2012）。こうして振り返ると、音声メディアの歴史を問うことは、必然的に人間と機械の境界を問うことにつながることがわかる。とりわけその境界を揺るがすような技術が矢継ぎ早に開発されている現在、それがめざすものを冷静に見通すには、音声メディアの起源にあった思想をあらためて問いなおすことも必要であるように思われる。

（秋吉康晴）

参考文献

- スターン、ジョナサン（2015［2003］）『聞こえくる過去――音響再生産の文化的起源』中川克志・金子智太郎・谷口文和訳、インスクリプト
- Hankins, Thomas L. and Robert J. Silverman (1999) *Instruments and the Imagination*, Princeton University Press.
- Lastra, James (2000) *Sound Technology and the American Cinema: Perception, Representation, and Modernity*, Columbia University Press.
- Li, Xiaochang and Mara Mills (2019) "Vocal Features: From Voice Identification to Speech Recognition by Machine," *Media, Culture & Communication*, vol. 60, no. 2, pp. 129–160.
- Sterne, Jonathan (2012) *MP3: The Meaning of a Format*, Duke University Press.

第3部｜6

触覚メディア

Tactile Media

キーワード KEYWORD

タッチスクリーン、ハプティック、インターフェイス、グラフィカル・ユーザー・インターフェイス（GUI）、ダグラス・エンゲルバート、アラン・ケイ、オブジェクト指向プログラミング言語、スキューモーフィズム、マテリアルデザイン

タッチスクリーンはハプティックスクリーンではない

「触覚メディア」と聞けば、多くの人が「**タッチスクリーン**」を思い出すだろう。しかし、デイビット・パリージは『タッチの考古学（Archaeologies of Touch）』で、iPod touchなどのタッチスクリーンを用いたデバイスの広告で、「触覚的」を意味する専門用語の「**ハプティック**（haptic）」が使われていないことを指摘して、「タッチスクリーンの広告は、タッチスクリーンがハプティックスクリーンではないことを暗に認めているようだ」と書く（Parisi 2018, 285）。パリージは「タッチ（touch）」をヒトがモノに触れること全般に用いているのに対して、「ハプティック（haptic）」を「装置がヒトに触覚的な刺激を与える」ことに限定して使っている。パリージの区分けに従えば、確かに、タッチスクリーンはユーザーの操作に対して、ディスプレイに触れてはいるけれど触覚的な刺激を返すことは少ない。**インターフェイス**の歴史において、マウスやトラック

パッドといったデバイスとディスプレイ上のアイコンとが築き上げてきた触覚的な手がかりが、タッチスクリーンのガラスの均一の触覚空間に置き換えられていったと、パリージは考えている（Parisi 2018, 286–287）。

パリージは触覚メディアの始まりとして、静電気を蓄えられる「ライデン瓶」による電気刺激を挙げている【図1】。冬場にドアノブなどに触れたときに生じる静電気によるピンポイントの刺激が、研究室で装置を用いてより精細にヒトの触覚を調べていくハプティック研究に結びついていく。このとき、重要なのはヒトが何かに触れる（＝タッチ）のではなく、ヒトに針や電気などを用いた装置によって点で刺激を与える（＝ハプティック）ことによって、ヒトの触覚の解像度が測られているということである（Parisi, 2018）。電気刺激によるハプティック研究の一つの身近な成果は、Apple の Taptic Engine である。リアルタイムで触感を伝送できる「テクタイル・ツールキット」を開発した仲谷正史は、次のように Taptic Engine について書いている。

図1 水で満たされた初期のライデンの瓶。水の入った瓶とストッパーで留められたコルク、先が水に触れている金属の釘でできている。

> 二〇一五年に Apple 社が開発した Taptic Engine は、ヨコとタテを区別できないという指の特性を応用しています。本当は一ミリも引っ込んでいないにもかかわらず、まるでボタンを下に押し込ん

でいるような感触を返してくれるというものです。実際にはデバイスに内蔵された振動子が、指に横向きの振動を与えているのですが、指がヨコ方向の力をタテ方向と勘違いして、ボタンを押したかのように感じているのです。電源を消してしまえば、当然、このバーチャルなクリック感も消えてしまいます（仲谷 2016, 76）

ヒトの触覚をよく知ることでモノの感触を精細に再現するだけなく、Taptic Engineのように触覚を騙せるようにまでなっている。ライデン瓶という電気による直接的な触覚刺激は、高解像度で触覚を捉えるハプティック研究を経由し、コンピュータと結びついた振動によって、新たな触覚刺激をつくり出している。電気刺激から始まったハプティックな刺激は、Taptic Engineだけでなく、ビデオゲームのコントローラにも搭載されており、今後は、ヴァーチャル・リアリティ（VR）におけるモノの感触をつくり出していくであろう［↓3-7 没入メディア］。

データにタッチする

電気を用いた装置がヒトの皮膚に刺激を与える系譜として触覚メディアを考えていくと、「タッチスクリーンが「触覚スクリーン」ではないという帰結も自然なものになるだろう。なぜなら、タッチスクリーンはガラス以外のほとんどが触覚的刺激を返すことなく、機能しているからである。しかし、タッチスクリーンが「モノ」ではなく「データ」にタッチするための触覚メディアだとしたらどうだろうか。モノに触れているような触覚刺激をヒトに与えるのではなく、これまで触れたことがないデータとヒトとの接触がおこる場としてタッチスクリーンがあるのではないだろうか［**図2**］。

タッチスクリーンに表示されているのは、コンピュータの**グラフィカル・ユーザー・インターフェイ**

ス（ＧＵＩ）の延長にある。ユーザーはディスプレイに表示されている画像を見て、それを文字通り、指差すことで操作を行っている。タッチ型インターフェイス以前では、マウスとカーソルとの組み合わせで行っていた操作である。ＧＵＩの基本デバイスとなったマウスを開発したチームのリーダーである**ダグラス・エンゲルバート**はコンピュータを記号操作の場として捉えていた。ティエリー・バーディーニはエンゲルバートを追った著作で「実際彼は、仮想のデータ景観を「飛行する」空間と考え、それは紙の上ではとらえどころのない第三の次元に属するものだった」と指摘している（バーディーニ 2002［2000］，269）。エンゲルバートの考えでは、コンピュータの画面は「見る」ための空間でしかない。けれど、「ＧＵＩの父」とも言われるアラン・ケイは、コンピュータの環境を「見る」だけでなく「触れる」ことが重要な「紙」や「粘土」にたとえつつ開発を進めた。さらに、その実現のためにデータとコードとを基本要素としてまとめて考える**オブジェクト指向プログラミング言語**「Smalltalk」を開発した（ケイ 1992）。ここで重要なのは、実体に触れ得

図2 Appleが2018年に発表した「Designing Fluid Interfaces」は、データがオブジェクトとして存在するとしたらどのように触れられることになるのかを示したデザインガイドである。（Apple公式サイト公開中のプレゼンテーション・スライドより／Apple Inc.）

ないデータやコードのまとまりが「オブジェクト」と名付けられた点である。ケイは触れながらかたちを変えられる「紙」や「粘土」を扱うのと同じような感覚で、データを扱える環境をつくり出したのである。その結果として現れたＧＵＩ環境について、インタラクションデザイナーの上野学が端的にまとめている。

ＧＵＩの操作モデルは、コンピューターに対する命令ではなく、目の前にある対象物をユーザーが自分の手で触り操るというものです。この直接的な操作性がオブジェクト指向ＵＩの特徴であり、そのためにユーザーはまず対象に対して意識を向けるようになっているのです（上野他 2020, 15）。

ＧＵＩの画面に表示されているのは触れることが可能な「オブジェクト」だとすれば、タッチスクリーンは「オブジェクト」にほとんど直に触れるような装置だと考えられるだろう。コンテクストデザイナーとして活動する緒方壽人は「情報に「触れる」、インターフェイスの触覚」で、現実のモノのように情報を扱う一つの成果としてスマートフォンのタッチパネルを挙げている。

インターフェイスデザインやメディアアート、コンピュータサイエンスといった様々な分野で、情報をもっと自然に、現実のモノに直接触れるように扱うための様々な試みが行われ、最近ではタッチパネルを搭載したスマートフォンの普及によって、直接（正確には薄いガラス一枚隔てて）情報に「触れる」世界も現実のものとなってきた（緒方 2015, 104）。

緒方はスマートフォンのタッチパネルを挙げたあとで、ＭＩＴメディアラボの石井裕が「情報に触れる」を掲げた研究プロジェクトである「タンジブル・ビッツ」や「ラディカル・アトムズ」を紹介してテキストを締めているが、私は研究室での成果ではなく、スマートフォンという世界中の多くの人間が一斉に持つことになったタッチスクリーンが、情報にタッチするメディアとしてヒトの触覚を変化させていると考えてみたい。この考えのもとで、タッチスクリーンの最初のデザイントレンドで物質のリアルな質感を追求した「**スキューモーフィズム**」を見てみると、そこには現実世界のオブジェクトをできる限りそのままディスプレイに移植していこうということが見てとれるのである。しかし、スキューモーフィズムは「ディスプレイの世界は現実とは異なるものだ」ということを明らかにしてしまった。グラフィックがいかにリッチになろうともそれはピクセルの光であり、指が触れるのはガラスでしかないからである。この事実が、Googleのデザインチームによる「**マテリアルデザイン**」という新たなインターフェイスデザインの提案を産んだといえる。UI／UXデザイナーの深津貴之は「マテリアルデザイン」について次のように書いている。

iOS7は抽象化のためにスキューモーフィズムを捨て去った。だがマテリアルデザインでは、視覚的にこそ抽象化したものの、動きや挙動のルールにおいて、逆に強くスキューモーフィズムを彷彿とさせる。「厚さのあるピクセル」は現実には存在しないマテリアルである。だがマテリアルデザインは、「厚さのあるピクセル」が現実にあった場合にどのように挙動するかをシミュレートしたデザインなのである。（深津 2015, 31）

深津が指摘するように、インターフェイスデザイナーは触れることと見ることとをより密接に関係させて、物理的に存在しないオブジェクトに存在のリアリティを与えようとしている。それは、ヒトが触れたことがないオブジェクト、つまり、オブジェクトとしてのデータの集合にタッチするとはどのような行為なのかを考察することであり、ヒトとデバイスとのあいだに新しい「触れる」を実装していくことである。VRなどで有効となる電気的なハプティック刺激が触覚単体にアプローチするものだとすれば、タッチスクリーン以後のインターフェイスデザインにおけるタッチはスクリーン上での様々な行為と視聴覚との接点として触覚を捉え、その可能性を探っていると言えるだろう。スマートフォンのタッチスクリーンはライデン瓶やVRで求められるような触覚刺激が目立つハプティックな触覚メディアでないけれど、水の入ったコップなど日常的なオブジェクトに特別意識することなく行為の流れで触れているようなかたちで、オブジェクトとしてのデータに何気なく日常的にタッチすることを可能にし、その感触を醸成していく触覚メディアなのである。

（水野勝仁）

参考文献

- 上野学、藤井幸多、ソシオメディア株式会社（2020）『オブジェクト指向UIデザイン——使いやすいソフトウェアの原理』、技術評論社
- 緒方壽人（2015）「情報に「触れる」、インターフェイスの触覚」、『UI GRAPHICS——世界の成功事例から学ぶ、スマホ以降のインターフェイスデザイン』、ビー・エヌ・エヌ新社、104-109頁
- ケイ、アラン・C（1992）『アラン・ケイ』鶴岡雄二訳、浜野保樹監修、アスキー
- 仲谷正史、筧康明、三原聡一郎、南澤孝太（2016）『触楽入門——はじめて世界に触れるときのように』、朝日出版社
- バーディーニ、ティエリー（2002［2000］）『ブートストラップ　人間の知的進化を目指して——ダグラス・エンゲルバート、あるいは知られざるコンピュータ研究の先駆者たち』森田哲訳、コンピュータ・エージ社
- 深津貴之（2015）「マテリアルデザインとその可能性」、前掲『UI GRAPHICS』28-33頁
- Parisi, David (2018), *Archaeologies of Touch: Interfacing with Haptics from Electricity to Computing*, University of Minnesota Press.

第3部—7

没入メディア

Immersive Media

キーワード KEYWORD
ジャネット・マレー、ヴァーチャル・リアリティ（VR）、心理的没入、物理的没入、抽出型インタラクション、没入型インタラクション、アイヴァン・サザランド、マイロン・クルーガー、ジャロン・ラニアー、インタラクティヴィティ、人工現実

没入というメタファー

ジャネット・マレーはよく知られた一節のなかで次のように「没入」について説明する。「どのようなメディアにおいてであれ、心をかき立てるナラティヴは、仮想現実［virtual reality］として経験することができる［……］念入りにシミュレーションされた場所へ運ばれた経験は、ファンタジーの内容とは関係なく、それ自体で楽しいものだ。私たちはこの経験を没入［immersion］といっている。没入とは水の下になるという物理的経験［physical experience］から来る比喩的な言葉だ。私たちは心理的に没入した経験［psychologically immersive experience］からも、海やプールにもぐったのと同じ感覚を求める。つまり私たちすべての注意力を、私たちの知覚器官の全体を乗っ取ってしまうリアリティに囲まれているという感覚だ」（マレー 2000［1997］, 151, 153）

慣れ親しんだ世界から離れ、もうひとつの世界へと潜り込み、その新しい世界のなかでの規則を学ぶ。マレーによれば、警戒心と歓びを伴うこうした

没入経験は、どのようなメディアにおいてであれナラティヴを通じて経験されうるものであるが（マレー 2000, 414）、デジタル環境下では一層強化される可能性がある。マレーの著作『デジタル・ストーリーテリング』はそうした絡み合いを論じるが、一般には物語世界への没入と一定のメディアの特性から生じる没入はいつも重なり合うわけではなく、これがこの語の使用を一層複雑なものにしている。immersion の訳語でもある日本語の「没入（感）」の使用にも同じ傾向が見られる。

没入型メディアの広がり

ヴァーチャル・リアリティ（VR）をめぐる概論のなかでウイリアム・シャーマンとアラン・クレイグは「**心理的没入**（mental immersion）」と「**物理的**（ないし感覚的）**没入**（physical (or sensory) immersion）」を区別することを提案している。それによれば、心理的没入はほとんどのメディアのクリエーターにとっての主要な目標であるのに対して、物理的没入はVRをはじめとする特定のメディアの重要な特徴になる。物理的没入はメディウムに身体的に入っていくこと、人工的に感覚刺激を合成することなどを通じて達成されるとされる（Sherman & Craig 2003, 8–12）。

「心理的没入」を念頭に置けばあらゆるメディアが没入型メディアであると言うことができるかもしれないが、一般に「物理的没入」を伴うメディアが「没入型メディア（immersive media）」と呼ばれる傾向にある。「VR、AR、テレプレゼンスは物理的没入を伴うメディアの三大カテゴリーである」（Sherman & Craig 2003, 19）。AR（Augmented Reality）と対になるAV（Augmented Virtuality）という概念や、VR、AR、AVを横断するMR（Mixed Reality）やXR（Cross Reality）といった概念もリストに加えることができる。

「**抽出型インタラクション**（extractive interaction）」と「**没入型インタラクション**（immersive interaction）」の区別にも有益な側面があるかもしれない。ハイパーテキストをベースとした「抽出型インタラクション」は情報を探し出し、相互に接続していくことを目的とするのに対して、「没入型インタラクション」は3D空間内での視覚的・感覚的探索の快楽を目的とするとされる（Lister et al. 2009, 22）。こうした区別は一九九〇年代初頭に提起されたものであるが、今日ではテキストや画像をベースとした「抽出型インタラクション」の内部に一定の「没入型インタラクション」が組み込まれつつあるようにも見える。たとえば、**没入型動画**（immersive video）、全天周型動画（spherical video）とも呼ばれる三六〇度動画（360-degree video）においてユーザーは、画面をクリックして自分が見たい方向を見ることができる。このような動画は二〇一〇年代半ばから動画投稿サイトなどでサポートされはじめ、数多くアップロードされるようになってきた。**没入型広告**（immersive advertising）といった概念も浸透し始めている。依然として視覚中心主義的であり、インタラクションも限られたものであるのかもしれないが（ラニアー 2020, 182）、広がりを見せているこうしたメディアのもつ社会的、文化的含意については、今後の研究が期待される（cf. Striegler 2021）。

第一世代のVRとその系譜

ヴァーチャル・リアリティ（VR）は没入型メディアの代表例のひとつである。VPL社のジャロン・ラニアーらが使用した今日的な意味でのVRという概念が広く知られるようになるのは一九八〇年代後半のことであるが、日本でこの概念が一般にも急速に浸透するのは一九九一年頃である。九一年は日本における「VR元年」とも言われた年だった。

VRにおける「没入感」は、まずもって、頭部搭載型ディスプレイ（HMD）や大型の没入型ディスプレイ（CAVEなど）によって、ユーザーが現実世界から切り離され、ヴァーチャル世界に完全に取り囲まれることによって生じると言うことができるが、この点に限れば、先駆として、洞窟壁画、建築の内部のフレスコ画やモザイク、一八世紀末に登場するパノラマ、一九世紀初頭のディオラマ、一九世紀末のシネオラマなどをあげることができる（Grau 2003）だけでなく、エクスパンデッド・シネマをはじめとする数々のアートの実践をあげることもできる。こうした事例においては、多くの場合に物理的空間とヴァーチャル空間がほぼ同じスケールで連続的につなげられ、鑑賞者は比較的自由にヴァーチャル空間に取り囲まれた物理的空間内を動き回ることができる（マノヴィッチ 2013[2001], 174ff.）。

　他方で、「高い対話性に裏付けられた没入感こそヴァーチャル・リアリティの最大の特徴である」（西垣 1995, 56）と言われるように、VRの特徴のひとつともされる「**インタラクティヴィティ**」それ自体が没入感の増大に寄与すると考えられる。**アイヴァン・サザランド**は一九六五年に「究極のディズプレイ」に関する論文を発表し、六八年には「ユーザーの動きに合わせて変化する遠近法のイメージ（perspective image）を提示する」三次元HMDを試作した（Sutherland 1968）が、一九七〇年代半ばに「**人工現実**（Artificial Reality）」を「人間と機械のインタラクションの究極の形式」と定義し、非拘束型で環境型のインタラクティヴ・アートを実践した**マイロン・クルーガー**の試みも注目に値する（クルーガー 1991）。もっとも、インタラクティヴィティはコンピュータそのものに内在する性質でもあるため、CG史、ヒューマン・インターフェイス史、シミュレーター史、コンピュータゲーム史、ロボティクス史といったいくつもの関連する道筋を見出すことができる［↓1-3 遊び／ゲーム、3-6 触覚メディア］。

　概して「バーチャル・リアリティは、非常に多くの技術をルーツに持つ。これは視点を変えれば、種々の技術がある概念に行き当たり、いろいろと考えをめぐらしていたところに「バーチャル・リアリティ」という言葉が与えられ、それを軸にしていろいろな考えを整理すると具合がよいということがわかったということである」（廣瀬 1993, 20）。通常、進化論で描かれる系統樹は過去から未来へと一から多へと次第に分岐し、複雑化していく。私たちがここで思い描くことができるのは、一九八〇年代末から一九九〇年代初頭にかけて輪郭が整えられるVRないしそれに類する概念——たとえば「人工現実感」や「テレイグジスタンス」——から、過去に向かって次第に分岐し、広がっていく逆進化の系統樹のようなものである（cf. 舘&廣瀬 1992, 16–17; 26–27）。VRや「物理的没入」に関連する概念、技術、社会の動向、経済的要因などを遡って広くカバーしようとする記述は数々あるが（cf. Sherman & Craig 2003, 28–57; Lister et al. 2009, 114–123）、探求の起点（現在）の関心事に応じて、そこに新たな枝葉が書き加えられていくことになる。

第二世代のVR／没入型アート

第一世代のVRを実際に体験したのは限られた人々だった（Lister et al. 2009, 109; 浦 1992, 202）。その後、一般社会ではVRよりもARなどの方が注目を集めることが多かったが、二〇一六年には多くの企業がVRのデバイスやコンテンツをリリースし、同年は再び「VR元年」と言われた。学術的な研究の世界でも、たとえば廣瀬通孝はVR2・0という概念を用いて、第一世代との技術的、思想的な差異をまとめている（廣瀬 2019）。PC、インターネット、三六〇度の実写映像の発展などと並んで興味深いのは、いわゆる錯覚を利用したクロスモーダルな感覚合成が積極的に試みられるようになったことである。第一世代のVRの時代から、VRは現実の

図1　クリス・サルターの没入型インスタレーション『Ilinx』（2014/2015, Performance environment）© Chris Salter

る「本質的な部分」をそなえたもうひとつの現実であるという主張がなされたが、第二世代のVRでは感性的に認識されるものこそが現実であるという立場が一層はっきりと打ち出されている。ここから、二〇世紀中頃の感覚遮断実験から感覚と感情を重視する一八世紀の哲学（cf. ル・ゲレ 2000[1988], 195–205）にいたるまで、没入型メディアに関連する新たな系譜をたどることができるかもしれない。またデイヴィッド・ハウズは「五感を超えたものと五感の下にあるもの（beyond and beneath the five senses）」といった観点を導入しているが、こうした次元にテクノロジーを用いてアプローチしようとするアートの実践のなかにオルタナティヴな没入型メディアの構想を見出すこともできるであろう（Salter 2016）【図1】。

（岩城覚久）

参考文献

- 浦達也（1992）『仮想《バーチャル》文明の誕生──「あの世」が「この世」になる時代』、光文社
- クルーガー、マイロン・W（1991［1991］）『人工現実──インタラクティブ・メディアの展開』下野隆夫訳、トッパン
- 舘暲、廣瀬通孝監修（1992）『バーチャル・テック・ラボ──「超」現実への接近』工業調査会
- 西垣通（1995）『聖なるヴァーチャル・リアリティ──情報システム社会論』、岩波書店
- 廣瀬通孝（1993）『バーチャル・リアリティ』産業図書
- 廣瀬通孝（2019）「第2世代を迎えたバーチャルリアリティの研究開発」『日本画像学会誌』58（3）、293－299頁
- マレー、ジャネット・H（2000［1997］）『デジタル・ストーリーテリング──電脳空間におけるナラティヴの未来形』有馬哲夫訳、国文社
- マノヴィッチ、レフ（2013［2001］）『ニューメディアの言語』堀潤之訳、みすず書房
- ラニアー、ジャロン（2020［2017］）『万物創生をはじめよう──私的VR事始』谷垣暁美訳、みすず書房
- ル・ゲレ、アニック（2000［1988］）『匂いの魔力──香りと臭いの文化誌』今泉敦子訳、工作舎
- Grau, Oliver (2003) *Virtual Art: From Illusion to Immersion*, MIT Press.
- Lister, Martin, Jon Dovey, Seth Giddings, Iain Grant and Kieran Kelly eds., et al. (2009) *New Media: A Critical Introduction*, Second Edition, Routledge.
- Salter, Chris (2016) “Sensing Digital Art: Aesthetic Acts Beyond (the two) Synesthesia (s),” *Digital Synesthesia: A Model for the Aesthetics of Digital Art*, Katharina Gsöllpointner et al. eds., De Gruyter, pp. 59–64 .
- Sherman, William R. and Alan B. Craig (2003) *Understanding Virtual Reality*, Morgan Kaufmann Publishers.
- Stiegler, Christian (2021) *The 360°Gaze: Immersions in Media, Society, and Culture*, MIT Press.
- Sutherland, Ivan (1968) “A Head-Mounted Three Dimensional Display,” *Proceedings of the AFIPS Fall Joint Computer Conference*, Thompson Books, pp. 757–764.

第3部｜8

憑依メディア

Haunted Media

キーワード KEYWORD

霊媒、近代心霊主義、メディウム／メディア、ラップ現象、ハイズヴィル事件、物質化現象、浅野和三郎、フローレンス・クック、エクトプラズム、心霊写真、ウィリアム・H・マムラー、心霊絵画

よく言われる話だが、「メディア」と「**霊媒**」を指す英語（単数形）は、どちらも同じmediumである。両者に共通するのは、媒介となって何かを伝達するという点であるが、一九～二〇世紀の**近代心霊主義**を振り返ってみると、死後の世界と現世をつなぐ「**メディウム／メディア**」は、「霊媒」のみにとどまるものではなかった。本項目では、近代心霊主義における霊の出現を、複数の「メディウム／メディア」という観点から概観し、霊的なものと「メディウム／メディア」との関係について、あらためて考えてみたい。

交霊会――ラップ音から物質化現象へ

一八四八年、ニューヨーク郊外のハイズヴィルに住んでいたフォックス家の姉妹が、**ラップ現象**（音の発生源がないはずの空間で音が鳴り響く現象）を介して、自宅に取り憑いていた霊との交信に成功した。この「**ハイズヴィル事件**」をきっかけに、一九世紀から二〇世紀にかけて欧米で大流行したのが、近代

心霊主義である。人間の魂は死後も生きており、死者は生者と交信することが可能であるという心霊主義の考え方は、既存のキリスト教会に対する批判などと結びつき、大きな影響力を持つようになった。南北両軍合わせて五〇万人の死者を出した南北戦争（1861–1865）を経てさらに支持が拡大し、最盛期の一八八〇年には合衆国とヨーロッパで約八〇〇万人の信奉者がいたと言われている。

心霊主義の端緒となったハイズヴィル事件では、霊はラップ音という音として出現した。しかし、その後の交霊会は一種のショーとして発展し、霊媒という メディウムを通じて霊現象をどのように見せるか、という点に工夫が凝らされていった。フォックス姉妹に続いて人気を博した霊媒兄弟ダヴェンポート・ブラザーズは、手足を縛られた状態で楽器を演奏したり縄抜けの術を披露したりして、演目だけを見ればステージマジックと区別がつかないし、ロバート・ブラウニングの詩「『霊媒』スラッジ氏」のモデルとなった霊媒ダニエル・ダングラス・ヒューム（1833–1886）は、霊の力によって霊媒自身が宙に浮かぶ「空中浮揚」で名を馳せた。

こうした見世物然とした霊現象の中でも、「メディウム／メディア」という観点から特に興味深いのが、「**物質化現象**」と呼ばれる現象である。通常、霊は死によって肉体から引き離されており、物理的な実体を持たないが、一部の交霊会では、霊が物理的実体を伴う形で出現することがあった。先述のヒュームの交霊会でも、死者の顔や手など、霊の身体の一部のみが物質化して出現することがあった。ポーランド出身の霊媒フラネク・クルスキ（1873–1943）の交霊会では、物質化した霊が溶けたパラフィンに手を浸し、霊の手形が作成された。アメリカの霊媒「マージャリー」ことミナ・クランドン（1888–1941）の交霊会には、彼女の亡兄ウォルターの霊が出現し、蝋に親指の指紋を残している。

物質化現象の中でも、幽霊の全身が物質化するものは、特に「**全物質化現象**」と呼ばれていた。日本の心霊研究の先駆者・**浅野和三郎**（1874–1937）が『心霊講座』（一九二八年）で「斯うなるとモー幽霊はさつぱり幽霊らしくなく、余りに娑婆臭くていささか呆れさせられる位です。つまりこの種の幽霊は臨時人間と化て、生前そつくりの行動を執る」（浅野 1999/1929）と述べているとおり、全物質化した霊は、生きている人間とまったく変わらない見た目をしていた。最も有名なのは、一八七〇年代前半、霊媒**フローレンス・クック**（1856–1904）の交霊会にたびたび出現した「ケイティ・キング」と名乗る女性の霊である**［図1］**。

これらの物質化現象において、霊は自力で物質化するわけではない。当時の心霊主義者たちの通説によると物質化現象は、物質化に必要な物質が霊媒から霊に供給されることで初めて生じる。この物質は、一八九三年、生理学者シャルル・リシェ（1850–1935）によって「**エクトプラズム**」と名付けられた。

図1　全物質化した「ケイティ・キング」の霊
William Crookes, “William Crookes and Katie King” (1874)

物質化現象においては、霊の出現にあたって、霊媒というメディウムに加えて、霊媒によって供給されるエクトプラズムという別のメディウムが介在しているということになる。

心霊写真と心霊絵画

かくして、霊媒というメディウムを通じて現世に呼びだされた霊は、エクトプラズムという新たなメディウムを与えられ、より確固たる実体を獲得していったわけだが、それと並行して、別のメディウム／メディアが霊の召喚に使われるようになっていた。すなわち、写真と絵画である。

世界初の実用的写真術であるダゲレオタイプの技術がフランスで公開されたのは、ハイズヴィル事件よりも九年早い一八三九年のことだった。画期的な視覚メディアとして瞬く間に普及した写真と、もう一つのメディウム＝霊媒のはたらきを中心とする心霊主義が交わることになるのは、それから約二〇年後のことである。

世界で最初に「**心霊写真**」を撮影した人物が誰なのかについては諸説あるものの、もっとも頻繁に名前が挙がるのは、ボストンの**ウィリアム・H・マムラー**（1832–1884）である。アマチュア写真家だったマムラーは、一八六〇年代初頭にセルフ・ポートレートを撮影した際、一二年前に亡くなった従兄弟らしき人物の姿が写り込んでいるのを発見した。マムラー以後も、心霊写真家集団「クルー・サークル」を率いたウィリアム・ホープ（1863–1933）や、戦死した兵士たちの霊が無数に写り込んだ「休戦記念日の写真」**［図2］**で知られるエイダ・エマ・ディーン（1864–1957）など、心霊写真の撮影を専門とする写

図2 エイダ・エマ・ディーンの撮影した心霊写真
Ada Emma Deane, from "Armistice Day Photographs" (1924)

真家＝写真霊媒たちが次々と登場した［↓3-9ヴァナキュラー・メディア］。

　写真というメディアを介して霊の姿をとらえる心霊写真に対して、霊からのメッセージを受け取った霊媒によって描かれるのが、「**心霊絵画**」と呼ばれる絵画である。この分野の画家＝絵画霊媒として最も有名な一人が、英国のジョージアナ・ホートン（1814–1884）である。一八五九年から霊媒としての活動を開始したホートンは、一八六一年頃から心霊絵画を描くようになり、一八七一年にはロンドンのギャラリーで大規模な個展が開催された。霊に導かれるままオートマティックに描かれたホートンの作品**［図3］**は、抽象絵画の先駆ともいえるもので、後にヒルマ・アフ・クリントやシュルレアリスムの画家たちにも影響を与えている。近年は作品の価値が再評価されつつあり、二〇一六年にはコートールド・ギャラリーで回顧展が開かれた。

　ホートンが心霊絵画を描くようになったのは、彼女よりも先に活動していた絵画霊媒エリザベス・ウィルキンソンの影響を受けてのことだった。当時、他にも複数の絵画霊媒が活動していたことは記録に残っているが、残念ながら、ホートン以外の作品はほとんど現存していない。だが、少なくともホート

図3 ジョージアナ・ホートンの心霊絵画
Georgiana Houghton, “The Eye of God” (1862)

ンの作品を見る限り、心霊写真と心霊絵画の関係は、物質化現象とそれ以外の霊現象の関係に似ているところがある。物質化現象では、エクトプラズムを利用して霊の身体そのものが出現するのに対して、それ以外の霊現象では、霊媒を通して、霊からのメッセージ（ラップ音や自動筆記など）が伝えられたり、霊のエネルギー（物体移動や空中浮揚など）が可視化されたりしていた。一方、心霊写真が霊の外見をとらえた具象的なイメージであったのに対して、ホートンの心霊絵画では、霊自体の姿が描かれるよりも、霊の導きによって抽象的なイメージが描かれることが多い。

霊的なものとメディウム／メディア

このように、近代心霊主義においては、霊媒以外の「メディウム／メディア」が投入されることで、霊の姿はよりはっきりと見えるようになり、物理的な実体までも与えられることになった。だが、物理的な実体を伴う霊の出現は、むしろ心霊主義者たちの主張の信憑性を傷つけることが多かった。

物質化現象の場合、ラップ音や声が聞こえたり、霊の力によって物が動いたりするよりも、誰の目にも見える姿で霊が出現しているほうが、霊の存在を実感しやすい。その一方で、クックの交霊会では、霊媒が霊に変装しているのではないかと疑った参加者によって、ケイティ・キングが腕や腰を掴まれるという事件が起きている。

心霊写真の場合も同様である。心霊写真に写された霊の姿は、誰の目にもはっきりと見える。心霊写真撮影の依頼者の多くは、家族や友人を亡くした人々だったが、死者の霊が死後も消滅せずに存在していると実感できることは、彼らにとって大いに慰めになった。だが、ディーンの「休戦記念日の写真」では、大量に写り込んでいる「戦没者たちの霊」の中に、まだ存命中の著名なスポーツ選手が混じっていたことが暴露された。

とはいえ、そもそも霊媒以外の「メディウム／メディア」が登場したのは、物理的実体を伴わずに出現する霊の存在が、あまりにも不確かだったせいではなかったか［↓3-10 スクリーン・メディア］。ラップ音を鳴らしているのは本当に霊なのか、ホートンに絵を描かせた「霊の導き」は本当に霊によるものだったのか、どうしたらその真偽を確かめることができるのか——。

このジレンマを前にして浮かんでくる一つの考えは、「メディウム／メディア」を介して現れる霊的なものは、そもそも物理的な実体や、それを手がかりにして「確かめる」という行為とは馴染まないのではないか、というものである。現世に生きている私たちは、霊媒というメディウムを介して、死後の世界を垣間見る。だが、もっとはっきり確かめようとして、物理的な実体を伴う「メディウム／メディア」を与えた途端、手が届きそうに思われた霊的な存在は、「余りに娑婆臭」い別の何かへと変容してしまう。

けれども同時に、このような考え自体が、今となってはナンセンスであるようにも思われる。今日の私たちがメディアを介して触れる情報の大半は、物理的な実体を伴わないまま伝播し、拡散する。物理的な実体が、もはや確かさの条件ではなくなってしまった今、霊的な存在は、エクトプラズムを得て物質化する必要も、心霊写真に写る必要もないはずだ。

（浜野志保）

参考文献

- 浅野和三郎（1999／1929）『心霊講座——人間霊性の開花のために』潮文社
- Chéroux , Clément, et al. (2005) *The Perfect Medium: Photography and the Occult*, Yale University Press.
- Grant, Simon, Lars Bang Larsen and Marco Pasi (2016) *Georgiana Houghton: Spirit Drawings*, The Courtauld Gallery.

第3部｜9 Vernacular Media

ヴァナキュラー・メディア

キーワード KEYWORD
バーナード・ルドフスキー『建築家なしの建築』、イヴァン・イリイチ、『シャドウ・ワーク』、ロバート・ヴェンチューリ『ラスヴェガス』、商業的ヴァナキュラー、ジェフリー・バッチェン、ヴァナキュラー写真

ヴァナキュラーとは何なのか。そしてヴァナキュラー・メディアとはどのような意味をもつのか。

ヴァナキュラーとは元々、ある地域や時代の集団に特有の言語を記述するために用いられ、そこから派生して、ある地域や時代に結びついた「ふつう」の建築を記述するために使用されていたことばである。しかし、ヴァナキュラーを主張する論者たちによる、この語の使用例をつぶさに検討すればわかるように、ヴァナキュラーという概念自体の理解や定義はそれほど明瞭なわけではない。以下では、この語がどのような経緯を経てメディア論へ流れ込んだのか、その軌跡をあとづけてみよう。

近代化以前／近代化以後

ヴァナキュラーという語はもともと、「話し言葉の、口語的な」という意味、あるいは「土着の、自生的な、その土地固有の」という意味をもつ。前者は、標準語に対して各土地で使用される方言や日常語のことを指し、後者は、各土地の環境に応じて生

起した制作物などの表現様式のことを形容するのに使用されていた。

ヴァナキュラーを建築に関してはじめて用いたのは**バーナード・ルドフスキー**（1905–1988）である。彼は、その**『建築家なしの建築』**（ルドフスキー 1984［1964］）のなかで、土着の建築をヴァナキュラー建築という枠組みを通じて紹介している。それは、綿密な設計図に基づく、名のある建築家による「大文字の」建築作品ではなく、名も知らぬものたちを介して口承で長年伝えられてきた、その土地固有の風土や経験に基づいた、無数に存在する平凡な「小文字の」建築物を焦点化する試みである。藁葺き屋根や煉瓦造り、高床式倉庫や移動式の簡易住居などをそうした例として思い浮かべてもらえればわかりやすいだろう。

同様に、**イヴァン・イリイチ**（1926–2002）も、**『シャドウ・ワーク』**（イリイチ 1990［1981］）のなかでこの語を用いている。近代化以前、ひとびとの生活は、それぞれの土地の暮らしに根ざした固有性をもっていた、その固有性がヴァナキュラー的なものであり、それが近代化以後、商業化によって失われてしまうことが批判されている。

ヴァナキュラーというのは、「根づいていること」と「居住」を意味するインド - ゲルマン語系のことばに由来する。ラテン語としての vernaculum は、家で育て、家で紡いだ、自家産、自家製のものの全てに使用されたのであり、交換形式によって入手したものと対立する。〔……〕すなわちそれは、生活のあらゆる局面に埋め込まれている互酬性の型に由来する人間の暮らしであって、交換や上からの配分に由来する人間の暮らしとは区別されるものなのである（イリイチ 1990［1981］, 127）。

彼によれば、ヴァナキュラーとは、「日常の必要を満足させるような自立的で非市場的な行為を意味することば」で、例えば、「食物の準備、言語の形成、出産、さらにレクリエーション」（イリイチ 1990〔1981〕, 129）までカバーする語であるという。ルドフスキー＝イリイチの議論をいったんまとめておくならば、ヴァナキュラーという語で、近代化や商業化に対立する、かつての、今は衰滅しつつあるその土地固有の生活の活動や振る舞いやその成果が強調されているのである。

他方で、こうした土地との結びつきや土着性を基礎にした定義とは逆のヴァナキュラーの定義もある。例えば、**ロバート・ヴェンチューリ**（1925–2018）らは、『**ラスベガス**』（ヴェンチューリ 1978〔1972〕）のなかで「**商業的ヴァナキュラー**」という語を用いている。それは、ただ人目を惹くだけのラスベガスのカジノ建築などのように、モダニズムの建築言語を支えとしない、醜悪で平凡だが、自生的に存在し、広がっていく建築を指す。彼は、こうした流動的で束の間の建築の記号的表層をポストモダン建築に取り込もうとした。このように、ヴァナキュラーという語の用法は、一見すると正反対の意味合いをもつように思えるかもしれない。

ヴァナキュラーと言語

ここでいったんイリイチの『シャドウ・ワーク』に立ち戻ってみよう。

彼はまず、ヴァナキュラーを言語の問題として論じている。それは、各時代の各地域で制度的に教えられることはなく、相互的である互酬の様々な形態（日常に埋め込まれたことばの用法、例えば喧嘩、子守り歌、うわさ話、物語など）によって広まっていった俗語であるという。これに対立するのが、公用語のように制度的な専門家や教育者によって教えられることばであるという。すでに田中純や長谷正人が指摘しているように、ここには、ヴァナキュラーをその硬直した二項対立——前近代と近代、非商業主義と商業主義、閉じた共同体と共同体以降の社会のあり方——から解放してくれるような理論的側面がある（田中 2010; 長谷 2017）。

さらにイリイチは次のようにも言う。ヴァナキュラーな言語と公用語（彼は「母語」がそれだと言う）との区別は、エリート的言語と下層階級の言語、地域の言語と地域を超えた言語、制限された記号体系と修正された記号体系との区別とも違う（イリイチ 1990[1981], 149）。あるいはそれは、読むことと書くことの区別とも異なるという。

そうしたヴァナキュラーなことばの例として彼は、西アフリカのマリに住む、ある友人の言語能力について語っている。鍛冶屋である彼は、ソングヘイ語を家庭では話し、バンバラ語のラジオ放送を聞き、祈りにはアラビア語を用い、市場ではサビール語という交易語を用い、軍隊で覚えたフランス語をそこそこは使用することができる（ちなみに彼の挙げるもうひとりの例は、この友人と同様に、複数のヴァナキュラーなことばを次々と独自に習得し、書き／話していたコロンブスである）。複数のヴァナキュラーなことばを彼らは当然のように使用している。それは、単一言語が優勢であるような社会では賞賛されるようなことかもしれないが、それ以外の社会ではなんら特別なことではなかった。それは別に正式に教えられたり、単一言語を超えることでもたらされる立身出世という動機に促されたりしたものとは縁遠かったからである。ヴァナキュラーとはこうしたなんでもない複数性を特徴として帯びているのである。

複数的、移動的なヴァナキュラー

ヴァナキュラーからは、複数的なありかたに加えて、その移動的、脱境界的な側面も見てとることができる。先に挙げた田中は互盛央のソシュール研究（互 2009）、長谷は『全国アホ・バカ分布考』（松本 1996）を介して、ヴァナキュラーの移動性を指摘している。前者は、言語の脱境界性の運動が「語る主体」の「無意識」による自由な「連合」に根ざしていること——それは建築における「**弱い技術**」（中谷礼仁 2003）や日常的な「**ブリコラージュ**」（レヴィ＝ストロース 1976［1962］）にも通じる性質である——、後者は、ヴァナキュラーなことば／ものが閉じた「ヴァナキュラー」の地域性を越え出ようとする、身近でありながらもそれを飛び越える外部性をそもそも帯びていること——メディア文化におけるシミュラークルをも媒介としながら——へと論を進めている。

ここにはさらに、近代的な技術、例えば、映画や写真というメディア・テクノロジーを加えて考えてみることもできるだろう［↓3-1 複製メディア、2-1 フランクフルト学派］。一面では、大規模な資本の集中や合理的計画に基づき、巨大な構造物を作る近代的技術は「強い技術」であるのかもしれないし、なおかつそれは制度に仕え、地域を超えて均質で一様な浸透をしていき、その複製性や反復性によって身近で親密な次元をしだいに侵食するものに思えるのかもしれない。しかし、ヴァナキュラーと（「弱い技術」としての）近代的技術という両者をあえて結びつけて考えてみることもできるのである。

こうした結びつけは、**ミリアム・ブラトゥ・ハンセン**の「**ヴァナキュラー・モダニズム**」という語に見てとることができる（ハンセン 2010［1999］）。彼女はこの語によってモダニズムを、美術などの高級モダニズムに限定されない、大衆による生産、流通、消費の次元、それに伴う身体的次元を介した拡散のさまを捉えようとする。例えば写真や映画のような近代的テクノロジーは、それがけっして一方向的に均質に浸透していくのではなく、反応や受容する大衆がそれを翻訳し、作りかえ、ブリコラージュすることで異質で多様な経験を生起させ、なおかつその移動性やずれを帯びた反復性を増幅させることで、一枚岩的な近代化を揺さぶる契機を生み出していた。こうした意味で、彼女の言うヴァナキュラーは、土地の固有性に根ざすものというよりは、その閉塞性や閉鎖性を超えでていくような流動性を具えている。

ヴァナキュラーなもの／技術（メディア）は、身体と関わり合いながら、ある土地で生成することもあれば、ある土地に流入し、流出することもあり、その過程で、そのつどの身体と技術との間、身体と身体との間で変化し、変転し、一様に浸透する滑らかな表面に対する皺や折り目のようなものになって複数の軌道を描き、別の軌道とも接触し合いながら、さらなる変転を繰り返していく。ヴァナキュラーのこのような語感を保持しながら近代的な技術を考える視角は、前近代的なものへの回顧的眼差しでもなければ、かつての共同体に閉じた限定的な視線でもない。ヴァナキュラーにおいて一見して対立するように見える固有性と流動性は、このように継ぎあわせて刺激的に考え直すことができるのである。

ハンセンに並んで、写真研究者の**ジェフリー・バッチェン**は、**ヴァナキュラー写真**という言葉を用いて、写真史の書き換えを試みている。よく考えれば、写真や映画以降の複製メディアは、そのほとんどがヴァナキュラーなもの（無名のものにより習得された、流動的で脱境界的な、弱い技術の無数の例）であり、そこでヴァナキュラーの本来の意味合いが展開してきたことは明らかなのである［↓3-3画像メディア、3-8憑依メディア］。

最後に一枚ほど写真を挙げておこう。これは撮影者不詳のダゲレオタイプという初期写真である**［図1］**。それは、母の死を悼むために一組の男女が、若い頃の母の写真を手に持っているだけの何の変哲もない、当時は無数に存在したヴァナキュラー写真である。だが、ここには写真と身体との濃密で流動的な関わり方が刻印されている。男女ともにその手は写真の縁に触れている。ダゲレオタイプという金属板写真は、角度を変えるとポジ像やネガ像にも、さらには鏡にもなるイメージだった。人々はダゲレオタイプの縁を手で持って角度を変化させてはイメ

図1 撮影者不詳『ダゲレオタイプとともにいる男女』（1850）

ージの現れ方を切り替えていた。写真の縁はイメージの切り替えスイッチだった。当時の写真の中で、写真の中の写真に触れているポーズをとった人物が写っていることが多いのにはそうした理由がある。これに並んでもうひとつの理由もあった。それは、かつての被写体を想起することを写真に触れるポーズによって促すという意味である。二人の触れるポーズはこのように、故人を想起するように促す身振りなのである。そしてこの写真を手にする現在の私たちも、この写真に触れることでこうした想起の連鎖に巻き込まれていくに違いないのである。ヴァナキュラー写真の帯びる、横断的で流動的なあり方はこんなところにも現れているのである。

（前川修）

（本稿は前川修『イメージのヴァナキュラー――写真論講義 実例編』（東京大学出版会、２０２０年）第5章の一部を改稿したものである。）

参考文献

- イリイチ、イヴァン（1990［1981］）『シャドウ・ワーク——生活のあり方を問う』〈同時代ライブラリー〉玉野井芳郎・栗原彬訳、岩波書店
- ヴェンチューリ、ロバート（1978［1972］）『ラスベガス』石井和紘・伊藤公文訳、鹿島出版会
- 互盛央（2009）『フェルディナン・ド・ソシュール——〈言語学〉の孤独、「一般言語学」の夢』作品社
- 田中純（2010）「建てる主体の無意識——建築におけるヴァナキュラー」、『SITE ZERO/ZERO SITE』第3号、メディア・デザイン研究所、134-147頁
- 中谷礼仁（2003）「建築職人ウィトルウィウス——弱い技術」『10+1』第33号、INAX出版、12-25頁
- 長谷正人（2017）「ヴァナキュラー・イメージとメディア文化——シミュラークルとしての「ルー大柴」」、『ヴァナキュラー・モダニズムとしての映像文化』東京大学出版会、103-114頁
- ハンセン、ミリアム・ブラトゥ（2010）「感覚の大量生産——ヴァナキュラー・モダニズムとしての古典的映画」滝浪佑紀訳、『SITE ZERO/ZERO SITE』第3号、メディア・デザイン研究所、206-245頁
- 松本修（1996）『全国アホバカ分布考——はるかなる言葉の旅路』新潮社
- ルドフスキー、バーナード（1984［1964］）『建築家なしの建築』渡辺武信訳、鹿島出版会
- レヴィ＝ストロース、クロード（1976［1962］）『野生の思考』大橋保夫訳、みすず書房
- Batchen, Geoffrey (2004) *Forget Me Not; Photography and Remembrance*, Van Gogh Museum.

第3部—10 Screen Media

スクリーン・メディア

キーワード KEYWORD

レフ・マノヴィッチ、エルキ・フータモ、マジックランタン、ファンタスマゴリア、カメラオブスキュラ、シネマトグラフ、エジソン、キネトスコープ、ヴィルヘルム・レントゲン、X線、ジョナサン・クレーリー

一九九〇年代半ばから二〇〇〇年代にかけて、一方で屋外広告やターミナル駅、商業施設に設置されたデジタルサイネージによって都市空間にスクリーンが遍在し、また他方で携帯電話やパソコン、携帯型のゲーム機や音楽再生装置によって日常生活にも様々なスクリーンが浸透を始めた（大久保 2015）。二〇〇七年には携帯電話とインターネット、音楽再生装置の機能が一体となった「電話の再発明」として、高性能のタッチスクリーンを備えたiPhoneが発表されている［↓3-6 触覚メディア］。それから一〇年を経て登場したiPhone Xのキャッチコピーは「すべてがスクリーン」。あくまで電話の延長に位置づけられていたスマートフォンは、約一〇年かけてスクリーン・メディアの一つになっていったのである（大久保 2019）。iPhone Xと同じ二〇一七年の『情報通信白書』は「スマートフォン社会の到来」と「ビッグデータ利活用元年」を宣言したが、それもまた**レフ・マノヴィッチ**が二〇〇一年に見越していた「スクリーンの社会」の一部を構成していると言えるかもしれない。

> 今日、スクリーンは、コンピュータと連結されることで、急速に、静止画像、動画像、文章といったあらゆる種類の情報に対する主要なアクセス手段になっている。私たちはすでにスクリーンを使って日刊紙を読み、映画を見て、同僚や親類や友人たちと意見交換し、またきわめて重要なこととして、仕事をしている。私たちの社会がスペクタクルの社会なのか、それともシミュレーションの社会なのかは議論の余地があるだろうが、スクリーンの社会であることは疑いない。（マノヴィッチ 2013[2001], 154–155［訳文を一部改変］）

スクリーンの系譜

マノヴィッチは現在がスクリーンの社会であるとする一方で、スクリーンという技術の歴史性に注意を向けるよう促している。マノヴィッチはヴァーチャル・リアリティ（VR）やテレプレゼンス、インタラクティヴィティは、デジタルコンピュータによって可能になったことを認めながらも、それらは古くからあるスクリーンの技術に支えられていることを指摘し、その歴史を、古典的なスクリーン（ルネサンス絵画）、ダイナミック・スクリーン（映画）、リアルタイム・スクリーン（テレビ）、インタラクティヴ・スクリーン（コンピュータ）の四類型に分けて概観している（マノヴィッチ 2013[2001]）［↓1-4 ニューメディア／ソフトウェア］。

マノヴィッチがスクリーンの性質の違いに注目するのに対し、**エルキ・フータモ**は「スクリーン」という言葉の変遷からその歴史を辿りなおしている。オックスフォード英語辞典（OED）は「スクリーン」を、一四世紀から一五世紀に登場した言葉であり、当初は炎の熱や風を遮るための道具のことを意味していたと説明している。フータモによれば、これは具体的には、革や布あるいは紙といった薄い、時には透過性の素材を木製のフレームに張り付けた家具のことで、風や熱だけでなく、外光や視線を遮り、プライバシーや安全を確保するために使用された（Huhtamo 2017）。現在で言うところのパーティションや衝立、日本家屋の障子や屏風などもこの意味でのスクリーンに当たると言えるだろう。

フータモは、家庭に置かれたスクリーンの表面が絵画で飾られたり、透かしが入れられることで、イメージを提示する器具としても機能していた可能性を指摘している（Huhtamo 2017）。また暖炉の炎や蝋燭の灯を遮るために置かれたスクリーンに光の揺らぎや影が映り、ランタンの光や影絵の投影面になっていたとしても不思議はない。一五世紀以前から西欧ではランタンによってイメージを拡大・投影する装置が考案されていたが、レンズとスライドの機能が追加され、**マジックランタン**の原型が発明されたのが一七世紀だと言われる（大久保 2017）。この投影装置は一八世紀から一九世紀にかけて流行し、家庭用の機器も多く流通しており、その投影の際に衝立や遮蔽物として家庭に置かれていたスクリーンが使用されたことは想像に難くない［**図1**］。

図1 18世紀のマジックランタン

マジックランタンとカメラオブスキュラ

実際、家庭用の衝立であり、炎や風、外光や視線

Une Scène de fantasmagorie, d'après Moreau.

図2　19世紀のファンタスマゴリア

の遮蔽物だったスクリーンに、少なくとも一八世紀にはイメージの投影面としての意味が加わる。フータモによれば、一七四九年に刊行されたジェイムズ・ウッド『光学の原理』において、マジックランタンによって投影されるイメージが映しだされる面がスクリーンと記載されている。また著者が確認した限りでは、一七四八年のトーマス・ラザフォースの『自然哲学の体系』においても同様の用法が見られることから、映画の登場以前の一八世紀半ばには、イメージの投影面をスクリーンと呼ぶようになっていたと言えるだろう。

　またOEDに掲載された投影面としてのスクリーンの早い事例に一八一〇年の「**ファンタスマゴリア**の興行のための透明なスクリーン」がある（Huhtamo 2017）。ファンタスマゴリアは、マジックランタンによる投影と魔術的な効果を組み合わせた興行であり、そのスクリーンは透過性の紗幕で、ガラスに描かれた絵を背後から投影すると、映像だけが空中に浮かび上がるように見えたと言われる**［図2］**。また時にはスモークを焚いた室内で上映されることで、複数の投影装置によって映像が煙幕のなかを浮遊するような効果を出すことができた（大久保 2017)。一八世紀末から一九世紀に人気を集めたファンタスマゴリアの透過スクリーンは、ホログラフィやVR、あるいはマルチプロジェクションや映像を用いた大規模なスペクタクルの源流と言えるかもしれない[↓3-7 没入メディア]。

図3 19世紀のカメラオブスキュラ

一七四九年の『光学の原理』では、マジックランタンとともに**カメラオブスキュラ**の投影面もまたスクリーンと記載されている。カメラオブスキュラは、暗い部屋あるいは箱に小さな穴を開けた装置で、外界の光景はこの穴を通して倒立した像となって内壁に映し出される。この原理自体は古くから知られていたが、それが写実的な絵画を描くための装置として利用されるようになるのが一六世紀から一七世紀と言われる(大久保 2017)**[図3]**。カメラオブスキュラのスクリーンは、単に外界の映像を見るだけでなく、手をかざし投影面に触れながら鑑賞したり、トレーシングペーパーを置いて風景を描き写すためにも使われた(Huhtamo 2016)。家庭用の小型のマジックランタンがモバイルメディアの原型であるならば、カメラオブスキュラのスクリーンは、タッチスクリーンやペンタブレットの原型と言えるかもしれない[↓3-12 モバイル・メディア]。

シネマトグラフとエックス線

こうした数世紀にわたるスクリーンの用法の変遷の先に、一八九五年一二月にはその含意をさらに拡張する二つの出来事が起きている。一つは、パリのグランカフェにおける**シネマトグラフ**の最初の上映会であり、その成功はマジックランタンに由来する映像の投影面としてのスクリーンの機能をさらに定着させるとともに、「The Screen」すなわち映画というように、スクリーン・メディアの中でも映画を中心化させていくことになった。ただし、これまで繰り返し指摘されているように、シネマトグラフは当時行われていた様々な動く映像を見せる装置の一つに過ぎず、たとえば**エジソン**の**キネトスコープ**に代表されるような映像を覗き込む形式の装置も同時期に人気を集めていたことを付け加えておこう【**図4**】。のぞきからくりの伝統を引き継ぐこの形態は、現在のヘッドマウント式VRにまで受け継がれている。

図4 シネマトグラフとキネトスコープ

もう一つは、物理学者**ヴィルヘルム・レントゲン**による**X線**の発見である。奇しくもシネマトグラフの最初の上映会と同じ一八九五年一二月二八日、レントゲンは「新しい種類の放射線について」と題した論文の速報をヴュルツブルク物理学医学会会長宛に送付した。翌年には発見の証拠となる写真を送付しており、なかでも結婚指輪をはめた妻アンナの掌のX線写真は驚きを持って迎えられた。ここで重要なのは、レントゲンが写真撮影によってX線の存在を確証するきっかけとなったのが、蛍光材を塗布したスクリーンが放電管に反応して発光する現象の発見だったという点である（Colomina 2015）。この現象に気づいたレントゲンは放電管とスクリーンの間に様々な物体を置く実験を行い、スクリーンの前にかざした自らの手が透過し、骨の影だけが映し出されることを発見した［図5］。

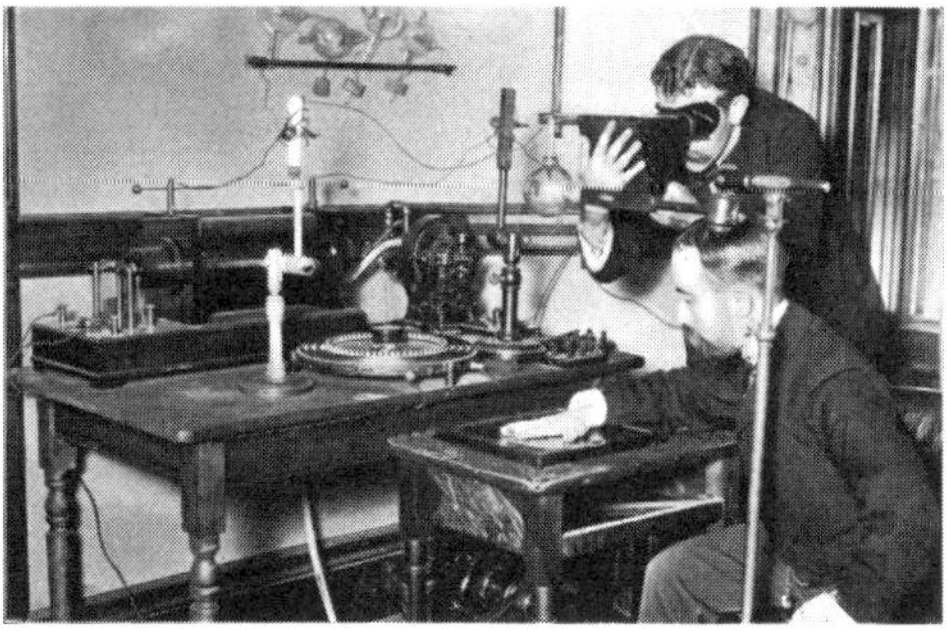

図5 19世紀のX線装置

　映画のスクリーンが機械的な光のプロジェクションによる動く映像の投影面であるならば、ここでX線のスクリーンは人間には知覚できないデータ、見えないものを可視化する装置として機能している。X線のスクリーンは、現在のレーダースクリーンやサーモグラフィ、暗視カメラの映像、様々なデジタルデータの視覚化の諸技術につながるような、不可視のデータを可視化する装置の原型一つに位置づけることが可能だろう［↓3-17軍事メディア］。

スクリーンというメディア

ここまで、ごく手短にスクリーンの歴史を振り返ってきた。ここで取り上げたのは多岐にわたるスクリーンの系譜のごく一部に過ぎない。**ジョナサン・クレーリー**が言うように、かつてスクリーンの代名詞だった映画とテレビは、その技術的形態や制度が比較的安定していた時期に、スクリーンの特徴を一時的に囲い込むことができていたが（クレーリー 2015[2014]）、その後とくに一九九〇年代から二〇〇〇年代以降の技術的変動のなかで、スクリーンは絶え間なく変化し続けており、今後もまた新たな形態が生まれては消えていくだろう［↓3-3画像メディア］。

しかしながら、古くからスクリーンは可視と不可視、提示と隠蔽、物質とイメージの間に存在し続けてきた。スクリーンは見えるものと見えないもの、認識できるものとできないものの配分に関わっており、であるならば、現在のスクリーンの遍在は多くのものを見せているようで、同時に隠し、見えなくもしている。スクリーンと映像に溢れ、可視性に覆われているかのように見える現在は、もう一方で、人間が知覚することができないデジタルデータが、人間の認識をはるかに超えた規模で流通し、リアルタイムで収集され解析され制御されていく時代でもある。日常に浸透するスクリーンの振る舞いに照準し、メディア横断的に作動するスクリーンの力学を批判的に読み解くためには、現在を別様に記述するための様々な歴史、複数の系譜が今なお必要とされている。

（大久保遼）

参考文献

- 大久保遼（2015）『映像のアルケオロジー――視覚理論・光学装置・映像文化』青弓社
- 大久保遼（2017）「写真はどこにあるのか」「映画の歴史を巻き戻す」飯田豊編『メディア技術史――デジタル社会の系譜と行方』北樹出版、25 - 54頁
- 大久保遼（2019）「あとがきに代えて」光岡寿郎・大久保遼編『スクリーン・スタディーズ――デジタル時代の映像／メディア経験』東京大学出版会、377 - 382頁
- クレーリー、ジョナサン（2015［2014］）『24/7――眠らない社会』石谷治寛訳、NTT出版
- マノヴィッチ、レフ（2013［2001］）『ニューメディアの言語』堀潤之訳、みすず書房
- Colomina, Beatriz (2015) "X-Screens: Röntgen Architecture," *e-flux journal* 66.
- Huhtamo, Erkki (2016) "The Four Practice?: Challenges for an Archaeology of the Screen," *Screens*, Dominique Chateau and José Moure eds., Amsterdam University Press, pp. 116–124.
- Huhtamo, Erkki (2017) "Screenology; or, Media Archaeology of the Screen," *The Screen Media Reader: Culture, Theory, Practice*, ed. Stephen Monteiro, Bloomsbury, pp. 77–123.

第3部—11 Internet Media

インターネット・メディア

キーワード KEYWORD
インターネット・プロトコル・スイート（TCP／IP）、ARPAネット、IMP、全米科学財団ネット、ティム・バーナーズ＝リー、ワールド・ワイド・ウェブ、HTTP、HTML、Mosaic、RTP、UDP、Flash、HLS、MPEG-Dash、CMAF

現代ではインターネットをプラットフォームとして利用しているメディアが増えている。そこでこの項目では、多くのメディアの融合・統合（「**メディアコンヴァージェンス**」）の基盤となっているインターネットの歩みを、そのプロトコルに着目してまとめることとする［↓1-6メディア・エコロジー、1-7プラットフォーム］。

インターネットはネットワーク間接続を指す一般名詞であったが、現在では**インターネット・プロトコル・スイート**（以後、TCP／IP）という約束に沿って複数のコンピュータネットワークを相互接続している、世界規模のネットワークのことを指すのが一般的である。一九六〇年代までのデジタルコンピュータは機種間での互換性が乏しく、ソフトウエアはおろかデータを共有するのも困難だった。それを乗り越えて、遠隔地のコンピュータ間でもデータを利用しあえたり、遠隔地のコンピュータ・ユーザーがコミュニケーションできるようになったりしたことで、コンピューティングの世界は飛躍的に拡がった。これを支えたのがコンピュータ・ネットワークの発展である。このために必要だったのが物理的な通信の基盤と、異種のコンピュータ間でデータのやりとりをできるようにする通信上の取り決め（プロトコル）の確立であった。この項目ではプロトコルの発展に注目して、インターネットがメディアとしての役割を担うようになった歩みを概観する。

ネットワークのプロトコル

現在のインターネット上のさまざまな技術的仕様は、ＩＥＴＦ（Internet Engineering Task Force）によるＲＦＣ文書にまとめられている。この文書群の始まりは、**ＡＲＰＡネット**の仕様策定のワーキンググループの会議の議事録で、「コメントを求む（Request for Comments）」として参加者間で回覧されたため、ＲＦＣと呼ばれるようになった。ＡＲＰＡネットとは、米国国防総省の情報技術部による研究助成で開発された時分割処理（タイムシェアリング）システム間を結ぶために作られた、コンピュータネットワークである。一九六九年の稼働に至る前から始められたワーキンググループの議事録は、当初はまだネットワークがなかったため紙ベースであったが、後に電子化され現在は全てインターネットで閲覧可能（https://www.rfc-editor.org/search/rfc_search.php）である。

ＡＲＰＡの情報技術部の助成先間の異種のコンピュータ・システムをつなぐネットワーク実験提案の報告は、早くも一九六六年の米国コンピュータ合同会議に出されている（Marill and Roberts 1966）。このおよそ一年後に、実際に東海岸（マサチューセッツ州のリンカーン研究所のTX-2）と西海岸（カリフォルニア州のＳＤＣのAN-FSQ-32）のシステム同士が、互いが相手を自分の端末のひとつとみなして、電話線を介してデータをやりとりする実験が行われた。この成功を受けてＡＲＰＡネットの実装プロジェクトが本格的に立ち上がった。ほどなくネットワーク上のシステムはホストコンピュータと呼ばれるようになり、ホストの端末のひとつにネットワーク専用の小型コンピュータをつないで、その小型コンピュータのネットワークを作成する方法で、たくさんのホストをつなぐことができることがわかった。この小型コンピュータが**IMP**（Interface Message Processor）と呼ばれた、今日のルータの祖先である。ARPAネット実現のためにIMPおよびそのサブネットワークの設計を担当したのが、BBN社であった。

RFCを回覧していたのはホストコンピュータを持つ拠点（ノード）の若手研究者たちで、IMPのサブネットワークの層の上に、ホスト間のネットワークの層を作ってそちらを担当する役割を担っていた。こうして、より下層の通信層（BBN社担当）とその上のホストの層（ノードの代表者によるワーキンググループ担当）が役割分担しながら独立性を保ってネットワークを実装したことが、通信ネットワークにおけるプロトコル階層構造モデル一般化の起源となったと指摘する研究者もある（Abbate 2000, 63, 80）。こうして初期のARPAネットでは通信層、ホスト層、アプリケーション層の三層が実装され、それぞれにプロトコルがつくられた。ARPAネット初期から使われていたアプリケーション層のプロトコルは、遠隔ログインに使う**Telnet**（初出が一九七一年二月のRFC 97）、ファイル転送に使う**FTP**（初出が一九七一年四月のRFC 114）、メールに使うメールボックスプロトコル（初出が一九七一年七月のRFC 196。ちなみに現在も使われている**SMTP**（Simple Mail Transfer Protocol）の初出は一九八〇年一一月のRFC 788）などである。こうした初期にはユーザー数は限られており、他のノードのコンピュータへのログインには前もって利用申請が必要であることがほとんどで、ネットワークの匿名利用はほぼなかった。また当時はグラフィックスを表示するディスプレイを備えた端末は、ハイエンドでまだ少なかった時期であり、当時のネットワークは主にテキストベースのメディアであった。

インターネットの普及をささえたHTTP

やがて一九七〇年代前半から、ARPAネットを支える技術者コミュニティのIETFでは、異なるプロトコルのネットワークとの接続のために、通信層とホスト層を刷新してインターネット層（IP層）を加え、リンク層、IP層、トランスポート層、アプリケーション層の四層からなるTCP／IPと呼ばれるプロトコル階層構造が構想され、一九八一年九月のRFC 791（Internet Protocol, IPについての標準）、RFC 793（Transmission Control Protocol, TCPについての標準）で仕様が詳しく発表された。一九八三年にはARPAネットがこの新しいプロトコル階層構造に全面的に移行し、同じTCP／IPを使った国防総省の事務連絡用のネットワークMILNETが分離した。ARPAネットは一九九〇年には停止することになるが、TCP／IPの策定を行なったIETFはインターネットの技術標準団体として機能し続けた。

また八〇年代半ばには、TCP／IPを使った**全米科学財団ネット**（NSFNET）が開始された。このネットワークが学術団体以外にも利用の門戸を広げる商用解禁を行なった一九九三年には、当初二〇〇〇人規模だったネットワークのユーザー数が二〇〇万人へと拡大したことが、全米科学財団によるNSFNETの歴史に記載されている（https://www.nsf.gov/news/news_summ.jsp?cntn_id=103050）。このネットワークに、TCP／IPに移行したパソコン通信や各種商業ネットワークなども合流し始め、それぞれ内部で閉じていた情報の流通が、インターネットを基盤メディアとして世界規模に拡大する時代の幕が開いた。

この頃、欧州原子核研究機構（CERN）に所属していた**ティム・バーナーズ゠リー**が、所内の情報共有のために、リンク構造でテキスト同士を関連づけるハイパーテキストを、ネットワーク上で実現するシステムを一九八九年に提案していた。**ワールド・ワイド・ウェブ**（World Wide Web）と呼ばれるこのシステムは、アプリケーション層のプロトコルとして**HTTP**（Hypertext Transfer Protocol）が、またその記述言語として**HTML**（Hypertext Markup Language）が実装された。この仕様にしたがってネットワーク上で情報を共有するための Web サーバがたてられ始め、これを閲覧するためのソフトウェアである Web ブラウザが作られるようになる。一九九三年には、テキストだけではなく画像も扱うことのできる Web ブラウザ、**Mosaic** がイリノイ大学の国立スーパーコンピュータ応用研究所（NCSA）で開発され、ソースコードも公開された。こうした Web 関連技術の普及により、やがてインターネットはテキストや画像を含む、未曾有の規模の情報共有メディアへと成長してゆく。

HTTPの仕様がIETFのRFC文書に登場するのは、一九九七年の RFC 2068 だが、技術標準は一九九九年の RFC 2616 である。またHTMLやCSS、Web アプリケーションといった Web 技術に関しては、一九九四年にバーナーズ゠リーらがW3C（World Wide Web Consortium）を創設し、標準を策定している。

映像ストリーミング

現在のインターネットの利用目的はさまざまで、総務省の情報通信白書（平成三〇年版）によれば、日本国内では八割のユーザーが電子メールを利用しており、利用目的のトップとなっている。これに続き、天気予報、地図・交通情報、ニュースサイトなどが六割程度のユーザーが利用目的として挙げる人気のコンテンツとなっている。しかしネットワークのトラフィック（通信量）の観点から、圧倒的に大きな部分を占めているのは動画視聴である。ネットワーク機器ベンダーのSandvineによる二〇一八年の世界のインターネット動向調査報告によれば、ダウンストリーム（つまりユーザーが受信しているデータの流れ）の六割近くが映像視聴であった。

普及当初はテキストと画像を扱っていたインターネットであったが、一九九六年一月には、ネットワークカメラなどによるリアルタイムの音声や映像の配信を行うためのプロトコルである**RTP**（Real Time Transport Protocol）標準がまとめられた（RFC 1889）。またすでに、インターネットを支える基盤サービスが使う、信頼性よりも応答速度を重視したIPネットワーク上のトランスポート層のプロトコル**UDP**（User Datagram Protocol）は早くから標準化されており、このUDPとRTPのふたつを使って黎明期の動画配信が始まった。この時期は、ユーザー側に専用再生ソフトが必要であった。

こうしたインターネットを介しての映像・音声の配信が広がる二〇〇〇年代前半に広く使われていた技術が**Flash**である［↓3－3画像メディア］。これはUDPではなくTCPを使ったMacromedia社のマルチメディア配信方式で、Webサイトに組み込むこともできたがFlashプレイヤーという再生ソフトが必要であった。ところがApple社は二〇〇七年のiPhone発売に際してFlashプレイヤーの搭載を拒否し、独自にHTTPを使って映像・音声を配信する**HLS**（HTTP LIVE Streaming）を採用した（やがて二〇一七年にRFC 8216でこの仕様が公開される）。また**MPEG-Dash**（Dynamic Adaptive Streaming over HTTP）が二〇一二年にISO国際標準規格として発表され、いずれもHTTPをベースとしたHLSとMPEG-Dashのふたつの方式が主流となってきた。またそれらを統合的に扱える**CMAF**（Common Media Application Format）が二〇一八年にISO国際標準規格となったことで、HTTPを介した動画配信はますます定着している。
このようにインターネットは、特にHTTPというアプリケーション層のプロトコルによって、初期にはテキストと画像、そして現在は映像・音声までも扱う、多様なメディアのプラットフォームとなったのである。

（喜多千草）

参考文献

- アバテ、ジャネット（2002[2000]）『インターネットをつくる——柔らかな技術の社会史』大森義行・吉田晴代訳、北海道大学出版会、2002年
- 村井純（2014）『インターネットの基礎——情報革命を支えるインフラストラクチャー〈角川インターネット講座1〉』KADOKAWA
- Lynch, Daniel C. and Marshall T. Rose (1996[1993])『インターネットシステムハンドブック』村井純監訳、インプレス
- Marill, Thomas and Lawrence Roberts (1966) "Toward a Cooperative Network of Time-Shared Computers," *AFIPS Fall Joint Computer Conference Proceedings*, vol. 29, pp. 425–431.

第3部—12 Mobile Media

モバイル・メディア

キーワード KEYWORD
スマートフォン、携帯電話、モビリティ研究、ノートPC、タブレット、アンソニー・エリオット、ジョン・アーリ、移動する日常、RFID、公／私、SNS、鉄道、トーマス・クック、書籍

モバイル・メディアと聞いて、読者の大半がまず思い浮かべるのは**スマートフォン**ではないだろうか。二〇二〇年と二〇〇〇年を比較すると、私たちが日常的に持ち歩くメディアの数は減少していることに気づく。なぜなら、二〇年前であれば、通信のためには**携帯電話**を、撮影にはデジタルカメラを、音楽を聴くためには携帯型CDプレイヤーを、そして読書には書籍をと、用途に応じて異なるメディアを携帯していたからだ。ところが現在、これらは全てスマートフォン一台で事足りる。

上述からは「モバイル・メディア」には、メディアをモノとして「携帯できる（portable）」という意味があることが分かる。一方で、つい私たちが見落としがちなのは、それらがその所有者とともに「移動している（on the move）」メディアでもあるという点だ。実は前者に注目すると、例えば自動車電話から移動電話へ、移動電話から携帯電話へ、さらにはスマートフォンへとその用途に依拠したカテゴリー（本書では「通信メディア」）にその記述は囲い込まれてしまう。したがって、このような用途に基づく

細分化から離れて「モバイル・メディア」というカテゴリーを設定するとすれば、それは後者、すなわち私たちの移動を媒介する何かとして考えてみる必要がある。

移動を支えるインフラストラクチャーとしてのモバイル・メディア

このような場合、モバイル・メディアは大きく二つの観点から検討することができる。一方が「移動を支えるインフラストラクチャー」としてのモバイル・メディア。他方が「移動の経験を媒介するインターフェイス」としてのモバイル・メディアである。

前者については、一九九〇年代のグローバル化社会論から、現在の**モビリティ研究**にいたるまで、現代社会を特徴づけるヒト、モノ（商品）、コト（情報）の国境を越えた移動は、その過程でいつでもどこでもその旅程をコントロールしながら、必要に応じて必要な相手とのコミュニケーションを可能にするメディア・テクノロジーの発展と紐づけられて論じられてきた〔↓3-14 物流メディア〕。例えば、二〇世紀末の高度資本主義社会において優越的地位を占めたニューヨーク、ロンドンといったグローバル都市は、その基盤を世界的な情報のフローのノードであることに置いていた（カステル 1999 など）。

このグローバルな情報ネットワークはその量、速度の両面で拡大していくが、続く二一世紀最初の一〇年を特徴づけたのは、そのネットワークへのアクセスを可能にする情報機器の小型化、高機能化である。具体的には**ノートPC**の軽量化が進み、スマートフォン、**タブレット**といった携帯型情報端末が出揃っていく。世界中を飛び回るビジネスパーソンや、海外から故郷に送金する出稼ぎ労働者といった移動する人々は、まさにこれらのメディアを使いこなすことで家族との関係や仕事といった日常の営みをやりくりしてきたのである。このような生活を、移動の社会学者である**アンソニー・エリオット**と**ジョン・アーリ**は「**移動する日常**（mobile lives）」（Elliott & Urry 2010）と呼んでいる。

この間、モバイル・メディアは上述のような携帯型情報端末の統括概念として認知されていく。ただし、ここで留意すべきなのは、情報端末単体がモバイル・メディアとして想定される機能を果たしているわけでもない点だ。つまり、モバイル・メディアというモノ自体の特徴はあくまで携帯可能な点にあり、それらがいつでもどこでもコミュニケーションを媒介するのは、その前提として社会全域に広がる情報ネットワークが存在し、そのネットワークを通じて手許の情報端末上のコンテンツやアプリケーションが更新され続けるからである。つまり、モバイル・メディアはその小さなスクリーンの裏側に接続された巨大な情報インフラストラクチャーと一体なのである［↓1-7プラットフォーム］。

ゆえに近年のモバイル・メディア研究は、メディア・インフラストラクチャーの議論に接近している。貨物コンテナに貼り付けられたRFIDタグ（というモバイル・メディア）を衛星から追尾することで、商品の輸送ルートや港湾労働まで効率性のもとで解析することが可能となった現代社会のディストピアを指摘したネッド・ロシターの著作（Rossiter 2016）などはその一例と言える［↓1-8政治とメディア］。

移動の経験を媒介するインターフェイスとしてのモバイル・メディア

一方でモバイル・メディアは、移動の経験を媒介するモノそのものでもある。通勤の車両内で音楽を聴いたり、大学での授業の合間にSNSを閲覧したりすることで日常の隙間時間に意味を充足すること。同様に、旅行先での様子を随時SNSにポストしながら、その場には不在の友人や家族と会話をすることで、その経験の意味づけを確定していくといった行動がそれに当たる。

これまで「マス」を前提としたメディアは、海外ニュースのようにいつかどこかで起きたことを間接的に経験させる機能を果たしてきた。ところが、常に何らかのメディアを携帯している現在、「モバイル・」メディアは、むしろいつでもどこでも私たちの経験に直接的に介在する。この過程で生じている重要な変化の一つが、日々の経験における「**公／私**」の感覚の揺らぎである。

メディア経験における「公／私」という分析軸の重要性は、一九八〇年代以降のイギリスを中心としたメディア研究のなかで認知されてきた（McCarthy 2001など）。そこでは、メディア経験の意味づけは、視聴者のメディア消費の空間とカップリングされてきた。例えば、リビングで家族とドラマを視聴すればプライベートな経験とされるのに対して、国立競技場の大画面スクリーンでサッカーの日本代表を応援すればパブリックな経験になるといった具合にである。

ところが、モバイル・メディアが介在することで個々のメディア経験における「公／私」の境界は曖昧になる。もう少し精確に言えば、その境界は時間的側面も含め多孔的である。例えば、通勤・通学の車両内であれば、手持ち無沙汰でドアの上部に位置するデジタルサイネージを眺める乗客はある意味ではパブリックな映像視聴をしている一方で、手許のスマートフォンでSNSのタイムラインをさかのぼったり、ECサイトでウインドウショッピングをしたりしている乗客はプライベートなメディア経験をしている。加えて、両者とも時間に応じて行動を変化させる。旅行の事例でも、観光地という大人数が集う公的な空間でスマートフォンから写真をポストしコミュニケーションを継続するという行為は、一貫して不在の私的な関係性に向けられている。つまり、メディアと接触する空間に基づいてその経験を同定することを、モバイル・メディアは困難にしてきたのである。この論点については、位置情報サービスを前提としたスマートフォン上のアプリケーションを通じて自身の親密な関係性を維持する若者の様子を描いた、アドリアーナ・デ・スーザ・エ・シルヴァの研究（de Souza e Silva & Frith 2012）などがある。

移動することとメディアの相互規定性

ここまでの議論を踏まえると、「モバイル・メディア」という言葉の持つもう少し込み入った含意に近づくことができる。それは、移動することとメディアの相互規定性とでも当座呼ぶべきものだ。そこで、時間を一九世紀のイギリスに巻き戻してみよう。

イギリスの一九世紀とは**鉄道**の世紀であり、特に世紀の半ばには主要な鉄道網の整備が進む。この過程で二点の重要な変化が生じる。一つは、当時最速の情報ネットワークが形成されたことだ。この期間には電信の整備も並行して進むが、日々の情報伝達の大半が文字、つまり文書で行われていた以上、モノとしての文書を最速で運ぶネットワークこそが鉄道であった［↓3-13 観光メディア、3-15 通信メディア］。同時に鉄道は、大量のヒトとモノを輸送する役割を担ったことで、国内標準時の整備を促す。なぜなら、鉄道が到着する町ごとにローカル時間を採用していると、待ち合わせも難しければ、効率的な物資の輸送にも滞りが出るからである。

すると生まれたのが、一九世紀を代表するベストセラーでもありモバイル・メディアとなった**トーマス・クック**の時刻表である。当時の旅行者は、「時刻表＝書籍」という携帯可能なメディアを通じて、この新たな移動の形式をそれなりに快適な経験へ成形しようと試みたのである。つまり、鉄道が生み出す移動とそこから派生した標準時がなければ時刻表というメディアは生まれず、時刻表があることで鉄道での移動が社会的に飼い慣らされていく。

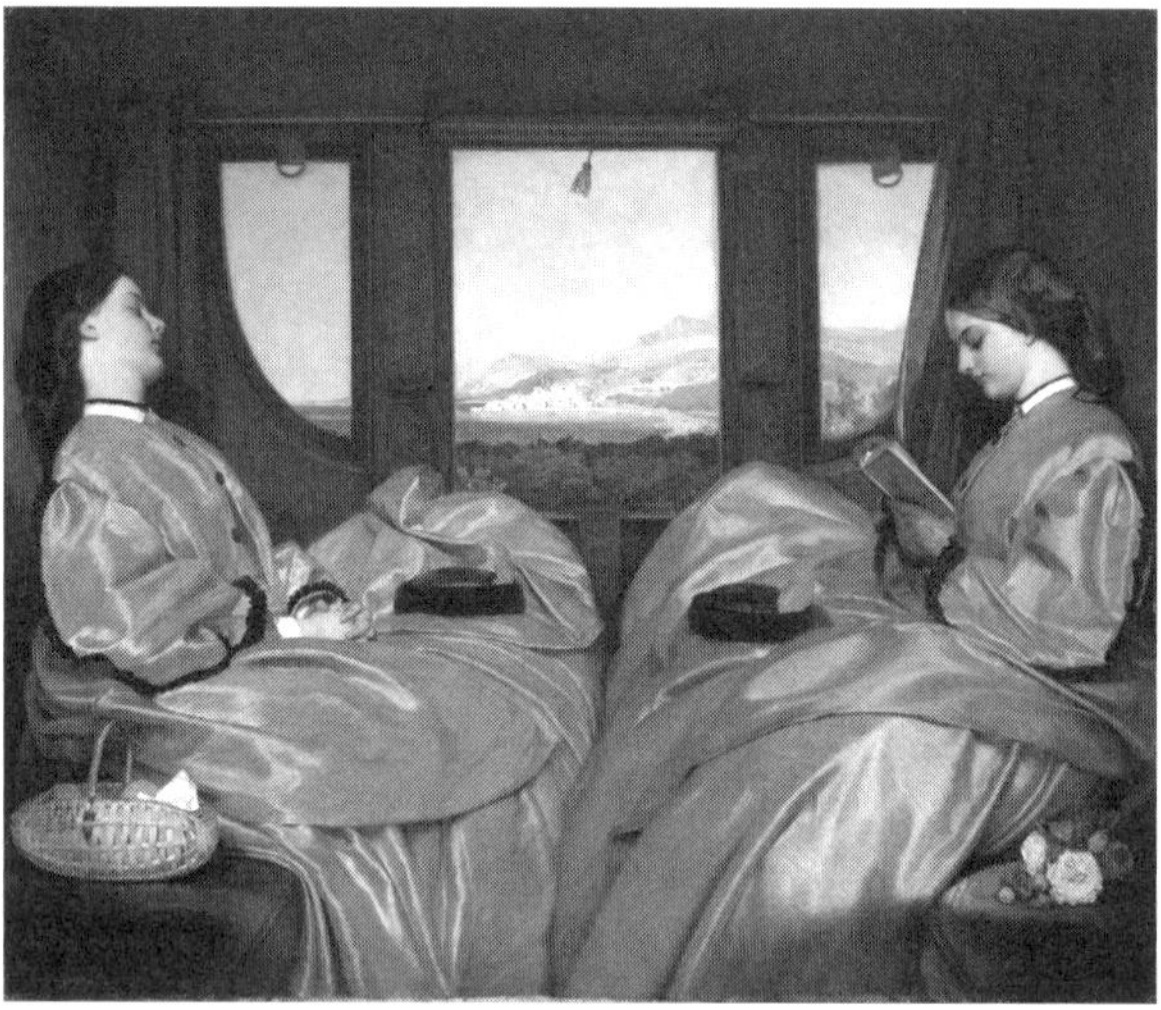

図1 オーガスタス・エッグ『旅の道連れ』(1862)

同時に鉄道が一般化したことで、人々は客車という公的空間を見知らぬ人と共有せざるを得なくなった。ここで、車両内での気まずさを低減してくれたのが、**書籍**というメディアであった［↓3－2 出版メディア］。ヴィクトリア朝期の画家オーガスタス・エッグ（1816–1863）の『旅の道連れ』（一八六二年）に描かれた二人の女性のように、一方の乗客は居眠りをすることで、他方の乗客は視線を書籍に落とすことで一時的に私的な空間を生み出しその中に閉じこもる**【図1】**。この行動は、現在の通勤の際にも、特に何も目的がなくともとりあえずスマートフォンを手に取って視線を隠し、一時的に自身を私的空間へと遮蔽するのとさほど変わらない。このように、当時から「移動すること」と「モバイル・メディア」はお互いの社会的意味付けを相互に規定し続けてきたのである。

　最後に、一般的な語感に加え、日本の場合にはポケベルから続く携帯型情報通信端末としてのモバイル・メディア研究の蓄積が厚いため、ややもするとモバイル・メディアとは、通信端末そのものだという素朴な理解に陥りやすい。けれども、ここまで見てきたように、メディアのモバイル化は、近代以降の移動の加速化と不可分なのであり、この関係性を描く分析概念としてこそ十全の意義を発揮するはずだ。

（光岡寿郎）

参考文献

- カステル、マニュエル（１９９９）『都市・情報・グローバル経済〈社会学の思想２〉』大澤善信訳、青木書店
- de Souza e Silva, Adriana and Jordan Frith (2012) *Mobile Interfaces in Public Spaces: Locational Privacy, Control, and Urban Sociability*, Routledge.
- Elliott, Anthony and John Urry (2010) *Mobile Lives*, Routledge.
- McCarthy, Anna (2001) *Ambient Television: Visual Culture and Public Space*, Duke University Press.
- Rossiter, Ned (2016) *Software, Infrastructure, Labor: A Media Theory of Logistical Nightmares*, Routledge.

第3部―13 Tourism Media

観光メディア

キーワード KEYWORD
トーマス・クック、ダニエル・ブーアスティン、旅（travel）、観光（tourism）、ピクチャレスク・ツアー、ヴォルフガング・シヴェルブシュ、パノラマ的視覚、ジョン・アーリ、ミシェル・フーコー、まなざし、万国博覧会、ヴァルター・ベンヤミン

現代のポスト産業社会で観光は、さまざまな業界を巻き込む一大産業であり、国家政策のなかでも重要な位置を占めるようになっている。従来型の名所などを巡る観光だけでなく、アニメなどの「聖地巡礼」に代表されるようなコンテンツ・ツーリズムや、負の遺産を巡るダーク・ツーリズム、そして環境に配慮したエコ・ツーリズムなどのさまざまな形態のバリエーションが存在する。また過剰な観光による観光地の疲弊もオーバー・ツーリズムとして問題となり、持続可能な観光のあり方も模索されている。

本項では、観光のはじまりとされる一九世紀の事例を中心に、観光という行為を人間と場所を媒介する視覚的メディアとして捉える視座を提示してみたい。

観光の発明

一八四一年、**トーマス・クック**（1808–1892）によって、イギリスのレスターから隣町のラフバラーを目指した団体周遊旅行が企画され大成功を収めたのが、近代的な観光のはじまりとされている。**ダニ**

エル・ブーアスティンが指摘したように、巡礼や商用などに代表される前近代以来の旅（travel）が、主に何かをするための旅であったのに対し、近代における**観光**（tourism）とは、メディアに用意された何かを見るための旅になった。彼は、複製技術革命と交通技術の進歩の結果として、受動的な「疑似イベント」を楽しむ観光者が登場したという。その結果、旅行は、「一つの活動――経験・仕事――ではなくなり、その代わりに一つの商品になった」のである（ブーアスティン 1964［1962］, 97）。以降、観光に関するテクストで繰り返し引用されるブーアスティンのテクストが、批判的観光研究のさきがけとなる（観光研究の系譜および問題点については東（2017, 27–30）に簡潔にまとめられている）。

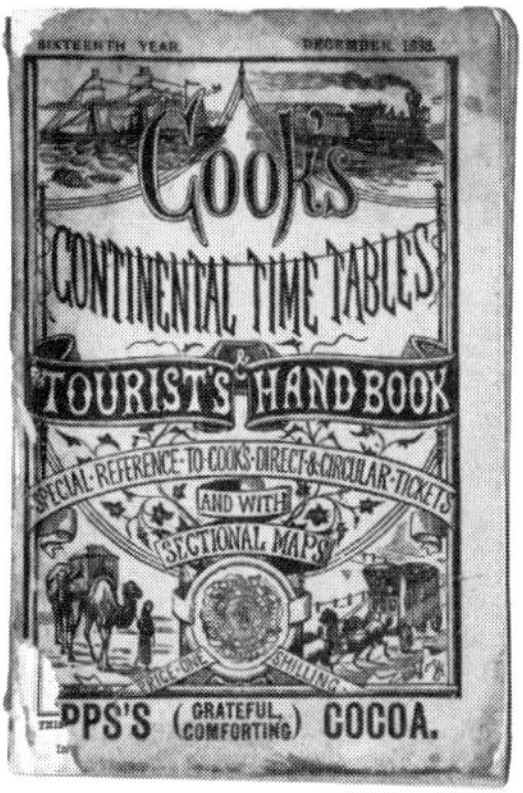

図1『クック社の大陸時刻表および観光者のハンドブック』表紙（1888）

『オックスフォード英語辞典』によると、「tourism」という単語が、英語の語彙に登場したのは一八一一年頃であった。トーマス・クック社が初期に企画したのは、主としてイギリス国内旅行であったが、次にヨーロッパ全域、さらには欧米列強による世界的な植民地化が行われた時代、観光産業の網目は地球全体を包み込むようになった［**図1**］。ここにテクノロジーによって安全に囲い込まれた危険のない旅――観光――が姿を現す。観光者は、あらかじめガイドや旅行社によって推薦された旅程を辿り、場所から場所へと経巡ることとなる。

そうした観光の成立を準備したのが、**ピクチャレスク・ツアー**と呼ばれた旅であった。すなわち、イギリスの湖沼地帯を歩き回り、ピクチャレスクな景観を見つけだすことを至上の目的とする旅のことである。「ピクチャレスク」とは、本来「絵のような」という意味であるが、一八世紀のイギリスでは、優美と崇高の間隙にある一種の美的カテゴリーとされ、たとえば曲がりくねった道や川、険しい山、伸び放題の樹木など〈ごつごつとした《ラギッド》〉ものに見出された一種の美である。ただし本来、ピクチャレスクなものを見出すことのできる目利きは、修練を積んだ一握りのエリート教養人に限られる。とはいえ、そうした目利きが書いたガイドに従い、その指示通りに風景を見れば、素人でもピクチャレスクな風景を楽しむことができるようになる。このようにして一九世紀後半からさまざまなガイドが出版され、そのフォーマットは一九世紀の観光ガイドにも受け継がれていく。このようにして、トラベルは、メディアによって指示されたものを見るツーリズムに変容した。観光とは、すなわち視覚文化の一形態であり、場所と人間を視覚的に媒介する装置＝メディアでもあったのである。

鉄道とパノラマ的視覚

ヴォルフガング・シヴェルブシュによれば、一九世紀後半の鉄道の発達の結果、ヨーロッパ人の知覚は劇的に変化したという。産業革命以前の旅において、旅行者は自らもそのなかに含まれる前景を仲介として、常に景観と同一空間に属していた。ところが、高速で移動する鉄道の車窓から、飛び去るように過ぎていく前景を捉えることは不可能に近い。ここにおいて、車上の人と景観のあいだには「ほとんど実体なき境目」が挿入されることとなった。この前景なき空間認識を、シヴェルブシュは「**パノラマ的視覚**」――刹那的とも言い換えられる視覚体験――と呼ぶ。パノラマとは一九世紀に大流行した視覚装置で、建物の円形の壁面に三六〇度の景観画を設えて、観客が中央のデッキを歩きながらそれを楽しむ施設であった。そこでは、見る者と見られる景観は切り離されている。「パノラマ的にものを見る目は、知覚される対象ともはや同一空間に属していない」とシヴェルブシュは述べる（シヴェルブシュ 1982［1977］, 80）。鉄道とは単に革新的な交通技術にはとどまらず、それを利用するブルジョワたちの知覚そのものを変容させる文化装置であった［↓3-12 モバイル・メディア、3-15 通信メディア、3-17 軍事メディア］。一九世紀後半に観光旅行に赴いた人々は、すでにこの知覚の変容を体験していたと想定できよう。観光者たちは、自らと同一空間にある景観ではなく、あくまでも離れた、奥行きのない平面として景観を見る。その光景は、主体の移動に伴って、次々と過ぎ去っていくものであった。この知覚の変動の上に観光旅行が成立したのである。

観光のまなざし

このようにして世界中の見るべき場所、すなわち「sight-seeing」に適した場所が世界中から選別され、観光地となる。同時にそれらは、ヨーロッパに運ばれ、商品となった。その景観を運んだ乗物――メディア――こそが、観光の発明と同時期の一八三九年にその技法が発表された写真であった［↓3-8 憑依メディア、3-9 ヴァナキュラー・メディア］。**ジョン・アーリ**は、**ミシェル・フーコー**（1926–1984）による〈**まなざし**〉の概念に基づき、「観光のまなざし」もまた、社会的に構造化され、組織化された視覚の制度であると指摘した。彼は「〔観光という〕体験の一部は、日常から離れた異なる景色、風景、町並みなどに対してまなざしもしくは視線を投げかけることなの」であるという（アーリ 1995［1990］, 2）。その上で彼は、写真とは「見ることとの、記録することとの、社会的に制度化された一方法である」と述べ、写真と観光のまなざしの関係について、次のように述べる。「旅行とは、出掛ける前に、原型として既に見ているイメージの、自分用に焼き直したものを、現地で指差して、そこに確かに来たということを証明する作業に結局はなっているのだ。写真は、従って、観光のまなざしと親密に結びついている」（アーリ1995［1990］、249）。すなわち、観光者とは、写真と観光という一九世紀後半に成立した視覚的制度のエージェントであったというのである。

世界の可視化

観光、写真とほぼ同時期に登場したのが、**万国博覧会**であった。第一回万博が一八五一年に開かれたのはロンドン。当時世界を制覇していたイギリス帝国が掲げたスローガンが「文明化の使命（civilizing mission）」である。「未開」で「野蛮」な土地を教え導き、蒙を啓くことこそが、文明国たるイギリスの使命であるというのである。ここに文明の光によって闇を払うというメタファーが成立する。世界を啓蒙する（enlighten）ことは世界を可視化することであり、その帝国の首都で万博が開かれたのである。

博覧会とは、主催国の産業力を際だたせる目的を持っていた資本主義のスペクタクルでありながら、同時に帝国のスペクタクルでもあった。一八六七年のパリ万博の主会場の中心に建てられたのは、巨大な長円形の建造物であり、その内部は放射状に分割されて、各国の展示がなされていた**［図2］**。したがって来場者は、同心円上の回廊を一周巡るだけで、世界中の国々の民族、文化、産業を見ることができたのである。それは、パノラマを巡り見る体験と相似した体験であったろうし、簡単にヨーロッパ列強の植民地を含む世界一周観光を果たすことができたのである。**ヴァルター・ベンヤミン**（1892–1940）［↓2-1 フランクフルト学派］が指摘したように、パノラマとは田舎の風景を都市に持ち込むこと——あるいは、都市を田舎に拡張すること——であった（ベンヤミン 1995[1935], 334）ならば、博覧会とは世界をヨーロッパの大都市に持ち込むことであったのであろう。

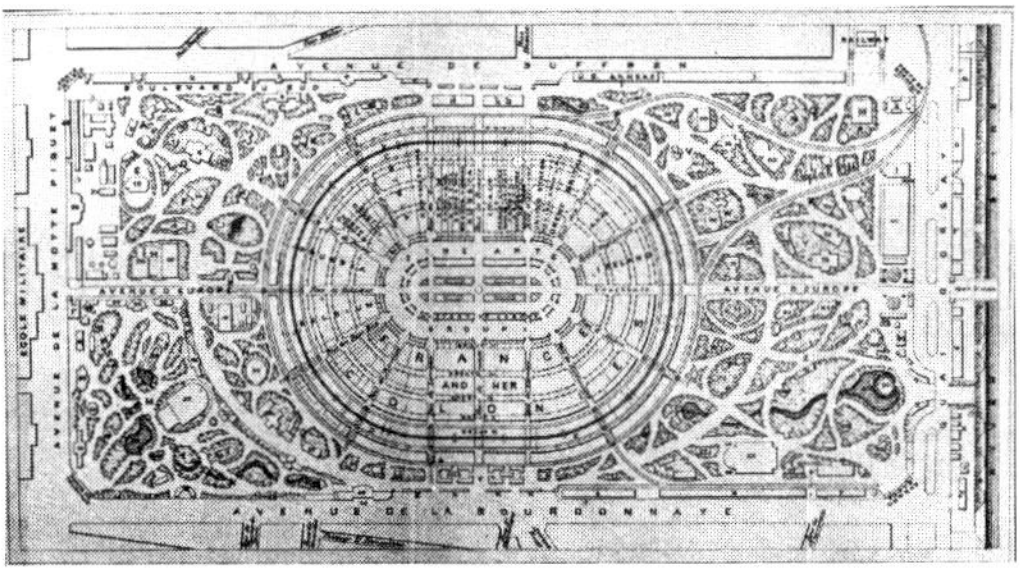

図2 パリ万国博覧会の主会場のシャン・ド・マルス会場図

すなわち、来場者は万博会場の向こうに地球全体を見ていたといえる。アン・マックスウェルの述べるように、「写真と博覧会は、文化的生産の別の領域を構成しているものの、両者とも主として視覚的なものを言語として用いる、冒険愛好者や観光者の趣味に応えるものであった」のである（Maxwell 1999, 9）。

したがって、一九世紀において、観光と写真、博覧会は、帝国による世界の可視化のプロジェクトの一環をそれぞれ構成していたといえるであろう。帝国主義の時代が終わり、高度情報化社会の現代に至っても、観光は健在である。それどころか、グローバル化にともなって、それは一九世紀とは比べ物にならない規模に成長し、たとえば世界遺産を各国がやっきになって登録を目指している様子は、多くの場合、遺産の保全ではなく、観光を目的としているように見える。

博覧会はその歴史的役割を終えたと言ってもいい

が、観光はさまざまなマスメディア――新聞、雑誌、映画やテレビなど――を利用することで生き延びてきた。現在では、インターネット上のTripAdviserなどの観光専門サイトだけではなく、Google Mapsなどの地図サイトやInstagramなどのSNSが、デジタル化された写真も取り込んで、観光を促す際の主戦場となっている。まさに近現代のメディア社会のなかで際限なく成長してきた化物のような産業であろう。とはいえ二〇二〇年に世界を席巻したCOVID-19ウィルスによって、なによりも多大な打撃を受けたのが観光産業とそれに紐付いた諸産業であることは、場所に根付いたこのメディアに根本的な見直しを突きつけたともいえよう。

（佐藤守弘）

参考文献

- アーリ、ジョン（１９９５［１９９０］）『観光のまなざし――現代社会におけるレジャーと旅行』加太宏邦訳、法政大学出版局
- 東浩紀（２０１７）『観光客の哲学〈ゲンロン０〉』ゲンロン
- 佐藤守弘（２０１１）『トポグラフィの日本近代――江戸泥絵・横浜写真・芸術写真』青弓社
- シヴェルブシュ、ヴォルフガング（１９８２［１９７７］）『鉄道旅行の歴史――19世紀における空間と時間の工業化』加藤二郎訳、法政大学出版局
- ブーアスティン、ダニエル・J（１９６４［１９６２］）『幻影《イメジ》の時代――マスコミの製造する事実』後藤和彦・星野郁美訳、東京創元社
- ベンヤミン、ヴァルター（１９９５［１９３５］）「パリ――十九世紀の首都」久保哲司訳、『ベンヤミン・コレクション１――近代の意味』浅井健二郎編訳、ちくま学芸文庫
- Maxwell, Ann (1999), *Colonial Photography and Exhibitions: Representations of the 'Native' and the Making of European Identities*, Leicester University Press.

第3部 — 14

物流メディア

Logistics Media

キーワード KEYWORD
移動（モビリティ）、COVID-19、ウルリッヒ・ベック、アンソニー・エリオット、ジョン・アーリ、アルジュン・アパデュライ、デジタルテクノロジー、RFID、ICタグ、Amazon、人新世

移動の時代

現代社会は、人、モノ、資本、情報、イメージ、データ、技術等がたえず移動する世界を現出させた。ピーター・エイディーは、**移動**《モビリティ》の形態、方向、意味、強度は多様かつ重層的ながら、「世界が移動にさらされているということを私たちはもはや無視することはできない」と主張する（Adey 2017, 1）。

だが、二〇二〇年、新型コロナウイルス感染症（**COVID-19**）の感染拡大の状況では、国境を越えていくような移動などなくなったのではないかと思う人がいるかもしれない。その通りである。だからこそ、現代は移動の時代なのである【↓3-12 モバイル・メディア】。

一体どういうことか？

現在のように観光をはじめ人の移動がとまってしまっているのは、ウイルスが世界中を移動し、COVID-19がパンデミックに流行してしまったためであろう。そして、そのようにCOVID-19がグローバルなかたちでパンデミックに流行したのは、人

やモノの移動を介してなのである。

実際、COVID-19は、「新しい原因不明の肺炎」として二〇一九年一二月三一日に中国・武漢で正式に発見されて以降、武漢を訪れた観光客や、武漢など中国各地から世界に渡った観光客といった、まさに人の移動が、広めた可能性が高い（美馬 2020）。かつての社会においても、人々の生存を脅かす感染症はもちろん存在していた。しかし、それは移動以上に、不衛生な環境によってもたらされるものであった。コレラといった伝染病が、そうである。いまも、こうした感染症は猛威をふるっているが、主にそれは飲料水も含めて清潔な環境を確保できない地域においてである。

しかしCOVID-19は違う。不衛生な環境であろうが、衛生的な環境であろうが、それは、区別なく＝境界を越えて（beyond borders）猛威をふるう。人やモノが国境を越え、世界中を移動していくからこそ、それはパンデミックに流行していくのである。

人、モノ、資本、情報、イメージ、データ、技術等とならんで、ウイルスもグローバルに移動するからこそ、逆説的なことに、人の移動がとまってしまっているのが、アフター＝ウィズCOVID-19の状況なのである。ドイツの社会学者**ウルリッヒ・ベック**は、『世界リスク社会論』という本の中で、現代においては、ウイルス、テロ、気候変動などによるリスクでさえ、このように国境を越えたグローバルなものとなっていると言う（ベック 2010［2002］）。

移動の風景

アンソニー・エリオットと**ジョン・アーリ**はその著『モバイル・ライブズ――「移動」が社会を変える』において、現代における移動の特徴を「モビリティ・パラダイム」として整理し、グローバルな移動が現代における私たちの生（life）を変容させているのだと言う（エリオット＆アーリ 2016［2010］）。

では移動は、いま、どのようなかたちで現れるようになっているのだろうか。以下では、**アルジュン・アパデュライ**による『さまよえる近代――グローバル化の文化研究』の議論に変更をくわえ、移動が現れる際の風景《スケープ》として、「エスノスケープ」「マテリアルスケープ」「ファイナンススケープ」「ガバナンススケープ」「イマジナリースケープ」という五つの次元を示しておきたい（アパデュライの場合には、「マテリアルスケープ」を「テクノスケープ」と呼んでいる。また「ガバナンススケープ」がなく、さらに「イマジナリースケープ」を「メディアスケープ」「イデオスケープ」の二つに分けている。これについてはアパデュライ（2004［1996］）を参照してもらいたい）。

まず「エスノスケープ」とは、外国人労働者、観光客、移民、難民など、人の移動から見えてくるグローバル社会の現れ方である。次に「マテリアルスケープ」とは、商品、工業原材料、生産機械、貨物など物質的なものが多様な境界を越えて移動している事態を指している。

また「ファイナンススケープ」とは、グローバル資本が国境を越えて移動し続けている事態を指す。さらに「ガバナンススケープ」とは、地域や国家などの制度的な権力・主権が国境を越えモバイルなものとなることで揺らいでいく事態を指している。最後に「イマジナリースケープ」とは、情報、イメージ、データ、イデオロギー、思考の移動によって見えてくるグローバル社会の現れ方を意味している［→1-8 政治とメディア、3-16 金融メディア］。

これら五つの移動の風景はときに相互に乖離し、ときに相互に融合し合いながら、複層的な移動の潮流《フロー》をつくりだしていく。こうした状況を目の当たりにしてジョン・アーリは、「社会的なもの（the social）」の在処がこれまでの（移動しないこと《インモビリティ》を基本とする）「社会《ソサエティ》」から、「移動《モビリティ》」へ変化しつつあると主張し、「移動としての社会」という概念を提唱する（Urry 2000, 186）。彼の議論は「社会のコノテーション」がいまや移動を含みこんで、新しいダイナミックな胎動を見せ始めていることを強調しており、その点で注目に値する。

デジタルテクノロジーと物流の新たなかたち

この移動の潮流を現出させていくうえで、「**デジタル革命**」を経たメディアが果たしている役割は大きいと言える。「デジタル革命」とは、メディアの仕組みが**デジタルテクノロジー**を用いた仕組みに移行することを意味するにとどまらず、メディアがデジタルテクノロジーを用いることによって、そのテクノロジーを支えていた社会システムをも大きく変えてしまうことをも意味している。

アンソニー・エリオットも立命館大学人文科学研究所主催の講演会「モバイル・ライブズとその後(MOBILE LIVES AND AFTER)」(二〇一八年一〇月二四日開催)において、二〇世紀後半以降の移動を以下の三段階に分け、現在、移動の潮流がデジタルテクノロジーと手を携えながら生成されるようになっていることを指摘する。

①モビリティ1・0：人、モノ、資本、情報、イメージ、データ、技術等が移動する状況が常態化し、グローバル社会が生成するようになった時代

②モビリティ2・0：人、モノ、資本、情報、イメージ、データ、技術等が移動する状況が常態化するようになったグローバル社会によって、私たちの生のありようが大きく変容し始める時代

③モビリティ3・0：AIをはじめとするデジタルテクノロジーと深く絡まり合いながら移動のありようが進化=深化をとげていく時代

そのことはモノの移動の現れ方(マテリアルスケープ)を見れば、より明らかとなる。メディアがデジタル革命を経ることで、情報、イメージ、データの移動の現れ方(イマジナリースケープ)を大きく変え、そのことによって、モノの移動の現れ方(マ

テリアルスケープ）をすさまじいほどの速度で日々更新している。それが、社会のあり方そのものを規定するようにもなっているのである（Endo 2020）。

たとえばＲＦＩＤ（Radio Frequency Identification）を用いた物流などは、これに相当するものであろう。ＲＦＩＤとは、商品などのモノにＩＤ情報を埋め込んだＩＣタグをつけ、電磁波を用いた近距離の無線通信によって、接触することなくモノの情報やデータをやりとりする自動認識技術を言う（このテクノロジーを用いているものとしてよく知られているのが、ＪＲ東日本で二〇〇一年に導入された交通系ＩＣカード「Suica」である）。このテクノロジーは近年では物流システムにも積極的に応用されるようになっており、商品が「いつ、どこにあったのか」「それは、どのような状態なのか」「現在どこにあるのか」等に関するデータが収集できるようになる。このデータの最適解をＡＩによって解析すれば、必要な場所へ何をいかにして、どれほどの量で移動させるのかが計画できる。

そうなれば、コンビニエンスストアの店舗でＡＩ搭載ロボットにＩＣタグのデータを読みとらせ解析させたうえで商品の発注・返品・廃棄を行ったりすることも可能となり、物流のあり方は大きく変わっていくことになるだろう。それだけではない。ＩＣタグを読みとるメガネをつけると商品を手にした人がモノの履歴を読みとれたり、ＡＩ搭載型の洗濯機が洗濯物のＩＣタグから情報・データを読みとり最も適切な洗濯モードを自動選択できたりする。

ＲＦＩＤ技術に関連して、Amazonの倉庫において用いられている物流技術も注目に値するだろう。私たちは普段、何気なく、Amazonで商品を購入している。そしてその購入した商品が翌日に手元に届けられることを、まるで当然のように思っている（二〇二〇年のウイルス感染拡大状況のもとで緊急事態宣言が出されていたとき、その恩恵に浴した人は少なくなかったはずだ）。だが、それは決して当然のことな

図1　デジタルテクノロジーを用いて自走し商品を運ぶAmazon Robotics（GIGAZINE、2019年4月4日記事より）

のではない。それは、無数の商品を擁する巨大な倉庫で商品の搬入・搬出作業を効率的に行うことではじめて可能となっており、それを成立せしめているのがデジタルテクノロジーなのである。そのひとつに、Amazon Robotics がある。

Amazon Robotics は搬送ロボットで、現在、Amazon の物流倉庫で使用されるようになっている。作業者が顧客からの受注データにある製品を選択すると、該当の商品が収容された棚ごと作業者の元に運んできてくれる。これによって、作業者である人間が巨大な倉庫の中を歩き回り、行ったり来たりする必要がなくなり、効率的に搬入・搬出作業を行うことができるようになっている［図1］。

商品がどれほどの量、どこの棚に納められているのかといった位置・数量情報は、バーコードやRFIDを介したデジタルデータによって管理されている。そうしたデータに基づきながら、搬送ロボットは床に一定間隔で貼られているQRコードを読みとり相互にぶつかることなく自走し、最適なかたちで作業者のもとに商品の棚を運んでくるのである。

以上の事例でみたように、デジタルテクノロジーによる情報・データの移動によって大きなインパクトを受けたモノの移動のあり方が、COVID-19以後の社会を、そして私たちの生を変えているのである。移動がデジタルテクノロジーと出会うことで、モノと人がまるで人と人が「会話」するようにコミュニケーションし合うようになる。そのことによって、まさに人のあり方も新たな様相——モノ、環境、動物等と積極的に関わり合う「**人新世**」時代の人——へと変容していくに違いない（篠原 2018）［→1-10ポストヒューマン］。

（遠藤英樹）

参考文献

- アパデュライ、アルジュン（2004［1996］）『さまよえる近代——グローバル化の文化研究』門田健一訳、平凡社
- エリオット、アンソニー＆ジョン・アーリ（2016［2010］）『モバイル・ライブズ——「移動」が社会を変える』遠藤英樹監訳、ミネルヴァ書房
- 遠藤英樹（2020）「モバイル＝デジタル時代の観光——「観光の終焉」？ それとも「観光の徹底」？」中西眞知子・鳥越信吾編『グローバル社会の変容——スコット・ラッシュ来日公演を経て』晃洋書房、152-170頁
- 篠原雅武（2018）『人新世の哲学——思弁的実在論以後の「人間の条件」』人文書院
- ベック、ウルリッヒ（2010［2002］）『世界リスク社会論——テロ、戦争、自然破壊』島村賢一訳、ちくま学芸文庫
- 美馬達哉（2020）『感染症社会——アフターコロナの生政治』人文書院
- Adey, Peter (2017). *Mobility* (second edition), Routledge.
- Elliott, Anthony (2019) *The Culture of AI: Everyday Life and the Digital Revolution*, Routledge.
- Endo, Hideki. ed. (2020) *Understanding Tourism Mobilities in Japan*, Routledge.
- Urry, John. (2000) "Mobile Sociology," *British Journal of Sociology*, vol. 51, no. 1, pp. 185–201.

第3部―15

通信メディア

Communication Media

キーワード KEYWORD

COVID-19、テレコミュニケーション、電信網、レイモンド・ウィリアムズ、鉄道網、ヴォルフガング・シヴェルブシュ、印刷機の技術革新、ガブリエル・タルド、公衆、世論、テレビジョン、テレフォン・ヒルモンド

二〇二〇年、**COVID-19**の世界的感染拡大にともない、人々の外出や移動が大幅に制限された反面、テレワークやオンライン会議などが推進されたことで、いわゆる「**テレコミュニケーション**（telecommunication）」のあり方が大きく変わった。

テレコミュニケーションを可能にする通信メディアは、一九世紀に飛躍的に発展した。telegraph（電信）は遠くに向けて（＝tele）書かれたもの（＝graph）、telephone（電話）は遠くまで音を伝えるもの（＝phone）を意味する。もっとも**電信網**が整備された頃にはまだ、「通信」と「交通」のあいだに明確な区別はなかった。**レイモンド・ウィリアムズ**（1921–1988）によれば、一九世紀における道路、運河、鉄道の発達の最盛期には、「コミュニケーション（communication）」はこれらの設備の抽象的な総称として使われることが多かったのに対して、二〇世紀なかばにようやく、主として新聞や放送などのメディアの媒介作用を意味するようになった（ウィリアムズ 2011［1976］）。

「通信」と「交通」の相乗的発展こそが、私的領

域と公的領域の分離という近代社会の基本構造を形成してきたが、パンデミックにともなう混乱は、その前提を根底から揺さぶったといえよう［↓3-12モバイル・メディア］。

「通信」と「交通」の近代化――一九世紀

一七九四年、フランスのクロード・シャップが腕木式通信機を発明し、のろしや手旗信号の代わりに、二つの腕木を動作させることで、遠方に複雑なメッセージを伝達する方法を考案した。電信が発明されるまでは、この装置こそがtelegraphと呼ばれていた。フランス革命の只中、およそ一〇～三〇キロメートルごとに信号所が設けられ、四〇〇〇キロメートルを超えるネットワークが形成されていたが、時刻や天候に左右されるという難点があった。

しかし一八三八年、アメリカの画家で、大学で美術史の教授を務めていたサミュエル・モールスによって、電信機およびモールス符号が公開され、この限界が克服されることになる。一八四四年、ボルチモアとワシントンのあいだに電信線が敷設され、それから八年のあいだにアメリカ国内で約三万七〇〇〇キロメートルのネットワークが形成された。一八六六年には大西洋横断海底ケーブルが敷設され、グローバルな通信ネットワークが形成される足掛かりとなった。

一九世紀における電信網の普及を後押ししたのは、**鉄道網**の統合や拡大だった。鉄道の各区間に電信機が配備され、区間内に他の列車が走っているか否かを表す信号を機関士に伝える。一八七二年に描かれた『アメリカの進歩（American Progress）』という絵画には、大陸横断鉄道を先導するかのように、電信線を携えた女神の姿が描かれており、移民による西部開拓と相まって、近代社会の技術基盤《インフラストラクチャー》が作られていく過程が示されている［図1］。**ヴォルフガング・シヴェルブシュ**が著した『鉄道旅行の歴史』に

図1 ジョン・ガスト『アメリカの進歩』(1872)

も、鉄道と電信の分かちがたさを示す図像がいくつも紹介されている。鉄道を生命体に喩えると電信は神経系統であり、車窓に沿って飛び去っていく電柱と電線の背後に、鉄道旅行者は風景を見る(シヴェルブシュ 1982[1977])[→3-13 観光メディア]。

日本では幕末の開国にともない、鉄道や蒸気機関、郵便や印刷、そして電信といった新しい技術体系が、いっせいに導入された。郵便制度はそれまでの宿駅制度を継承し、鉄道と電信もまた、伝統的な主要街道に沿って発展していった。

そして鉄道と電信の発達は、新聞の大衆化を促すことになる。安価な大衆紙の実現には、まずもって**印刷機の技術革新**が欠かせなかったが、読者が広範囲に拡大するためには、遠隔地の情報を即時に収集することができる電信網、刷り上がった新聞を短時間で遠くまで配送するための鉄道網の拡大が、いずれも不可欠だった[→3-2 出版メディア]。**ガブリエル・タルド**(1843–1904)は晩年に著した『世論と群集』

のなかで、「印刷、鉄道、電信という、たがいに相補的な三つの発明が結合して、新聞という恐るべき威力が成立した」と述べている（タルド 1989［1901］）。

タルドは、新聞を読むという行為から生まれた新しい非組織的集合体として、「**公衆**」という概念を見出した。互いに知らない多くの読者の頭の中に、情報や思想が複製され、似たような信念や感情が共有されるようになると、それが「**世論**」という大きなまとまりを形成していく。社会が精神間および身体間の諸作用の集積であると捉えていたタルドは、郵便、電信、電話など、精神間の作用を空間的かつ時間的に拡張する通信メディアに注目していた。

「マス・コミュニケーション」が十分に確立しておらず、「送り手」と「受け手」が未分化だった一九世紀の状況は、モバイルメディアやソーシャルメディアなどが普及し、こうした概念の自明性が再び揺らいでいる現代社会の相貌に通じる。そこで近年、物質の移動、あるいは交通や物流を、いま一度コミュニケーション現象として捉え直すことで、メディア論の枠組みを（再）拡大しようという企てもある（Morley 2017）。

通信メディア／放送メディアの仮構——二〇世紀

イタリアのグリエルモ・マルコーニは一八九五年、**無線電信**（wireless telegraph）を発明した。この頃には既に、有線の電信網はグローバルに拡大していたが、ケーブルの敷設と維持に莫大な資金を要していた。無線電信が産業的に成功することを確信していたマルコーニの会社は、第一次世界大戦の頃には、船舶無線や軍事無線などの分野で覇権を握っていった。

それに対して、無線で音声を送信する**無線電話**（wireless telephone）の実験は、アメリカのレジナルド・フェセンデンが一九〇六年に初めて成功させている。モールス式符号を必要としない無線電話の登場は、趣味としての無線技術の魅力を大いに高めた。第一次世界大戦後には世界各地で、音声送信の技能と設備を持ったアマチュア無線局が、急速に草の根的なネットワークを形成していった。

そしてアメリカで一九二〇年、ピッツバーグにKDKA局が設立されたのを皮切りに、無線電話という新しい技術は、放送産業の勃興をもたらした。KDKA局が受け手として想定したのは、電波の送信と受信を等価値とみなすアマチュア無線家ではなく、音楽や講演などの受信に特化した膨大な大衆であった。マイクが取り外された無線電話機は、**ラジオ受信機**と呼ばれるようになる。

テレビジョン（television）もまた、当初からラジオとのアナロジーで捉えられ、やがて国家的にも産業的にも、その後継者として定着していく。一九世紀以来の電気技術は、電信や電話といった「通信メディア」と、ラジオやテレビといった「放送メディア」に二極化して捉えられるようになる。もともと「通信（communication）」は「放送（broadcast）」よりも広い概念で、放送は通信の一様態に過ぎないのだが、双方のあいだで技術的、産業的、制度的な分化が進行していった。

しかしながら、通信メディア／放送メディアの境界はきわめて仮構的なものに過ぎない。たとえば一九世紀末、ハンガリーの首都ブタペストで、音楽や演劇、教会の説教や選挙演説などを電話回線で供給していた「**テレフォン・ヒルモンド**」は、メディア史のなかで特に有名な事例である。放送という概念がまだなかった当時、この試みは「電話新聞（telephone newspaper）」と呼ばれた。戦後の日本で普及した農村有線放送電話も、注目に値する事例といえよう［↓3-4聴覚メディア、3-5音声メディア］。

オンライン会議の考古学

また、テレビジョンが放送メディアとして現在の様態に落ち着くまでの過程も、それほど単純ではなかった。たとえば、ブラウン管による電子式走査が実用段階に達していなかった一九三〇年、アメリカではAT&Tベル電話研究所が、金属円盤を用いた機械式走査によるテレビジョン電話の具体的構想を発表している。日本では逓信省電気試験所がこれに追随した（飯田 2016）。

　一九三〇年代、テレビジョンの開発に携わっていた技術者たちが、好んで言及していた物語がある。イギリスの文豪**バーナード・ショー**（1856–1950）が一九二一年に執筆した戯曲『メトセラへ帰れ（Back to Methuselah）』で、その一場面は次のようなものだ。首相が二一七〇年、閣僚と数百マイルを隔てて閣議をおこなっている。首相の机上には大臣の名前が記されたスイッチがあり、これを押すと当人の顔がスクリーンに現れて、同時に声も聞こえてくる（ショー 1931[1921]）。このシチュエーションは、テレビジョンとは何かを説明するさい、まるで常套句《クリシェ》のように繰り返し用いられていた。

　これはオンライン会議そのものだ。テレビジョンは第二次世界大戦後、「放送」や「マス・コミュニケーション」という概念と不可分に結びつき、「テレビ」として揺るぎない自明性を帯びることになったが、インターネットの普及によってその足場が突き崩されている。かくして現在、オンラインで繰り広げられている多様な営みのなかには、通信／放送の仮構的な区別が成立する以前の曖昧な状況に、歴史が巻き戻っているようにみえるものもある。

（飯田豊）

参考文献

- 飯田豊（2016）『テレビが見世物だったころ──初期テレビジョンの考古学』青弓社
- ウィリアムズ、レイモンド（2011［1976］）『完訳 キーワード事典』椎名美智・武田ちあき・越智博美・松井優子訳、平凡社
- シヴェルブシュ、ヴォルフガング（1982［1977］）『鉄道旅行の歴史──19世紀における空間と時間の工業化』加藤二郎訳、法政大学出版局
- ショー、バーナード（1931［1921］）『思想の達し得る限り』相良徳三訳、岩波文庫
- タルド、ガブリエル（1989［1901］）『［新装版］世論と群集』稲葉三千男訳、未来社
- Morley, David (2017) *Communication and Mobility, The Migrant, the Mobile Phone, and the Container Box*, Wiley-Blackwell.

第3部—16

金融メディア

Financial Media

キーワード KEYWORD

金融化、貨幣、交換の媒介、デリバティブ、分離、アルジュン・アパドゥライ、信用、履歴、岩井克人、信用貨幣、デヴィッド・グレーバー、フィンテック、ビッグデータ、プラットフォーム資本、ビットコイン、ブロックチェーン、マイニング、データ／計算

デリバティブと金融危機

テレビのニュースでは必ず毎日、株価と為替の情報が流れる。この社会では、金融市場の動向は途切れなく伝えられるべきものとされている。むろん、資本主義における金融の重要性は今に始まったことではない。だが、百年に一度とも言われた世界金融危機、二〇〇七〜〇八年のリーマンショックを経てもなお、**金融化**の力は減退するどころか、むしろ日常生活の隅々に浸透しているように思われる。ここではひとまず金融化を、国際金融の巨大化、証券市場の比重の増大、家計貯蓄の投資へのシフトといった傾向としておく。これらを促進した重大な要因の一つが情報通信技術の発達であることは言うまでもなく、この情報化という切り口から、現代の金融をメディア論的な事象として考えることができる［↓3-14 物流メディア、3-15 通信メディア］。一方、金融はそもそもある種のメディアであったとみなすことも許されるはずである。なぜなら金融とは、**貨幣**の貸し借りおよびそこから派生する様々なメカニズムやプロセス

であり、そして貨幣は一般に「**交換の媒介**」と理解されているのだから。貨幣という媒介を媒介することが金融なのだとすれば、必然的に問題は貨幣そのものに及ぶことになるだろう。

現在、国際的な金融市場における取引は、かなりの部分がコンピュータ化され自動的に実行されている。また、高頻度取引と呼ばれる超高速化した金融取引は、アルゴリズムに従って千分の一秒単位で売買を行うものであり、市場における急激な乱高下の発生は、ある意味で自明のことともいえる。金融取引は高速化し、かつ極めて複雑化している。二〇〇七〜〇八年のクラッシュ後、いわゆる**デリバティブ**がその一因としてさかんに言及された。デリバティブの原型は、「先物（futures）」取引という形態に見出される。先物取引とは、例えば農産物を未来のある時点で特定の価格で売買することをあらかじめ決めるという取引である。これは価格変動のリスクを避けるための手法であったが、ここから「商品の現在の価格による市場と未来の価格による市場の分離」（アパドゥライ 2020［2016］, 12）がはじまった。デリバティブとは、この「**分離**」のさらなる高度化である。だとすればデリバティブは「未来の未知の価値」についての「約束」という一種の遂行的発話なのであり、金融市場で展開されているのはこのような遂行的発話の連鎖であり、金融危機とは、このような約束の連鎖が断絶することなのだ。

貨幣、信用、金融

アルジュン・アパドゥライのいう「約束」は、金融の世界で言われる意味での「**信用**」の一契機として解釈できる。この、地上から分離した空中楼閣のごとき派生的形態から、信用の連鎖をたぐってさかのぼり、貨幣そのものへと帰還するとしてみよう。しかし貨幣は必ずしも、たしかな手ざわりを持つ物であるとはいえない。日々の労働の対価として得た給料は、たしかに自分のものであるはずだが、多くの場合それは銀行の口座に振り込まれるので、まず預金として存在する。世の中に存在する貨幣の総量において現金が占める割合は、日本の場合でも、せいぜい一二%弱である（M1と現金の比。日銀「マネーストック速報二〇二〇年一〇月」）。すなわち、現に実在する貨幣の大部分は「預金」である。クレジットカードでの買い物は、口座残高からの引き落としによって可能となっている。いいかえれば、そもそも銀行という「金融」システムがなければ、それら大部分の貨幣は存在しえない。しかも、戦前の金融恐慌のエピソードが如実に示すように、もし私たちが銀行を信用できなくなり、預金を一斉に引き出して現金化しようとすれば、銀行は窓口を閉ざさざるを得なくなる（銀行の金庫に、預金総額に等しい現金が積み上げられているわけではないのだから）。

ミクロネシアにあるヤップ島は、大小様々の石貨があることで有名である。それは一般的な支払い手段ではなかったようなので、近代貨幣と同一のものとはいえない。だがヤップ島の石貨をめぐる興味深いエピソードを知ったケインズにならっていえば、これは近代的な銀行システムにやや似ている（マーティン 2014[2013]）。直径三メートルほどもある大きな石貨は、所有者が変わっても動かされず、同じ場所に置かれたままだ。また、石貨を運んでいた筏が難破して石貨ごと海に沈むという事故があった時、その石貨の元の所有者が石貨をそのまま所有していると島民は認めた、という。すなわち、石貨が貨幣であるなら、それは石という物そのものの属性や物理的移動によって機能しているのではない。重要なのは、それが誰のものだといえるのか、誰から誰の手に渡ったのかといった**履歴**であり、その履歴への信用である。ただしヤップ島では、その履歴は預金通帳に記されるわけではないから、島民の集合的な記憶がその信用を支えているということになるだろう。

かつて岩井克人は、「本モノの貨幣という言葉は、自家撞着以外のなにものでもない」と述べた。貨幣が貨幣であることに、実体的な根拠はない。ただしこの論点は、それ自体としては正しいとしても、問題を「乗り越えがたい断絶」あるいは「奇跡」のようなものと表現してしまうきらいがある。とはいえ以下にみられる叙述はむしろ示唆的であろう。「貨幣の系譜をさかのぼっていくと、それは「本物」の貨幣の「代わり」それ自体で「本物」の貨幣になってしまうという「奇跡」によってくりかえし寸断されている」（岩井 1993, 132）。「どの時代においても、「本物」の貨幣とはそのときどきの「代わり」にたいするそのときどきの「本物」にすぎず、「本物」の貨幣の「代わり」とはそのときどきの「本物」にたいするそのときどきの「代わり」にすぎない」（岩井 1993, 131）。ここから貨幣を、単一の中心としてではなく、不連続に変化していく制度的スペクトラム、あるいは重層的・複合的なメディアとして捉える方向性（山本 2017）を引き出すべきである。

ようするに、貨幣とはつねに貨幣＝金融制度である。支払い約束が記されること、それが流通することが金融という仕組みの基礎と言えるが、これは同時に、やがて紙幣へといたる貨幣形態、すなわち**信用貨幣**のはじまりでもある（借用書や手形は、そこに記された支払い約束が信頼される限りで、信用取引のネットワーク内部で支払い手段として流通しうる）。また、様々な地域の過去の事例を見れば、支払い手段として雑多な物品が併用されることは珍しくなかった。**デヴィッド・グレーバー**（2016［2014］）の表現を借りて敷衍すれば、貨幣はつねに「商品」と「借用書」という両極をまたがる存在なのであり、その歴史は信用貨幣が支配的な時代と金銀が支配的な時代の振幅運動として描き出されるだろう。

〝破壊者〟フィンテック

金融化という現代の趨勢は、時代が信用貨幣のサイクルへと入り込んだことを示すものと捉えることができる。しかしこれは、たんなる揺り戻しではない。西部（2014）の言うように、貨幣の現代的形態は、「信用貨幣化」と「情報化」の二面によって特徴づけられるからである。それは、二〇世紀半ばのコンピュータの登場・普及による金融ビジネスの機械化としてはじまり、大規模なシステムとネットワークに基づくクレジットカードのような消費者向け金融手段を生み出すことにもなった（山本 2016）。ところがモバイルインターネット以降、状況はさらに変化している。金融化は、既存の金融セクターの膨張あるいはマクロ経済的な事象にとどまらない。いわゆる**フィンテック**の急成長である。

簡単な決済手段や個人間の送金を可能にするサービス。銀行口座や証券口座、クレジットカードの利用情報を一元化し、個人の資金管理や資産運用をサポートするサービス。実店舗なしで銀行と同じサービスをスマートフォン上で提供するサービス。ライフログに基づく信用スコアを利用した与信・融資。投資もスマートフォンで、などなど（柏木 2016）。現代中国の監視社会を象徴するものとして信用スコアが語られることがあるけれども、そもそもこれはアメリカで生まれたシステムであって、梶谷・高口（2019）も指摘するように中国に固有の問題などではない。

フィンテックの新興企業は銀行に代表される従来の金融ビジネスの「破壊者」となる可能性があるが、それは、これまでの金融機関が提供していたサービスを分解し、より手軽なかたちで提供するからである。これを可能にしたのは、例に漏れず、**クラウドコンピューティング**と**ビッグデータ**である。クラウドのおかげで、従来は巨大な装置産業だった金融業の参入障壁は著しく低くなった。そのクラウドによって、企業活動が生み出したデータはもちろんのこと、インターネットに様々なかたちで残る購買履歴などのログデータやSNSに投稿されたテキストや動画や交流のデータ等々、まさに無数のデータが分析される。フィンテックの展開はとりわけリーマンショック以降であり、**プラットフォーム資本**の台頭（山本 2020; Srnicek 2017）と切り離せない。こうして金融はスマートフォンのアプリのなめらかなユーザーインターフェイス（UI）・ユーザーエクスペリエンス（UX）によって日常に浸透し、金融への生の包摂（inclusion/subsumption）という次元へと拡張・深化しつつある［↓1-7 プラットフォーム、1-9 資本とメディア］。

ブロックチェーンとは何なのか

「**ビットコイン**」として知られるデジタル通貨の出現は、あまたあるフィンテックの革新とは別格の驚きをもたらしたようにみえる。それは、投機の的となったからというよりは、ビットコインの基盤である**ブロックチェーン**、すなわち銀行のような集権的な機関なしに貨幣システムを成り立たせようとする技術、その思想ゆえである（暗号技術などの説明は岡嶋（2019）を参照）。ブロックチェーンとは、データのブロックが数珠つなぎになったものであり、ビットコインの取引のすべての履歴である。このデータベースは分散型台帳と呼ばれる。サーバーを介さないP2Pの通信で、ビットコインの参加者全員にこのデータの全体が配られる。データのブロックを数珠つなぎにしていく作業が**マイニング**と呼ばれる。これはビットコインを用いた取引が正当かどうかを検証し台帳に追記していく、計算処理の作業である。マイニングに成功すると報酬が得られるのだが、これがビットコインの発行である。マイニングを行う多数のマイナー間の計算競争によって、取引記録の正しさが確保される。

ビットコイン／ブロックチェーンの可能性をいかに評価すべきかは実のところ容易な問題ではないのだが、ともあれブロックチェーンとヤップ島の石貨は、ある面では同一の仕組みだといえる。いずれも、そのコミュニティで取引の履歴が共有され、それによって正当性が認められているのである。他方で両者の差異は、現代の金融メディアの特質を示すだろう。メディアの物的形態は、インターフェイスの背後のシステムに解消されていく。信用は、**データ／計算**へと置き換えられていく。そしてこの「非物質化」は、莫大な資源を浪費する。マイニングのためにＣＰＵやＧＰＵ、メモリ、そして電力などが大量に投入されている。ビットコインのＰ２Ｐネットワークが消費する電力は、アイルランド一国と同等の規模ともいわれる（岡嶋 2019）。

（山本泰三）

参考文献

- アパドゥライ、アルジュン（２０２０［２０１６］）『不確実性の人類学――デリバティブ金融時代の言語の失敗』中川理・中空萌訳、以文社
- 岩井克人（１９９３）『貨幣論』筑摩書房
- 岡嶋裕史（２０１９）『ブロックチェーン――相互不信が実現する新しいセキュリティ』講談社
- 柏木亮二（２０１６）『フィンテック』日本経済新聞出版社
- 梶谷懐、高口康太（２０１９）『幸福な監視国家・中国』ＮＨＫ出版新書
- グレーバー、デヴィッド（２０１６［２０１４］）『負債論――貨幣と暴力の５０００年』酒井隆史・高祖岩三郎・佐々木夏子訳、以文社
- ドーア、ロナルド（２０１１）『金融が乗っ取る世界経済――21世紀の憂鬱』中公新書
- 西部忠（２０１４）『貨幣という謎――金と日銀券とビットコイン』ＮＨＫ出版新書
- マーティン、フェリックス（２０１４［２０１３］）『21世紀の貨幣論』遠藤真美訳、東洋経済新報社
- 山本泰三（２０１６）「貨幣の非物質化――クレジットカードと認知資本主義」、松本健太郎編『理論で読むメディア文化』新曜社、62-79頁
- 山本泰三（２０１７）「貨幣というメディア」、遠藤英樹・松本健太郎・江藤茂博編『メディア文化論［第２版］』ナカニシヤ出版、25-44頁
- 山本泰三（２０２０）「資本のコミュニズム　あるいは認知資本主義の両義性？」、『福音と世界』２０２０年７月号、12-17頁
- Srnicek, Nick (2017) *Platform Capitalism*, Polity Press.

第3部—17

軍事メディア

Military Media

キーワード KEYWORD
ポール・ヴィリリオ『戦争と映画』、湾岸戦争、コソボ紛争、対テロ戦争、動かない乗り物、ヴァーチャル、シミュレーション、UAV、ドローン、ハルーン・ファロッキ、オペレーショナル・イメージ

戦争を描き出す映画やビデオゲーム、軍事行動を伝えるテレビ中継など、メディアを介して私たちは表現され、記録された軍事の多様な経験をしている。フランスの思想家、都市計画家である**ポール・ヴィリリオ**（1932–2018）は、こうした軍事をめぐるメディアについて詳細に論じている。ここでは、現在でも大きな影響力をもつこのヴィリリオの議論に基づきながら、視聴覚メディアや情報通信メディアなどと実際の軍事のあり方との密接な関わりを見ていきたい［↓3-15通信メディア］。

都市と戦争、速度と空間・時間

都市の専門家ヴィリリオが足場とする都市計画の思想は、戦争に都市の起源を見る。つまり、戦争が先で商業は後からやってくるのであり、都市は戦争への準備の結果であると主張する（ヴィリリオ&ロトランジェ 1987［1983］）。ゆえに都市を思考する彼にとって戦争は議論の中核を担う対象となる。実際、ヴィリリオは数々の著作のなかで戦争を取り上げ論じていく。そしてその議論において戦争のあり方が

歴史的に振り返られ、各歴史のなかで軍事とメディアの関わりが浮かび上がる。それぞれ見ていこう。

先に述べたように、ヴィリリオは都市を戦争への準備の結果とみなす。兵器（矢や岩、火など）の攻撃に対する備えとして、自然環境に壁など人工的な建造物の囲いが築かれる。新しい強力な兵器による攻撃が始まれば、城塞や要塞などさらに強化された囲いが対応していく。攻撃と防御の繰り返しによって作られたこの囲いが、都市に永住性や定住性をあたえるのである（ヴィリリオ＆ロトランジェ 1987[1983]）。またこの攻防の反復は既存の環境を解体し新たな人工環境や知覚を生み出していく。都市とは、戦争に対する備えである物質的な囲いによって境界づけられた内と外、近さと遠さという水平的な次元で規定される人工環境となる。

しかし、『**戦争と映画**』（ヴィリリオ 1999/1988[1984]）で論じられるように、第一次世界大戦および第二次世界大戦になると戦争のあり方は変容する。戦争は人員や資源を余すところなく動員する総力戦となり、戦場は前線と銃後の区別なく大きく拡張するのである。それにともない、大砲など広範囲に射程をもつ攻撃手段が選択される。なかでも決定的であったのが第二次世界大戦より本格化する飛行機による絨毯爆撃である。爆撃機は空から上と下、高さと低さという垂直の次元で都市を俯瞰する。そのとき、都市を含めた環境は一様な表面となる。そして、例えばユンカース87がサイレンを用いて音を鳴り響かせながら攻撃に入っていくように、建造物などに身を隠す人々の知覚と心理に恐怖をあたえつつ、前線と銃後、都市と前線、軍人と民間人など区別なくこの表面に対して無差別に爆撃が実行されるのだ。この攻撃に対する備えとして、ヴィリリオは例えば、領土に張り巡らされ、いわばネットワーク化された警報システムを挙げている。爆撃機がある境界を越えると、このシステムは攻撃目標になろう都市の人々にその侵入をサイレン音という音情報として先立って伝達する。このことにより、音の聴取者は、物理的な距離を縮めたかたちで、爆撃機の侵入と同時に危険を体験するのだ。そのとき空間は技術によって圧縮され、危機に反応し回避する時間いわば速度が何よりも重要となる。こうした技術が生み出す「速度」による空間の圧縮を、「現実空間」と対置してヴィリリオは「**リアル・タイム**」とよぶ。このリアル・タイムにおける活動が、第二次世界大戦の攻撃とその備えのなかで、持続する現実空間での身体をともなった活動と共存する。そのとき人工的な建造物によるものとは別の、「非物質的な囲い」で規定される都市の姿が浮かび上がるのである。

ネットワーク化した監視システムと冷戦、抑止

ところで、ヴィリリオは都市から政治が生まれたと主張し、そして都市の空間とは権力の場であるとみなす。さらには、都市とは速度の箱だとも言い換える。

一九世紀以降、蒸気機関や内燃機関という技術が速度を生み出し始めたとき、速度に支えられたアクセルとしての都市が現れる。そこでは道路や航路、線路などが整備され、自動車や船舶、列車などが走破していく。速度を高める交通路と動力を備えた技術的運搬手段が作り出す網の目で、換言すれば速度に関わる兵站術で、人や物が時間に基づき空間を移動する。そのとき権力は物質的な囲いのみならず移動（運動）そのものに介入し空間を制御するのである。「国家の政治権力は［……］より物質的なレベルでは、治安警察にほかならない。治安警察とはすなわち交通規制であ」る（ヴィリリオ 2001/1989［1977］, 21, 24）。近代以降の都市において政治権力は、門や港の出入り口で人と物の流れを制御するだけでなく、警察として人と物の流れのなかに入り込み、社会秩序とそれを乱すパターンの行動とを区別し制御する［↓1-8 政治とメディア、3-18 司法メディア］。そし

て、航空機の利用が一般化し都市がより加速していく一九七〇年代以降、この運動への介入は、技術が作り出す運動や速度による囲いへと移行していく。カメラや電波、赤外線などで構成された監視システムが日常的な場所に設置されてネットワーク化し、非物質的な囲いを構築するのである（平田 2008）。ネットワーク化した監視システムは、見えないかたちで人や物の傍らにあり、空間を圧縮しリアル・タイムで人や物の行程を常時追跡する。都市さらに国家は技術そしてメディアの速度が生み出すこの不可視で動的な囲いで管理されることになる。

冷戦期以降の戦争はこの囲いと密につながっている。冷戦期に入り科学と技術によりさらに進歩した核兵器は、猛烈な速度（一瞬）できわめて広範囲な目標を徹底的に壊滅させる力をもつ。戦争において時間がもはや無効化していく。と同時にそれは戦争を永続的にもする。というのも核兵器は、実際の発射や攻撃ではなく、それが研究所で開発され存在し、いつでも打ち込むことが可能と相手側に信じさせ、相手の行動を抑止することが肝要であるからだ。人工衛星などから構築されるネットワークが、こうした新たな兵器の情報を発信し行き渡らせ、相手に信じ込ませる。戦争はもはや戦場ではなく、地球規模に張り巡らされた情報通信メディアの高速ネットワークが生み出す非物質的な囲いで常時行われることになるのである。

警察化する戦争と兵器としての視聴覚メディア

冷戦終結以降、そして現代の戦争は警察化する。人権を旗印に人道的介入を実施する**湾岸戦争**や**コソボ紛争**、また予防的な措置としての**対テロ戦争**では、多国籍軍を中心とした都市や国家を超えた警察的行動が実施される。この警察化する戦争において、技術が生み出す速度を体現する（電子に基づく）視聴覚メディアがより中心的な位置を占めることになる。

ところで、ヴィリリオは、この視聴覚メディアと自動車などの乗り物はともに速度の機械であり、速度の生産により人や物を媒介するという意味で、存在論的に同一なものとして理解する（ヴィリリオ 2003b［1984］; 和田 2004）。ただし自動車が「動く乗り物」であるのに対し、メディアは「**動かない乗り物**」である（ヴィリリオ 2003a［1990］）。視聴覚メディアは、パソコン画面の前で座るユーザーのように、動かない身体に電波やネットワークの瞬間的な伝送速度に応じて視聴覚イメージを提示する。そのイメージは、現実の空間に根ざした人や物、場所の存在のリアリティを喪失したものであり、代わって遠隔存在が構成する**ヴァーチャル**なリアリティが優位になったものである。いま・ここの知覚ではなく、よそにあるものがリアル・タイムでここにイメージとして現れ、不動なユーザーの現実を構成していく。**シミュレーション**が現実となるのだ。

現在の軍事における警察的行動の代表的な兵器であり、自軍の「死者ゼロ」を現実化すべき（半自律的航行能力を備えているものの）遠隔的に操縦される**UAV**（無人航空機、しばしば**ドローン**と呼ばれる）において、こうしたメディア経験は顕著に現れる。UAVがもたらす種々の変容（戦争、倫理、法、心理、政治）を『**ドローンの哲学**』において考察した**グレゴワール・シャマユー**によれば、UAVは6つの原理を内包する（シャマユー 2018［2013］）。それらをまとめると、UAVは上空からターゲットおよびそれを含む都市や地域に介入し、装備されたカメラやセンサー、情報通信システムを用いて、その全体を恒常的なかたちで視覚的に監視し、そこで記録された映像を指揮官・操縦者と前線の兵士へリアル・タイムで配信しつつ、アーカイヴ化する［↓1-5 アーカイヴ］。そうすることで、ターゲットおよびその他の人や物の動きのパターンが抽出可能となり、そこから異常の探知および予防的な予期が実行されるのである。実際、現在のアメリカ空軍で標準化されつつあるＵＡＶ「ＭＱ－９リーパー」は、最大で二七時間もの連続飛行が可能であり（完全装備だと一四時間）、一九二台の電子光学カメラや可視光／赤外線センサー、種々のレーダー、情報通信システムなどを備え、六四キロメートル四方を一度に監視して高解像度の映像を送信するとともに、三〇日間その映像を保存することが可能である。そしてその操縦者や指揮官は、敵地から数万キロ離れたパソコンと複数のモニターの前に不動の状態で座り、高速通信ネットワークを介して猛烈な速度でＵＡＶから伝送されるヴァーチャルなリアリティのなかで、リアル・タイムのイメージの警察となるのである。

事実、イラク戦争時、イスラエル国防軍のＵＡＶ「スカウト」にイラク兵が捕獲され降伏したとヴィリリオは語るが、イラク兵が降伏したのは敵の兵士やＵＡＶではなく、メディアが生み出すイメージに対してであり、自らが映像化されるや否や襲ってくるかもしれない攻撃に対してだ。そのとき警察化された軍事行動のなかで視聴覚メディアは、敵の破壊ではなく、抑止的なかたちでその無力化の達成を、また可能なかぎり血を流さない清潔な、純粋戦争の実現を目標とする非致死性兵器と化すのだ（ヴィリリオ 2000［1999］）。

だが同時に視聴覚メディアは、**ハルーン・ファロッキ**の言葉を用いれば**オペレーショナル・イメージ**を生み出す。つまり、目的物を表すのではなく、操作の一部となるイメージを、具体的に言えば、対象に照準を定めるためのイメージをメディアは作り出すのである。それにより、メディアは破壊兵器になる。先のリーパーは、約１・７トンのミサイルやレーザー誘導爆弾を搭載でき、その意味で「ミサイルを装備した飛行型の高解像度ビデオカメラ」なのである（シャマユー 2018［2013］）。実際、指揮官や操縦者はこのビデオカメラから伝送されるイメージのなかにパターンの乱れを確認したとき、イメージを照準器としてターゲットにミサイルを発射し、ときとして着弾寸前にその命中を回避する。映画『ドローン・オブ・ウォー』（二〇一四年）におけるリーパーの操縦士イーガン少佐が苦悩するように、現代の戦争における遠隔的な殺害は指揮官や操縦者の手中にあり、視聴覚メディアが生み出すイメージのなかにある。その意味で、メディアと密接に関わる現代の軍事のあり方に応じた、新たなタイプの精神病理学とメディアおよびイメージの倫理学が必要と言えよう。

（松谷容作）

参考文献

● ヴィリリオ、ポール（1999／1988［1984］）『戦争と映画――知覚の兵站術』石井直志・千葉文夫訳、平凡社ライブラリー

● ヴィリリオ、ポール（2001／1989［1977］）『速度と政治――地政学から時政学へ』市田良彦訳、平凡社ライブラリー

● ヴィリリオ、ポール（2000［1999］）『幻滅への戦略――グローバル情報支配と警察化する戦争』河村一郎訳、青土社

● ヴィリリオ、ポール（2003a［1990］）『瞬間の君臨――リアルタイム世界の構造と人間社会の行方』土屋進訳、新評論

● ヴィリリオ、ポール（2003b［1984］）『ネガティヴ・ホライズン――速度と知覚の変容』丸岡高弘訳、産業図書

● ヴィリリオ、ポール＆シルヴェール・ロトランジェ（1987［1983］）『純粋戦争』細川周平訳、ユー・ピー・ユー

● シャマユー、グレゴワール（2018［2013］）『ドローンの哲学――遠隔テクノロジーと〈無人化〉する戦争』渡名喜庸哲訳、明石書店

● 平田周（2008）「折り重なる空間――ポール・ヴィリリオの思想についての一試論」、『言語・地域文化研究』第15号、東京外国語大学大学院、203-227頁

● 和田伸一郎（2004）『存在論的メディア論――ハイデガーとヴィリリオ』、新曜社

第3部—18

司法メディア

Forensic Media

キーワード KEYWORD
アルフォンス・ベルティヨン、人体測定法、指紋、フランシス・ゴルトン、科学捜査法、エドモン・ロカール、カルロ・ギンズブルグ、推論的範例、検索的範例、AFIS、プロファイリング、チェーザレ・ロンブローゾ、生体認証

写真の否定

犯罪捜査に写真を活用しようという試みの歴史はきわめて古い。一八三九年にダゲレオタイプの発明が公表されると、すでに一八四〇年代には、ベルギーやイギリス、フランスなどで、この技術を使って囚人を撮影する試みがなされていたという（Phéline 1985, 53）**［図1］**。一八五四年には、スイスの警察によって、身元を明かそうとしない容疑者のダゲレオタイプが撮影され、スイス各地の警察や刑務所に送付された結果、寄せられた情報からこの男の身元が判明するに至った（Reiss 1903, 9–11）。

しかしながら、このような例外的な成功を除けば、初期写真を司法メディアとして活用しようという試みは、警察が期待したような成果をあげることがなかった。その原因は主に二つある。一つには、人間の容貌の変化である。人の顔は時が経てば、あるいはそれほど時を経ずとも、身なりの違いや髭の有無などで、ひどく変化してしまい、写真の中の人物が目の前の人物と同一であるのかどうか、しばしば確

図1 1843～44年にかけてベルギーの刑務所で撮影された犯罪者の身元写真

信が持てなくなってしまう。もう一つは、撮りためた写真の分類の難しさである。逮捕した容疑者の身元を確認しようにも、膨大な写真のストックから目当ての一枚を見つけ出すのは、困難をきわめた。

このような司法メディアとしての写真の欠点の改善に取り組んだのが、**アルフォンス・ベルティヨン**（1853–1914）である。パリ警察において写真の整理係を担当していた彼は、父親で著名な人類学者のルイ＝アドルフ・ベルティヨンが実践していた**人体測定法**を、司法写真の分類に応用することを思いつく。頭骨や耳など、人体の中でも比較的変化の少ない部位を計測し、その数値によって写真を分類しておけば、同一人物が再び逮捕された際に、再度計測を実施することで、目当ての写真にたどり着けるという理屈である。また彼は、著書『司法写真（Photographie judiciaire）』（1890）において、写真自体の改革にも乗り出し、正面および横顔の、フォーマットを厳密に守った写真によって、身体の変化にできるだけ抵抗しようとする。

写真技術に人一倍長けていたベルティヨンは、だからこそ、写真の限界に誰よりも意識的であり、写真がなくとも、計測値やホクロなどの身体的特徴のみにより、人物を特定することを目指していた。このように近代的な司法メディアとは、写真からではなく、むしろ写真を否定するところから始まったのだと言える。ベルティヨンは、変化の少ない身体部位の計測にこだわったが、やがて生まれてから死ぬまで（正確には死後も腐敗するまで）決して変化することのない部位である**指紋**が「発見」され、ベルティヨン法と指紋法が、ライバルとしてしのぎを削るようになる。指紋の分類法は**フランシス・ゴルトン**（1822–1911）らによって考案されたが、実用には複雑に過ぎ、分類の容易さから、当初はベルティヨン法に軍配の上がることが多かった。

しかしながら、指紋には、犯罪現場のあちこちに付着して捜査の手がかりになるという、計測値にはない特徴が備わっていた。犯人が現場に指紋を残すことはあっても、頭や耳のサイズを残していくことは、およそ考えがたい。この「現場指紋」の活用法の模索こそが、今日まで続く「**科学捜査法**」の起源である。フランスにおいては、一九一〇年に世界初の科学捜査研究所をリヨンに設立した**エドモン・ロカール**（1877–1966）が、その第一人者となった。

検索的範例

カルロ・ギンズブルグは名高い論文「徴候」において、一九世紀末における、太古の狩人の叡智を受け継ぐという新たな知のパラダイムの出現を論じ、シャーロック・ホームズの探偵術と並んで、ゴルトンの指紋法も、**推論的範例**と呼ばれるその新しいパラダイムの中に含めている（ギンズブルグ 1988［1986］）。ロカールら科学捜査官たちも、自らの先駆者として、しばしばホームズの名を挙げるが、しかし指紋による犯罪捜査と、ホームズの探偵術が、まったく性質を異にすることは明らかである。そのことはホームズが作品中で指紋にまったく信頼をおいていないという事実からも、端的にうかがい知れよう。指紋が事件の解決の鍵を握る唯一のホームズ作品「ノーウッドの建築業者」（一九〇三年）でも、警察は現場の指紋から早々に犯人を決めつけてしまうのに対し、ホームズはその指紋が偽造であることを見破るのである。

現場の指紋は足跡のような痕跡でありながら、それを手がかりに容疑者を特定する作業は、足跡を手がかりに獲物を追う狩人の所作とは、大きく異なっている。現場の指紋を採取した捜査官は、それを研究所に持ち帰り、すでに採取してある指紋との異同を確認する。マイニューシャと呼ばれる一二の特徴点の一致により二つの指紋の同一性を確認するシステムを考案したのはロカールである。採取した指紋の数が増えるにつれて、確認の作業は複雑さを増していったが、一九六〇年代から、コンピュータを用いた自動化の試みが始まる。一九七二年にアメリカのFBIが、AFIS（Automated Fingerprint Identification System）を初導入。一九八〇年代にはAFISの利用が各国で一般化した（Cole 2010）。

スキャンした指紋のデータを入力すれば、AFISが、独自のアルゴリズムを用いて、一致する指紋の有無をはじき出してくれる。分類が困難であるという指紋法の欠点は、AFISとともに解消する。計測値ごとに分類された人体測定カードを探し出す作業は、過去のものとなった。この流れは犯罪捜査法の進展だけに限られたものではないだろう。今日では多くの人々が、図書分類法に従って整然と並べられた図書館の書棚に向かうよりも、ブラウザの検索窓にキーワードを入力することによって、目当ての知識や情報を得ている。つまり指紋は単に近代的な司法メディアの嚆矢であったばかりか、分類から検索へという、人類の知の体制の大きな変化にも関係しているのである。ギンズブルグに倣って、この新たな知の体制を、**検索的範例**と呼ぶことにしよう。

獲物か家畜か

とはいえ検索的範例は、推論的範例をすっかり駆逐してしまったわけではない。犯罪捜査においては、とりわけ日本で、写真を手がかりに指名手配犯を捜索する「見当たり捜査」のテクニックが、一部の警察官の間で、職人的な技術として受け継がれているが、顔写真のイメージを頭に叩き込んで繁華街で手配犯の姿を探す警察官の様子は、さながら獲物を追い求めるハンターである。[注1] また、行動科学や心理学の知見を取り入れながら、現場に残された手がかりをもとに、犯人の特徴を推測する「犯罪者**プロファイリング**」の技術が、FBIによって一九七〇年代から体系化され始めた（Turvey 2012）。

一九九一年に映画化された『羊たちの沈黙』を皮切りに、プロファイリングによる犯罪捜査をモチーフとしたフィクション作品が世界的に人気を集めるようになり、この技術が広く一般に知られるところとなった。だがプロファイリングによる犯人像の類推は、分析者の偏見や先入観などのバイアスに影響を受けるリスクと、常に隣り合わせである。**チェーザレ・ロンブローゾ**（1835–1909）の「生来性犯罪者説」が、遠い起源のひとつと目されることもあるプロファイリングは、その力が過信されれば、犯罪者の過度の類型化を招きかねない。実際にアメリカでは、一九八〇年代から、人種的特徴を含むドラッグ売人のプロファイルに適合する人物を、空港などで身柄拘束することが認められるようになった（Warren & Tomaskovic-Devey 2009）。このような人種的な偏見に基づいた警察による暴力は、BLM（Black Lives Matter）運動の直接的な引き金となり全米を揺るがしているが［↓１-８ 政治とメディア］、フランス（Body-Gendrot 2010）あるいは日本（金 2018）でも、地域や外見などに基づく警察の差別的な取り締まりが、とりわけ二〇〇〇年代以降に厳しさを増しているように見受けられるのは、プロファイリングが人口に膾炙した結果、できそこないのシャーロック・ホームズたちが、世界中で量産されることになった影響も否定できないだろう。

悪名高い「優生学」の名付け親たるゴルトンが、指紋に対する興味を失ったのは、それが人種の差異や人間の能力の違いの指標とはなり得ないことに気づいたからである。分類の困難な指紋は、ただ個体差を表すことしかできない。狩人は足跡から獲物を特定するために、まずその足跡が狐なのか兎なのか狼なのかを見極めてから、他の狐ではないその狐に照準を定めるだろう。しかし検索的範例に属する指紋法の場合には、種差の区別を経るまでもなく、直に個体が特定される。この意味で指紋による管理は、ホームズを気取る警察官の差別的なプロファイリングよりも、はるかに「平等」である。しかしその「平等」は、管理する側とされる側の圧倒的な非対称に裏打ちされたものであることも、忘れるわけにはいかない。指紋による認証とは、バーコードによる家畜の管理と、原理的には変わるところがない［3-14 物流メディア］。**指紋を始めとする生体認証**は、犯罪捜査という枠組みを超えて、その応用の範囲を広げているが、そのような生体認証によって管理される私たちは、誰もが平等に家畜である。今日の私たちは、プロファイラーによって獲物にされることに抗議しつつ、生体認証により家畜として管理される未来にも抗うという、難しい戦いを強いられている［↓1-10 ポストヒューマン］。

（橋本一径）

注1　二〇一七年六月二三日に初放映されたNHK制作の『ミアタリ』は、司法メディアの観点のみならず、写真というメディアの本質を考える上でも興味深い、驚異的なドキュメンタリーである。なお見当たり捜査は、司法メディア史においては、ベルティヨンが開発した、身体的特徴を言語化して記憶することにより犯人逮捕を目指した技術「口述ポートレート」の系譜を引くと言える。

参考文献

- 金朋央（２０１８）「在日３世の視点　警察による外国人への職務質問」、『季刊Sai』第79号74 - 78頁
- ギンズブルグ、カルロ（１９８８［１９８６］）「徴候――推論的《パラダイム》の根源」『神話・寓意・徴候』竹山博英訳、せりか書房、177 - 226頁
- 橋本一径（２０１０）『指紋論――心霊主義から生体認証まで』青土社
- Bertillon, Alphonse (1890) *La photographie judiciaire*, Gauthier-Villars.
- Bertillon, Alphonse (1893) *Identification anthropométrique. Instructions signalétiques*, Nouvelle édition, Imprimerie administrative.
- Body-Gendrot, Sophie (2010) "Police marginality, racial logics and discrimination in the banlieues of France," *Ethnic and Racial Studies*, vol. 33, no.4, pp. 656–674.
- Cole, Simon (2010) "History of Fingerprint Pattern Recognition," *Automatic Fingerprint Recognition Systems*, Nalini Ratha ed., Ruud Bolle, Springer, pp. 1–25.
- Galton, Francis (1892) *Finger Prints*, Macmillan.
- Phéline, Christian (1985) « Portrait en règle », *Identités : De Disderi au Photomaton*, Centre national de la photographie, pp. 53–59.
- Reiss, R.-A. (1903) *La photographie judiciaire*, Mendel.
- Turvey, Brent E. (2012) *Criminal Profiling: An Introduction to Behavioral Evidence Analysis*, 4th ed., Academic Press.
- Warren, P.Y. and Tomaskovic-Devey, D. (2009) "Racial Profiling and Searches: Did the Politics of Racial Profiling Change Police Behavior?," *Criminology & Public Policy*, 8, pp. 343–369.

編者・執筆者プロフィール（50音順）

門林岳史（かどばやし・たけし）
関西大学文学部映像文化専修教授。専門はメディアの哲学、映像理論。著書に『ホワッチャドゥーイン、マーシャル・マクルーハン？――感性論的メディア論』（ＮＴＴ出版、２００９年）、訳書にマーシャル・マクルーハン&クエンティン・フィオーレ『メディアはマッサージである――影響の目録』（河出文庫、２０１５年）、ロージ・ブライドッティ『ポストヒューマン――新しい人文学に向けて』（監訳、フィルムアート社、２０１９年）など。

増田展大（ますだ・のぶひろ）
九州大学大学院芸術工学研究院講師。専門は写真史・写真論、映像メディア論。著書に『科学者の網膜――身体をめぐる映像技術論：1880－1910』（青弓社、２０１７年）、『インスタグラムと現代視覚文化論――レフ・マノヴィッチのカルチュラル・アナリティクスをめぐって』（分担執筆、ビー・エヌ・エヌ新社、２０１８年）、『スクリーン・スタディーズ――デジタル時代の映像／メディア経験』（分担執筆、東京大学出版会、２０１９年）など。

＊

秋吉康晴（あきよし・やすはる）
京都精華大学等非常勤講師。専門は芸術学・音響技術論。論文に「電話の考古学――話す機械、音響合成器、フォノトグラフ」（『中部大学人文学部論集』51巻3号、２０１７年）、訳書にロバート・ジーグラー『世界の音楽大図鑑』（共訳、河出書房新社、２０１４年）など。

飯田麻結（いいだ・まゆ）
ロンドン大学ゴールドスミス・カレッジ非常勤講師。専門はフェミニズム、メディア論。主な論文に「カップケーキの寓話――ロンドン暴動にみる情動・国家の身体・ホモナショナリズムの接続」（『ジェンダー&セクシュアリティ』第11号、２０１６年）など。

飯田豊（いいだ・ゆたか）
立命館大学産業社会学部准教授。専門はメディア論、メディア技術史、文化社会学。著書に『テレビが見世物だったころ――初期テレビジョンの考古学』（青弓社、２０１６年）、『メディア論の地層――１９７０大阪万博から２０２０東京五輪まで』（勁草書房、２０２０年）など。

岩城覚久（いわき・あきひさ）
近畿大学文芸学部文化デザイン学科准教授。専門は感性学。論文に "Toward an Aesthetics of Inter-space: From Microgravity Environment to Multi-gravity Environment," *Art Style: Art & Culture International Magazine* 4 (4), 2019 など。

遠藤英樹（えんどう・ひでき）
立命館大学文学部地域研究学域教授。専門は観光社会学、現代文化論、社会学理論。著者に『ツーリズム・モビリティーズ――観光と移動の社会理論』（ミネルヴァ書房、2017年）、『現代観光学――ツーリズムから「いま」がみえる』（新曜社、2019年）、*Understanding Tourism Mobilities in Japan* (Routledge, 2020) など。

大久保遼（おおくぼ・りょう）
明治学院大学社会学部社会学科准教授。専門はメディア論・社会学・映像文化史。著書に『映像のアルケオロジー――視覚理論・光学メディア・映像文化』（青弓社、2015年）、『スクリーン・スタディーズ――デジタル時代の映像／メディア経験』（共編著、東京大学出版会、2019年）など。

喜多千草（きた・ちぐさ）
京都大学大学院文学研究科メディア文化学専修教授。専門は技術文化史。著書に『インターネットの思想史』（青土社、2003年）、論文に「『社会的責任を考えるコンピュータ専門家の会（Computer Professionals for Social Responsibility）』の成立と発展」『史林』第101巻1号、2018年など。

佐藤守弘（さとう・もりひろ）
同志社大学文学部美学芸術学科教授。専門は芸術学、視覚文化論。著書に『トポグラフィの日本近代――江戸泥絵・横浜写真・芸術写真』（青弓社、2011年）、訳書にジェフリー・バッチェン『写真のアルケオロジー』（共訳、青弓社、2010年）など。

清水知子（しみず・ともこ）
筑波大学人文社会系准教授。専門は文化理論、メディア文化論。著書に『文化と暴力――揺曳するユニオンジャック』（月曜社、2013年）、『コミュニケーション資本主義と〈コモン〉の探求――ポスト・ヒューマン時代のメディア論』（共著、東京大学出版会、2019年）、訳書にジュディス・バトラー『アセンブリ――行為遂行性・複数性・政治』（共訳、青土社、2018年）など。

鈴木恒平（すずき・こうへい）
ベルリン工科大学人文学部哲学・文学史・科学史・技術史学科文学専修客員研究員。専門はメディア史、視覚文化史。共編著に *Zum Planetarium: Wissensgeschichtliche Studien* (Wilhelm Fink, 2018)。

竹峯義和（たけみね・よしかず）
東京大学大学院総合文化研究科超域文化科学専攻准教授。専門はドイツ思想史、映像文化論。著書に『アドルノ、複製技術へのまなざし――〈知覚〉のアクチュアリティ』（青弓社、2007年）、『〈救済〉のメーディウム――ベンヤミン、アドルノ、クルーゲ』（東京大学出版会、2016年）、訳書にテオドール・W・アドルノ『模範像なしに――美学小論集』（みすず書房、2017年）など。

田中洋美（たなか・ひろみ）
明治大学情報コミュニケーション学部准教授。専門は社会学、ジェンダー研究、ジェンダーとメディアに関する理論・実証研究。著書・訳書に『みる／みられるのメディア論』（共著、ナカニシヤ出版、２０２１年、近刊）、『ボディ・スタディーズ』（監訳、晃洋書房、２０１７年）など。

橋本一径（はしもと・かずみち）
早稲田大学文学学術院教授。専門は思想史、表象文化論。著書に『指紋論――心霊主義から生体認証まで』（青土社、２０１０年）、編著書に『〈他者〉としてのカニバリズム』（水声社、２０１９年）、訳書にＪ＝Ｎ・ミサ他編『ドーピングの哲学』（新曜社、２０１７年）、アラン・シュピオ『フィラデルフィアの精神』（勁草書房、２０１９年）など。

浜野志保（はまの・しほ）
千葉工業大学創造工学部教授。専門は視覚文化史、周縁科学文化史。著書『写真のボーダーランド――Ｘ線・心霊写真・念写』（青弓社、２０１５年）。

原島大輔（はらしま・だいすけ）
専門は基礎情報学、表象文化論。著書に『ＡＩ時代の「自律性」――未来の礎となる概念を再構築する』（共著、勁草書房、２０１９年）、『基礎情報学のフロンティア――人工知能は自分の世界を生きられるか？』（共著、東京大学出版会、２０１８年）など。

福田貴成（ふくた・たかなり）
東京都立大学人文社会学部准教授（表象文化論教室）。専門は聴覚文化論。論文に「修羅の音を聴く――『シン・ゴジラ』におけるモノとステレオ」（『ユリイカ』２０１６年12月臨時増刊号〈総特集『シン・ゴジラ』とはなにか〉）など。

堀潤之（ほり・じゅんじ）
関西大学文学部映像文化専修教授。専門は映画研究、表象文化論。編著書に『越境の映画史』（共編、関西大学出版部、２０１４年）、『ゴダール・映像・歴史』（共編、産業図書、２００１年）、訳書にアンドレ・バザン『オーソン・ウェルズ』（インスクリプト、２０１５年）、レフ・マノヴィッチ『ニューメディアの言語』（みすず書房、２０１３年）など。

馬定延（ま・じょんよん）
明治大学国際日本学部特任講師。専門は映像メディア学、現代美術。著書『日本メディアアート史』（アルテスパブリッシング、２０１４年）、共編著書『SEIKO MIKAMI 三上晴子――記録と記憶』（ＮＴＴ出版、２０１９年）、論文「光と音を放つ展示空間――現代美術と映像メディア」（『スクリーン・スタディーズ』東京大学出版会、２０１９年）など。

前川修（まえかわ・おさむ）
近畿大学文芸学部教授。専門は写真論、感性学。著書に『痕跡の光学――ヴァルター・ベンヤミンの「視覚的無意識」について』（晃洋書房、２００４年）、『イメージを逆撫でする――写真論講義　理論編』（東京大学出版会、２０１９年）、『イメージのヴァナキュラー――写真論講義　実例編』（東京大学出版会、２０２０年）など。

松谷容作（まつたに・ようさく）
國學院大學文学部哲学科准教授。専門は美学、芸術学、視覚文化論。共著に『スクリーン・スタディーズ――デジタル時代の映像／メディア経験』（東京大学出版会、２０１９年）、訳書にロージ・ブライドッティ『ポストヒューマン――新しい人文学に向けて』（共訳、フィルムアート社、２０１９年）など。

水嶋一憲（みずしま・かずのり）
大阪産業大学経済学部教授。専門はメディア文化研究、社会思想史。著書に『コミュニケーション資本主義と〈コモン〉の探求――ポスト・ヒューマン時代のメディア論』（共著、東京大学出版会、２０１９年）、訳書にアントニオ・ネグリ、マイケル・ハート『コモンウェルス――〈帝国〉を超える革命論』（上下巻）（監訳、ＮＨＫ出版、２０１２年）など。

水野勝仁（みずの・まさのり）
甲南女子大学文学部メディア表現学科准教授。専門はメディアアート、インターフェイス理論。主なテキストに「モノとディスプレイとの重なり」「サーフェイスから透かし見る👓👀👶」（『MASSAGE』）、「インターフェイスを読む」、「メディウムとして自律したインターフェイスが顕わにする回路」（『ÉKRITS』）など。

光岡寿郎（みつおか・としろう）
東京経済大学コミュニケーション学部准教授。専門はメディア研究、文化研究。著書に『変貌するミュージアムコミュニケーション――来館者と展示空間をめぐるメディア論的想像力』（せりか書房、２０１７年）、『スクリーン・スタディーズ――デジタル時代の映像／メディア経験』（共編著、東京大学出版会、２０１９年）など。

毛利嘉孝（もうり・よしたか）
東京藝術大学大学院国際芸術創造研究科教授。専門は社会学。メディア／文化研究。主著に『バンクシー』（光文社新書、２０１９年）『ストリートの思想』（ＮＨＫ出版、２００９年）、『増補　ポピュラー音楽と資本主義』（せりか書房、２０１２年）、編著に『アフターミュージッキング』（東京藝術大学出版会、２０１７年）、共著に『コミュニケーション資本主義と〈コモン〉の探求』（東京大学出版会、２０１９年）など。

山本泰三（やまもと・たいぞう）
大阪産業大学経済学部教員。専門は現代資本主義論、経済学方法論。共著に『認知資本主義』（ナカニシヤ出版、２０１６年）、論文に「なぜ経済学の行為遂行性が問題となるのか――M・カロンらの所説について」（『季刊経済研究』39（１・２）２０１９年）など。

吉田寛（よしだ・ひろし）
東京大学大学院人文社会系研究科准教授。専門は美学芸術学、ゲーム研究。著書に『絶対音楽の美学と分裂する〈ドイツ〉』（青弓社、２０１５年）、『ゲーム化する世界――コンピュータゲームの記号論』（共著、新曜社、２０１３年）、『賭博の記号論――賭ける・読む・考える』（共著、新曜社、２０１８年）など。

人名索引

[ア]

浅野和三郎……206

アーリ、ジョン……123, 237, 245, 250-251

東浩紀……36, 243

アドルノ、テオドール・W……92, 95-98

アパドゥライ（アパデュライ）、アルジュン……251, 264

アング、イエン……121-122

アンダーソン、ベネディクト……159

イニス、ハロルド・アダム……103-105

イリイチ、イヴァン……212-214

岩井克人……266

ヴァイベル、ペーター……135-137, 142, 146

ヴァレラ（バレラ）、フランシスコ……28

ウィーナー、ノーバート……25, 27

ウィーバー、ウォーレン……120

ウィリアムズ、レイモンド……106, 118-119, 256

ヴィリリオ、ポール……110, 144, 270-271, 273-274

ヴェンチューリ、ロバート……213

ウォーク、マッケンジー……78

ウルフ、ケアリー……87

エーコ、ウンベルト……120

エリオット、アンソニー……237, 250, 252

エルンスト、ヴォルフガング……51-54

エンゲルバート、ダグラス……193

[カ]

カイヨワ、ロジェ……34-35

ガタリ、フェリックス……75-76, 81, 123, 139-140

ガニング、トム……170

カント、イマヌエル……30, 110

キットラー、フリードリヒ……50-52, 110, 112-115, 135-136, 141

キニャール、パスカル……174-175

ギャロウェイ、アレクサンダー・R……20, 46-47, 53-54, 65, 67

ギンズブルグ、カルロ……279-280

グーテンベルク、ヨハネス……100, 102, 104, 110, 160-162, 165

クック、トーマス……239, 242-243

クラウス、ロザリンド……137-139

クラカウアー、ジークフリート……98

クルーガー、マイロン……200

クルーゲ、アレクサンダー……98-99

グルーシン、リチャード……57-58

グレーバー、デヴィッド……266

クレーマー、ジュビレ……111-114

クレーリー、ジョナサン……169, 178-179, 226

クローフォード、ケイト……78-79

ケイ、アラン……45, 193-194

ケインズ、ジョン・メイナード……265

ケンペレン、ヴォルフガング・フォン……185, 187

コールブルック、クレア……88

ゴッフマン、アーヴィング……128

ゴルトン、フランシス……279, 282

[サ]

酒井直樹……124

坂根厳夫……144, 146,

サザランド、アイヴァン……200

サッカー、ユージン……20-22

シヴェルブシュ、ヴォルフガング……244-245, 257-258

ジェンキンズ、ヘンリー……58–59
シカール、ミゲル……39–40
シャノン、クロード……120
シャンケン、エドワード・A……145–146
シュタイエル、ヒト……148–149
ショー、バーナード……261
スコット、エドゥアール＝レオン……186–187
スターン、ジョナサン……155–157, 175–176, 178–179, 186, 188
スタインバーグ、マーク……59, 64, 80–81
スティグレール、ベルナール……17–18
スルニチェク、ニック……63–64, 268

[タ]
タルド、ガブリエル……258–259
チューリング、アラン……24, 147
チョウ、レイ……125
チョムスキー、ノーム……70
チョン、ウェンディ・ヒキョン……46–47, 85
デュシャン、マルセル……147
デリダ、ジャック……18
ドゥルーズ、ジル……53, 65, 75–79, 123, 140
ドレイファス、ヒューバート……26

[ナ]
西垣通……29
ネグリ、アントニオ……63, 81

[ハ]
ハーヴェイ、デヴィッド……123
ハート、マイケル……63, 81
バーナーズ＝リー、ティム……232
ハーバーマス、ユルゲン……97, 164–165
パイク、ナムジュン……136, 148
ハイデガー、マルティン……114
ハヴロック、エリック・A……103–105
バザン、アンドレ……153–155, 157
ハッサン、イーハブ……83
バッチェン、ジェフリー……216
バトラー、ジュディス……86
バラード、カレン……86
ハラウェイ、ダナ……84
パリッカ、ユッシ……48, 52–53
バルト、ロラン……120
ハンセン、マーク・B・N……19, 26, 28, 44–45
ハンセン、ミリアム（・ブラトゥ）……98, 215–216
ビショップ、クレア……147–148
クック、フローレンス……206, 209
ファロッキ、ハルーン……275
ブーアスティン、ダニエル……243
フータモ、エルキ……220–223
フェザーストーン、マイク……123
フクヤマ、フランシス……84
フラー、マシュー……56, 70
ブライドッティ、ロージ……87–88
フラスカ、ゴンザロ……35–37
プラトー、ジョゼフ……170
フルッサー、ヴィレム……110
ブレモン、クロード……35
フロイト、ジークムント……16–17, 92
ヘイルズ、キャサリン……19, 86, 89
ベック、ウルリッヒ……250
ベル、アレクサンダー・グラハム……187
ベルクソン、アンリ……19, 44, 53
ベルティヨン、アルフォンス……278–279, 282
ベルティンク、ハンス……158
ベンヤミン、ヴァルター……92–96, 98, 110, 113, 152–153, 155–156, 158, 246–247
ボードリヤール、ジャン……110, 134–135, 141, 144
ホール、スチュアート……117, 119–121
ポール、クリスティアン……145–146
ボゴスト、イアン……64–65
ポストマン、ニール……56, 106, 110

ポペール、フランク ……………144-145
ホルクハイマー、マックス ………… 92, 96
ボルター、ジェイ・デイヴィッド……57-58, 83-84
ボルツ、ノルベルト ……110-112, 115, 161-162

[マ]
マクルーハン、マーシャル …… 17, 51, 55-56, 91, 100-107, 110, 113, 119, 135, 160, 174-175
マクロビー、アンジェラ ……………129
マッスミ、ブライアン …………… 21-22
マトゥラーナ、ウンベルト …………… 28
マノヴィッチ、レフ ……… 41-46, 136-137, 146-147, 171, 200, 219, 220
マムラー、ウィリアム・H …………… 207
マルヴィ、ローラ……………………128
マルクス、カール‥ 75, 92-93, 96, 117-118, 120, 130
マルグライター、ラインハルト……109-114
マルコーニ、グリエルモ …………… 259
マレー、ジャネット ……………197-198
ミッチェル、W・J・T ………………158
メイロウィッツ、ジョシュア……… 56, 106
モールス、サミュエル …………… 257, 260
モーレー、デヴィッド ……………121, 259

[ヤ]
ユール、イェスパー ………………37-38

[ラ]
ライハート、ヤシャ ……………144-146
ラカン、ジャック……………………114
ラクラウ、エルンスト ………………70
ラッシュ、スコット …………………123
ラッツアラート、マウリツィオ…………53
ラドウェイ、ジャニス ………………129
ラニアー、ジャロン …………………199
ルーマン、ニクラス ………………… 29
ルドフスキー、バーナード…………212-213
ルロワ゠グーラン、アンドレ……………17
レヴィ゠ストロース、クロード…………215
レッシグ、ローレンス ……………56, 163
レントゲン、ヴィルヘルム ………224-225
ロカール、エドモン ……………279-280
ロンブローゾ、チェーザレ……………281

事項索引

［アルファベット］
Amazon……53, 66, 78–80, 162–163, 253–254
Apple…53, 66, 167, 180–181, 184, 191, (193,) 233
AR……124, 198, 201
COVID-19（新型コロナウィルス）……21, 80, 248–250, 256
Facebook……53, 62, 66, 80
Flash……167, 233
Google……53, 66, 184, 195, 248
RFID……59, 237, 253
TCP/IP……65, 228, 231, 233
Twitter……62, 164, 167
VR（ヴァーチャル・リアリティ、仮想現実）……18, 57–58, 124, 192, 196–202, 220, 223–224
YouTube……62, 80

［ア］
アーカイヴ……48–54, 148, 274
アウラ……93–94, 152, 155–157
アクティヴィズム……71–72, 129
新しい唯物論……21, 86, 131
アテンション……72–73, 79
アナログ……67, 148, 155, 173, 188
アプリ（ケーション）……42, 61, 162, 183–184, 230–232, 234, 237, 239, 268
アマチュア……67, 207, 260
アルゴリズム……52, 64, 66, 75, 85, 264, 280
遺伝……20–21, 84, 158
イデオロギー……46, 96, 98, 106, 129–130, 251
インスタグラム（Instagram）／インスタグラマー……46, 162, 167, 248
インターネット……22, 46, 56, 62, 65, 67, 71, 76, 78–79, 95, 107, 120, 122, 125, 140, 145, 147–148, 161–162, 164–166, 173, 181, 201, 219, 228–229, 231–234, 248, 261, 267
インターフェイス……37, 43, 44, 48, 65–66, 174, 180–181, 184, 187, 190, 192–196, 200, 236–237, 268–269
インタラクション／インタラクティヴ／インタラクティヴィティ……36–37, 42, 57, 62, 84, 145, 194, 199–200, 220
インフラストラクチャー……67, 78, 80,120, 121, 125, 236–237, 257
ウェブ（Web、WWW）……43, 56, 132, 164, 232–233
映画……18, 37, 41–45, 50, 53, 58, 92–96, 98–99, 102, 110, 113, 117, 119, 124, 128, 135–136, 142, 148, 152–157, 166–169, 171, 215–216, 220, 222, 224–226, 248, 270–271, 276, 281
エコロジー……39, 55–57, 83, 87
炎上……63, 164
オートポイエーシス……28, 86
オペレーションシステム（OS）……61, 195
音楽……61, 117, 124, 136, 163, 173–176, 181, 183, 219, 235, 237, 260
オンライン会議／授業／診療……80, 256, 260–261　⇒テレワーク

［カ］
画像……44, 153, 166–172, 193, 199, 220, 232–234
カルチュラル・スタディーズ……98, 106, 117–120, 122–125, 129
観光（ツーリズム）……238, 242–251
義肢／補綴……16–19, 84, 175
技術決定論……67, 75, 106–107, 115, 119
規律＝訓練……132, 169–170

金融……80, 263–269
クラウド……66, 77, 267
グラモフォン……50, 113, 173
クレジットカード……77, 265, 267
グローバリゼーション（グローバル）……18, 63, 66, 72, 77, 87, 117, 118, 123–124, 125, 181, 236, 247, 249, 250, 251, 252, 257, 259
ゲーム／ビデオゲーム……34–40,42–43, 57, 64–65, 124, 171, 192, 200, 219, 270
建築……105, 136, 200, 211–213, 215, 279
公／私……164, 238
公共（圏／性）……74, 97, 132, 164–165
口承（文化）……102, 104–105, 160, 212
コード……20, 43, 65, 119–121, 163, 193–194, 232
コミュニケーション……29, 51, 53, 56, 62–63, 72, 78, 103–104, 119–121, 135, 139, 145, 146, 228, 236–238, 255–256, 259, 261
コンテンツ……62, 64, 80, 128–129, 163, 166, 181, 201, 232, 237, 242
コントロール（管理・制御）……20, 25, 46, 53, 65, 73–78, 132, 140, 175, 226, 236, 254, 272–273, 282
コンヴァージェンス（・カルチャー）……58–59, 228
コンピュータ／パーソナル・コンピュータ……17, 20, 37–39, 41–43, 45–46, 58–59, 66, 85–86, 110, 113, 120, 134–136, 144, 146, 152, 153, 156–157, 164, 166, 168, 172, 183–184,192–194, 219–200, 220, 228–231, 232, 264, 267, 274–275, 280

［サ］

サイバネティクス……25, 27–29, 86
錯覚……169–171, 201
サブスクリプション・サービス／SVOD……62, 163
シェアリング・エコノミー……63, 73
ジェンダー……46, 85–86, 127–132
識字文化……102, 104–105, 161
資本主義……46, 52–53, 63, 72, 76, 79–80, 87, 92–93, 96, 119, 123,143, 159, 236, 246, 263
シミュレーション／シミュレート／シミュレータ……58, 86, 135–136, 184–185, 195, 197, 200, 220, 274
指紋……205, 279–280, 282
写真……16, 18, 42, 46, 48, 68, 73, 93, 110, 136, 152–157, 159, 166, 168–169, 171, 183, 206–210, 215–217, 225, 238, 245–248, 277–279, 281–282
情動……21–23, 64, 155, 164
人種……71–72, 85, 92, 281–282
人工知能（AI）……19, 24, 26–27, 31, 69, 78, 184, 187, 252–253
人新世……66, 87, 255
新自由主義……67, 71, 132, 149
身体化（エンボディメント）……19, 28, 84–86
人類学／文化人類学……17, 105, 122–124, 156, 158, 278
ステレオスコープ……169, 178
スペクタクル……220, 223, 246
スマートフォン（スマホ）……55, 58, 61, 75, 77, 80, 152–153, 162, 172, 183–184, 194–196, 219, 235–236, 238–240, 267–268
生政治……71
生体認証……73, 77, 282
生物学……20, 30–31
生命……18, 20, 24–25, 27–31, 88, 157–158, 258
戦争（大戦）……95, 113, 143–144, 205, 259–261, 270–276
ソーシャルメディア（SNS）……23, 43, 48, 63, 70–71, 84, 124, 132, 157, 164–165, 167, 237–238, 248, 259, 268
ソフトウェア……41–43, 45–47, 53, 65, 136, 228, 232

［タ］

ダゲレオタイプ……207, 216, 277

タッチスクリーン……219, 223, 190-192, 194-196
タブレット……73, 162, 184, 223, 236
著作権……78, 162-163
ディスプレイ……57, 190-191, 193, 195, 200, 230
鉄道……161, 239-240, 244-245, 256-259
デバイス……61, 75, 79-80, 162, 183-184, 190-193, 196, 201
テレビ（ジョン）……37, 41,67, 71, 92, 97, 99, 101, 106, 117-120, 122, 124, 148, 162, 166, 168, 220, 226, 248, 260-261, 263, 270
テレプレゼンス（テレイクジステンス）……198, 201, 220
テレワーク……80, 256
⇒オンライン会議／授業／診療
電話……102, 140, 155, 177-179, 183, 185, 187, 219, 229, 235, 256, 259-261
電信……161, 239, 256-260
統治……66-67, 75
ドローン（UAV）……87, 157, 274-276

［ナ］
ニューメディア……19, 41-45, 65, 67, 83, 145, 147-148
人間中心主義／脱人間中心主義……66, 83, 114

［ハ］
バイオメディア……20-22, 73
パノラマ……200, 244-246
パンデミック……20, 79-81, 249-250, 257
ビッグデータ……71, 73, 77, 219, 267
フェイクニュース……70, 164
フェミニズム……84-86, 88, 127, 130-132
複製／再生（産）……93-96, 98, 149, 152-159, 163, 173, 179, 215-216, 243, 259
プライバシー……74, 84, 221
プラットフォーム……46, 53, 56, 61-68, 73, 77, 79-81, 119, 146, 168, 228, 234, 268
ブルジョワ……93, 117, 125, 245
フロー……77, 119, 236, 251
プログラム／プログラミング／プログラマー……17-18, 65, 73, 163, 184, 193
プロトコル……46, 65, 228-234
プロレタリア／プロレタリアート……93-96
変換器……155, 179, 186
ポストインターネット……76, 147-148
ポスト構造主義……106, 110, 123, 131, 135, 141
ポストコロニアリズム……117, 124
ポストトゥルース……69-70, 164
ポストヒューマン……19, 83-89, 131
ポストフォーディズム……54, 123
ポストモダン／ポストモダニズム……83, 110, 123, 130, 135, 141, 213
没入……37, 197-202

［マ］
メディア・アート……20, 42, 44, 84, 136, 145-148, 194
モダン／モダニズム……100, 110, 137-138, 213, 215
モビリティ……123, 236, 249-255

［ヤ］
ユーザー……53, 57, 61-66, 77-81, 136-137, 180, 184, 190, 192-194, 199-200, 228, 230-233, 268, 274

［ラ］
ラジオ……41, 56, 92, 97, 118, 122, 124, 140, 214, 260
履歴……48, 52, 77, 253, 265, 267-269
レコード……16, 42, 155, 157, 159, 173
ロボット／ロボティクス……200, 253-254

図版出典

[2-4 カルチュラル・スタディーズとメディア論]

121頁｜図1｜Stuart Hall (1973) "Encoding and Decoding in the Television Discourse" Paper for Council of Europe Colloquyon "Training in the Critical Reading of Television Language," Centre for Contemporary Cultural Studies, University of Birmingham. https://www.birmingham.ac.uk/Documents/college-artslaw/history/cccs/stencilled-occasional-papers/1to8and11to24and38to48/SOP07.pdf（2020年11月22日アクセス）

[3-1 複製メディア]

154頁｜図1｜Wikimedia Commons, https://commons.wikimedia.org/wiki/File:Shroudofturin.jpg

[3-2 出版メディア]

161頁｜図1｜Wikimedia Commons, https://commons.wikimedia.org/wiki/File:Gutenberg_bible_Old_Testament_Epistle_of_St_Jerome.jpg

[3-3 画像メディア]

167頁｜図1｜Wikimedia Commons, https://commons.wikimedia.org/wiki/File:Rotating_earth_(large).gif

169頁｜図2｜Wikimedia Commons, https://commons.wikimedia.org/wiki/File:Taumatropio_fiori_e_vaso,_1825_Frame_1.png; https://commons.wikimedia.org/wiki/File:Taumatropio_fiori_e_vaso,_1825_Frame_2.png

[3-4 聴覚メディア]

176頁｜図1｜Samuel Wilks, M.D., F.R.S. (1882) "Abstract of lecture on the evolution of the stethoscope," The Lancet, Vol. 120, Issue 3091, pp. 882–883.

178頁｜図2｜Anonyme (1881) "L'exposition d'électricité: Auditions téléphoniques théatrales système Ader," *La Nature*, 24 Septembre, p. 257.

180頁｜図3｜Apple Inc., https://www.apple.com/jp/airpods-pro/（2020年12月10日アクセス）

[3-5 音声メディア]

186頁｜図1｜Wolfgang von Kempelen (1970 [1791]), *Mechanismus der menschlichen Sprache nebst Beschreibung seiner sprechenden Maschine*, Friedrich Frommann Verlag, S. 438.

186頁｜図2｜Wolfgang von Kempelen (1970 [1791]), *Mechanismus der menschlichen Sprache nebst Beschreibung seiner sprechenden Maschine*, Friedrich Frommann Verlag, S. 76.

187頁｜図3｜Franz Josef Pisko (1865), *Die neuren Apparate der Akustik*, Carl Gerolds's Sohn, S. 74.

188頁｜図4｜Clarence Blake (1876), "The Use of the Membrana Tympani as a Phonautograph and Logograph," *Archives of Ophthalmology and Otology*, vol, 5, no. 1, p. 108.

[3-6 触覚メディア]

191頁｜図1｜Wikimedia Commons, https://commons.wikimedia.org/wiki/File:Early_Layden_jar.png

193頁｜図2｜Apple Inc., https://developer.apple.com/videos/play/wwdc2018/803/（2020年12月10日アクセス）

[3-7 没入メディア]

202頁｜図1｜Salter, Chris (2016) "Sensing Digital Art: Aesthetic Acts Beyond (the two)

Synesthesia (s)," *Digital Synesthesia: A Model for the Aesthetics of Digital Art*, Katharina Gsöllpointner et al. eds., De Gruyter, p. 64.

[3-8 憑依メディア]

206頁｜図1｜Clément Chéroux et al. (2005) *The Perfect Medium: Photography and the Occult*, Yale University Press, p. 170.

207頁｜図2｜Estelle W. Stead (1925) *Faces of the Living Dead: Remembrance Day Messages and Photographs*, The Two World Publishing, p. 92.

208頁｜図3｜Simon Grant, Lars Bang Larsen and Marco Pasi (2016) *Georgian Houghton: Spirit Drawings*, The Courtauld Gallery.

[3-9 ヴァナキュラー・メディア]

217頁｜図1｜John Szarkowski, *The Photographer's Eye*, MoMA, 1966, p. 19.

[3-10 スクリーン・メディア]

221頁｜図1｜Arthur Pougin (1885) *Dictionnaire historique et pittoresque du théâtre et des arts qui s'y rattachents*, Librairie de Firmin-Didot, p. 357.

222頁｜図2｜E. G. Robertson (1849), "La Fantasmagorie," *Le Magasin pittoresque* 17, p. 53.

223頁｜図3｜George Simon Henry (1914) Optic projection: principles, installation, and use of the magic lantern, projection microscope, reflecting lantern, moving picture machine, Comstock Publishing Company, p. 167.

224頁｜図4｜Wikimedia Commons, https://commons.wikimedia.org/wiki/File:CinematographeProjection.png; https://commons.wikimedia.org/wiki/File:Kinetoscope.jpg

225頁｜図5｜William J. Morton and Edwin W. Hammer (1896) *The X-ray, or Photography of the Invisible and its value in Surgery*, American Technical Book Co..

[3-12 モバイル・メディア]

240頁｜図1｜Wikimedia Commons, https://commons.wikimedia.org/wiki/File:Augustus_Leopold_Egg_-_The_Travelling_Companions_-_Google_Art_Project.jpg

[3-13 観光メディア]

243頁｜図1｜Wikimedia Commons, https://commons.wikimedia.org/wiki/File:Cook%27s_Timetable_1888_cover.jpg

247頁｜図2｜吉田光邦編『図説万国博覧会　1851–1942』思文閣出版、1985年（原典：*Reports of the United States Commissioners to the Paris Universal Exposition, 1867*, William P. Blake, ed., 1870.）

[3-14 物流メディア]

254頁｜図1｜GIGAZINE, https://gigazine.net/news/20190404-amazon-ibaraki-fulfillment-center-robotics/（2020年12月10日アクセス）

[3-15 通信メディア]

258頁｜図1｜Wikimedia Commons, https://commons.wikimedia.org/wiki/File:American_Progress_(John_Gast_painting).jpg

[3-18 司法メディア]

278頁｜図1｜Th. Borgerhoff, "Les premieres photographies judiciaires," *Bulletin de la Société d'anthropologie de Bruxelles*, tome 32, 1920, p. 165.

クリティカル・ワード
メディア論
理論と歴史から〈いま〉が学べる

2021年2月25日　初版発行
2023年5月25日　第4刷

編者　門林岳史・増田展大
装幀　大倉真一郎
装画　カワイハルナ
編集　藪崎今日子（フィルムアート社）
DTP　沼倉康介（フィルムアート社）

発行者　上原哲郎
発行所　株式会社フィルムアート社
〒150-0022
東京都渋谷区恵比寿南1-20-6 第21荒井ビル
TEL 03-5725-2001
FAX 03-5725-2626
http://www.filmart.co.jp/

印刷・製本　シナノ印刷株式会社

Printed in Japan
ISBN978-4-8459-2006-8　C0010